灾害性公共危机中地方政府应对机制研究

ZAIHAIXING GONGGONG WEIJI ZHONG
DIFANG ZHENGFU YINGDUI JIZHI YANJIU

刘晓丽 著

人民出版社

前　言

地震、海啸、旱涝等自然灾害，SARS、甲型 H1N1 流感等公共卫生事件以及高铁追尾等突发事件，其突发性、扩散性、破坏性严重影响社会秩序和人民生命财产安全。在过去的几十年里灾害性公共危机频发的背景下，世界各国的公共危机管理能力经历了严峻考验。提高政府灾害性公共危机管理能力以有效应对此类事件是一个世界性的问题，历来受到我国党和政府的高度重视。对于我国来说，国家灾害性危机管理能力的提升有赖于地方政府灾害性危机应对机制的优化，地方政府灾害性公共危机管理能力影响着整个国家公共危机管理能力的现代化水平。虽然灾害性公共危机管理越来越受各级地方政府的重视，但地方政府灾害性公共危机管理机制仍有待完善，灾害性公共危机管理能力有待进一步提升。因此，进行地方政府灾害性公共危机管理的研究意义重大，构建灾害性公共危机中地为政府应对的长效机制，进一步提高地方政府灾害性公共危机应对能力，保障公民权利，提升政府公信力已经成为当前必须去研究的现实课题。

本书在梳理和总结国内外危机管理的相关理论、地方政府治理灾害性公共危机的相关政策的基础上，针对地方政府灾害性公共危机管理的特点、动因和角色，分析了我国地方政府应对灾害性公共危机取得的成绩，探讨了目前地方政府应对灾害性公共危机存在的问题及其原因。通过研究发现，在近几年的灾害性公共危机治理中，地方政府应急管理理念逐步提升，应急预案体系初步形成，应急组织体系、应急管理机制逐步完善。但是，灾害性公共危机应对中地方政府在危机预警机制、危机管理制度等层面仍然存在不足，通过深入探究发现,主要原因在于科学的危机管理意识有待进一步提升,危机管理人才不足,危机治理的联动机制有待优化,先进的技术与设备有待更新等。本书对发达国家与发展中国家地方政府应对灾害性公共危机的实践进行了分析和探讨,为构建灾害性公共危机地方政府应对机制奠定了基础。本书针对问题产生的主要原因,提出了优化灾害性公共危机地方政府应对的预防准备、监测预警、应急处置与救援、恢复重建四大机制,并对每项机制的具体操作进行了详细的分析。本书进一步认为,灾害性公共危机地方政府应对机制的有效运行还依赖于地方政府灾害性公共危机治理能力的不断提升,因此,对灾害性公共危机地方政府决策能力、协同治理能力、信息管理能力、危机教育培训能力、社会动员能力的优化提出了对策建议。

目　录

导　论

一、选题缘由与研究意义

（一）选题的缘由

危机与社会发展形影相随。全球化、网络化的不断深入促进社会高速发展，这在一定程度上给人类社会带来与日俱增的风险，诸如水旱灾害、暴雨、冰雹、沙尘暴、泥石流、地震、爆炸、瘟疫、恐怖袭击以及宗教冲突等各领域的危机事件层出不穷、此起彼伏。同时，人类理性的有限与高新科技的发展又给人类社会注入更多“新风险”，使现代社会成为名副其实的“风险社会”。新的历史时期，社会转型进入关键期，改革开放进入攻坚期，人与自然、人与人以及人与社会的矛盾更加凸显，这为公共危机频发提供温床，公共危机的频发与蔓延极易诱发灾害性公共危机。灾害性公共危机的突发性、不确定性、扩散性、牵连性、破坏性与灾难性使社会运行受到严重影响，甚至会中断社会运行，严重影响人类社会正常的生产、生活。

就国际事件而言，2001 年美国“9·11”恐怖袭击事件、2003 年法国热浪事件、2005 年美国“卡特里娜”飓风事件、2005 年英国伦敦连环爆炸案、2006 年印尼海啸事件、2010 年海地大地震、2011 年日本 9.0 级地震等灾害性公共危机造成巨大的生命财产损失，威胁人类健康发展，威胁社会和谐稳定，甚至有些导致政权更迭。就国内而言，2008 年“5·12”汶川特大地震、南方冰雪灾害，西藏拉萨的“3·14”严重暴力犯罪事件、“3·16”四川藏区事件，2009 年新疆乌鲁木齐“7·5”事件、湖北石首事件，2010 年玉树地震和舟曲泥石流、安徽马鞍山“6·11”事件，2011 年云南盈江 5.8 级地震、西藏亚东地震、南方暴雨洪涝灾害,2015 年天津港爆炸事件,2018 年长春长生疫苗事件等给人民生命财产造成严重损失,影响经济社会和谐稳定发展。由此可见,灾害性公共危机的破坏性、突发性与紧迫性使之一旦爆发则成为人们关注的焦点。它不仅危及人类生命,造成严重的财产损失,而且跨地域、跨时空的传播使其剧烈冲击公众心理,造成社会恐慌与社会动乱,干扰正常的社会秩序,打破社会平衡,严重影响社会稳定,影响各国政策变动,甚至深刻影响国际局势与人类经济社会的发展与进步。网络时代,大众传媒的快速传播又使其迅速波及整个社会,甚或引发各种舆论,造成人的焦虑与不安。实践证明,灾害性公共危机的发生频率、波及人口及造成的损失已使其成为世界各国普遍面临的重大突出问题。

宏观层面而言,地方政府是实现国家政治统治的基石,是实现民主政治的基础,是沟通联络中央政府与民众的桥梁,是推进社会进步发展的重要力量。微观层面而言,地方政府是中央政府具体法律和政策的执行者,是本辖区的领导者与决策者,管理辖区内社会事务,为辖区内的民众提供公共产品,代表本辖区内民众的利益。因此,地方政府的重要地位与功能决定其在灾害性公共危机应对中扮演重要角色。《国家突发公共事件总体应急预案》中指出:地方各级人民政府是本行政区域突发公共事件应急管理工作的行政领导机构,负责本行政区域各类突发公共事件的应对工作。① 具体而言,地方政府是灾害性公共危机治理的责任主体,是灾害性公共危机应对的体制、机制、法治的建构者,是灾害性公共危机应对中的资源整合者与力量协调者。可以说,"政府如何处理危机以及采取何种形象对待危机,关系到其在国内和国外的形象"②。倘若面临灾害性公共危机,政府快速反应、科学决策、充分协调、信息公开,及时消除动荡局面,则会充分彰显政府负责、诚信、精干高效、民主开放等形象。若面临灾害性公共危机政府反应迟钝、隐瞒真相、决策协调不力,这极易使民众质疑政府的能力,从而产生信任危机,陷入"塔西佗陷阱"。2005 年美国"卡特里娜"飓风事件中,布什政府的迟钝反应与混乱组织使灾情加

① 参见中华人民共和国国务院:《国家突发公共事件总体应急预案》,http://www.gov.cn/yjgl/2005-08/07/content_21048.htm。

② 周晓丽:《论公共危机中政府形象及其重塑》,《重庆社会科学》2006 年第 2 期。

剧,损失惨重,飓风之后,民众对布什政府的信任度大跌,支持率首次低于40%。因此,地方政府如何应对灾害性公共危机关系一国政治发展与政治稳定,关系社会安全与社会和谐,关系经济繁荣发展,关系地方政府的凝聚力、号召力与影响力。为了促进政治、社会、经济等诸方面的发展,地方政府必须制定相关政策、采取一定措施积极应对灾害性公共危机,最大限度地减少危机、降低人类社会悲剧的发生率。

社会转型期,灾害性公共危机发生数量明显上升,涉及领域逐渐广泛,影响因素日益复杂多变,破坏性不断加强,这给各级政府公共危机治理能力带来严峻挑战。纵观近几年的灾害性公共危机治理情况,我国中央政府高度重视,地方政府积极作为,全力应对,通过不断努力逐步形成了中央、省、市、县"四位一体"的应急预案体系、应急组织体系,政府各部门以及相关职能部门在危机应对中的分工、责任逐步清晰明确,预防、监测预警、应急处置、灾后恢复等机制逐步完善,人本理念、协同理念等应急管理理念逐步提升,应急管理法律法规体系日益完善。纵观各领域灾害性公共危机中地方政府的应对情况,无论从实践而言还是从理论而言,学界对灾害性公共危机中地方政府应对机制的研究仍存在很大空间,尚未形成具有理论支撑和现实经验借鉴的系统性成果。因此,研究地方政府如何构建一个灾害性公共危机应对的长效机制,对于提高防灾减灾能力、保障公民权利、提高政府公信力具有重要的现实意义。

(二)研究的意义

灾害性公共危机是世界各国普遍面临的重大突出问题,它危及人类生命,造成严重的财产损失,跨地域、跨时空的传播使其剧烈冲击公众心理,造成社会恐慌与社会动乱,影响各国政策变动,甚至深刻影响国际局势与人类经济社会的发展与进步。分析灾害性公共危机中地方政府应对情况并在此基础上深入研究具有一定的理论意义与现实意义。

1. 理论意义

灾害性公共危机对人类的破坏与影响是人类挥之不去的阴影,如何应对灾害性公共危机已成为世界各国政府与学术界普遍关注的热点与焦点问题。步入21世纪以来,全球化、网络化的不断深入促进社会高速发展,而这也在一定程度上给人类社会带来与日俱增的风险,诸如水旱灾害、暴雨、冰雹、沙尘暴、泥石流、地震、爆炸、瘟疫、恐怖袭击以及宗教冲突等各领域的危机事件层出不穷、此起彼伏。特别是随着跨国度、跨民族的灾害性公共危机事件的频发,各国政府更加重视灾害性公共危机的治理,并在自然科学与社会科学等多学科领域投入大量资源进行研究。我国作为灾害性公共危机频发的国家,对灾害性公共危机治理的研究多局限于自然科学领域,而从政治学、社会学、管理学和心理学等学科领域的综合研究较为滞后。2008 年"5 · 12"汶川特大地震、南方冰雪灾害,2010 年玉树地震和舟曲泥石流,2015 年天津港爆炸事件等灾害性公共危机应对实践充分显示灾害性公共危机治理涉及政治、人口、教育、心理、经济等诸多方面,几乎涉及哲学社会科学研究的所有领域。只有充分发挥各个不同学科的优势,才能更好地应对灾害性公共危机。因此,通过详细分析灾害性公共危机地方政府应对情况,把握基本内容并探寻存在的问题及解决路径,这不仅对于推动灾害性公共危机中地方政府应对机制的研究具有重要的理论发展作用,而且有助于提升地方政府灾害性公共危机治理能力。

2. 现实意义

频发的灾害性公共危机对地方政府的施政能力和社会运转带来巨大考验。如何应对灾害性公共危机已成为各国政府、社会科学研究者面临的重大与紧迫的现实问题。历次灾害性公共危机治理中,地方政府能够协同各方力量积极应对,取得了较好的成绩。但是,作为灾害性公共危机应对的体制、机制、法制的建构者,作为各方力量与资源的整合者、协调者,地方政府的危机应对机制有待进一步优化。因此,研究如何准确理解、把握灾害应对和治理机制,不仅对地方政府很好地应对灾害性公共危机具有重要的现实意义,而且对于保障人民的生命财产安全、维护社会和谐稳定发展具有重大的现实意义。

"政府如何处理危机以及采取何种形象对待危机,关系到其在国内和国外的形象。"①倘若面临灾害性公共危机,政府快速反应、科学决策、充分协调、信息公开,及时消除动荡局面,则会充分彰显政府负责、诚信、精干高效、民主

① 周晓丽:《论公共危机中政府形象及其重塑》,《重庆社会科学》2006 年第 2 期。

开放等形象。若面临灾害性公共危机政府反应迟钝、隐瞒真相、决策协调不力，这极易使民众质疑政府的能力，从而产生信任危机，陷入“塔西佗陷阱”。因此，研究灾害性公共危机地方政府应对机制能够提升地方政府危机应对能力，是提升政府公信力、维护政府权威、树立良好政府形象的现实需求。

二、国内外研究现状与述评

（一）国外研究现状与述评

公共危机伴随着人类生产生活历程。随着公共危机对人类生产、生活影响的不断加强，国内外学者逐渐将其作为一个焦点、热点问题进行研究。西方最早对于危机的研究始于19世纪初期，以美国国会1803年救灾法案的实施为标志开启了公共危机管理研究的历程。此后一个世纪，西方国家都将研究主要集中于飓风、地震以及洪水等自然灾害的防治与自然灾害体制机制的完善。这一时期的危机管理由于缺乏专门的危机管理理论而并没有形成独立的学科。西方公共危机管理于20世纪60年代至80年代初步形成理论体系，奠基者有史蒂芬·菲克、罗森塔尔、E.L.克兰特利等，如危机研究的先驱赫尔曼1972年出版的论文集《国际危机：行为研究视角》。20世纪80年代后，各国由于面临日益复杂的管理环境而普遍重视危机管理并着手深入研究危机管理理论。危机管理研究从单一走向系统、综合，从简单的危机应对走向危机前期预防，形成了企业危机管理与公共危机管理，典型的代表作是1986年史蒂芬·菲克的著作《危机管理——对付突发事件的计划》，罗森塔尔1989年出版的《危机管理：应对灾害、暴乱与恐怖主义》，劳伦斯·巴顿的《组织危机管理》，罗伯特·希斯的《危机管理》等。进入21世纪，加速发展的全球化与日趋上升、波及范围不断扩张的危机事件使各国政府开始高度重视危机管理问题，尤其是美国的“9·11”事件、“卡特里娜”飓风事件后，学者们充分意识到危机管理中仅注重应急控制、危机救援与恢复重建不能缓解危机造成的损失，还需要充分审视、反思危机的事前防范、制度保障与物资储备。综合来看，国外关于公共危机管理的研究主要集中在以下几个方面：

1. 关于风险社会的研究

随着现代性的突变，人类社会的复杂性和不确定性开始迅速增加，而资本主义社会制度自身固有的弊端使潜在的社会风险演变为现实危机。因此，抑制社会矛盾、构建和谐社会的使命感与责任感使西方国家迅速掀起研究风险社会理论的热潮，并且迅速形成跨国界、跨学科、跨领域的新型学科。风险社会理论体现出研究视角的独特性、问题意识的敏锐性与强烈的现实针对性。最具有代表的学者有乌尔里希·贝克，主要代表作有《风险社会》《世界风险社会》《反思现代化》。乌尔里希·贝克提出了"风险社会"的概念并对其做了界定，完善了风险社会理论。还有英国安东尼·吉登斯，主要代表作为《失控的世界》，他发展了贝克的观点，而且考察了随着全球化的到来，资本主义社会面临的各种危机，告诫人们如何适应现实风险社会。

2. 关于公共危机管理理论的研究

关于公共危机管理理论的研究在国外一直是一个热点，学者充分结合理论与实践，不断进行探索与丰富，具体体现在以下几方面：

第一，危机周期理论。危机的生命周期理论是对危机发展演变过程的研究，是公共危机事件的时间序列分析，一般包括以伯奇和古斯为代表的三阶段模式，认为公共危机管理分为危机前、危机中、危机后三个阶段；①以史蒂文·芬克为代表的四阶段模式，认为公共危机分为征兆期、发作期、延续期和痊愈期四个阶段；②以罗伯特·希斯为代表的五阶段模式，认为公共危机分为缩减、预备、反应、恢复和恢复力五阶段；③以诺曼·R.奥古斯丁为代表的六阶段模式，认为危机管理包含危机防范、危机准备、危机确认、危机控制、危机解决和危机学习六阶段；④以理查德·吕克为代表的七阶段模式，认为危机管理流

① 参见 Guth D. W., "Organizationalcrisis experience and public relations roles", *Public Relations Review*, 1995, 21(2)。

② 参见 Steven Fink, *Crisis Management: Planning for the Inevitable*, New York: The Free Press, 1981。

③ 参见 Robert Heath, "Crisis management for managers and executives", *Financial Times Professional Limited*, 1998, pp.135-157。

④ 参见 Norman R. Augustine, "Managing the Crisis You Try to Prevent", *Harvard Business Review*, 1995(6)。

程应当分为风险稽查、危机规避、应急预案、危机识别、危机遏制、危机解决和危机学习七个阶段。①

第二,公共危机决策理论。危机决策是一种非程序化的决策,要求在相当有限的时间作出重大决策和反应。危机决策理论在西方兴起于外交决策模式,典型代表为理查德·斯奈德、查尔斯·赫尔曼、格雷厄姆·T.艾利森。20世纪70至80年代,格伦·斯奈德将研究重心转向危机处理和危机谈判。尤其是1962年的古巴导弹危机后,各国注重危机的合作,充分拓展危机的研究领域,不断加强危机理论建构的研究。比如格雷厄姆·T.艾利森提出理性行动、组织过程、政府政治三种颇具影响的国际危机决策模型。② 赫尔曼与布来狄从200个假设中建立个人压力、组织反应、敌对互动、成本计算四种模式。③ 贾尼斯基于心理和个体层面研究决策运行的条件和过程,提出认知式、附属式、自我满足和激励式三种模型。④

第三,危机管理的系统理论。危机管理的系统理论将整个社会视为一个系统,任何孤立事件都可能破坏系统的平衡性。巴利特纳指出,危机爆发的宏观环境由人类的组织系统构成,故而大多数灾害源于人与人的技术,提出了技术灾难演变模型。因此需要充分注意系统中引发危机的任何事件。⑤

3. 关于公共危机政府治理研究

世界各国学者都非常重视政府在危机管理中的作用,典型代表为艾瑞克·K.斯特恩、丹·汉森的《社会转型期的危机管理》、齐默尔曼的《政治暴力、危机与革命》以及欧文·L.詹尼斯的《关键决策:政策制定和危机管理的领导艺术》等。作者们在著作中将政府在危机前、危机中、危机后的角色、职

---

① 参见哈佛商学院出版公司编:《危机管理——掌握抵御灾难的技巧》,蒲红梅译,商务印书馆2007年版,第62页。

② 参见 Graham Allison, *Essence of Decision*, Boston, Mass: Little, Brown & Company, 1971。

③ 参见薛澜、张强、钟开斌:《危机管理——转型期中国面临的挑战》,清华大学出版社2003年版,第163页。

④ 参见 Irving Janis, *Crucial Decision: Leadership in Policymaking and Crisis Management*, New York: The Free Press, 1981。

⑤ 参见郭子平:《我国基层政府公共危机管理研究——以深圳宝安区为例》,武汉大学博士学位论文,2012年9月。

能等作了系统分析。

西方学界对政府危机治理的模式也有探讨，总的认为，政府治理模式由单一转向多元互动，具体包括以下几种：第一，欧文·E.休斯提出的新公共管理政府治理模式，他指出现代的政府危机治理模式从传统的依赖官僚制走向现代的以市场为基础的模式。这种治理模式注重目标管理、绩效管理对个人负责，集灵活性与政治性于一体。① 第二，戴维·奥斯本与特德·盖布勒提出的企业化政府治理模式。这种模式指出：危机管理中政府的角色是掌舵者，起着催化的作用；政府需要将权力授予基层，充分发挥基层的力量；政府要激发服务中的竞争性因素；政府要有事业心、有使命感，要追求治理的效率以达到群众的满意；政府要坚持市场导向，充分整合社会各方力量，发挥其在危机应对中的合力；政府要重心前移，充分重视风险预防。② 第三，英国著名行政学学者E.费利耶认为当代西方政府治理模式体现为效率驱动型、小型化和分权型、追求卓越型、公共服务型。

纵观国外危机管理文献，回顾公共危机管理发展历程与研究现状，国外公共危机管理呈现出以下几个特点：第一，国外公共危机管理涉及社会学、心理学、政治学、经济学以及传播学等多种学科，各学科相互交叉、相互融合。第二，公共危机管理的主体不断发展，体现协同治理的取向。第三，形成了理论与实践相结合的研究体系。危机应对从事前、事中、事后三方面着手，全面增强公民应对危机的能力，形成了全民防御文化。第四，注重理论研究成果在实践中的应用。各国通过建立完善的危机治理体系，注重危机治理的全过程，使理论研究成果充分运用于实践，在一定程度上实现了危机的有效治理。

（二）国内研究现状与述评

关于公共危机的预防与管理在中国博大精深的古代文化中就有充满辩证思想的论述，而我国对公共危机的研究起步较晚，真正开始研究始于“9·11”

---

① 参见［澳］欧文·E.休斯：《公共管理导论》，张成福、王学栋等译，中国人民大学出版社2002年版。

② 参见［美］奥斯本·盖布勒：《改革政府：企业精神如何改革着公营部门》，周敦仁等译，上海译文出版社1996年版。

事件后。2003 年 SARS 危机后,我国关于公共危机的研究逐步升温,党的十六届五中全会通过了《中共中央关于制定国民经济和社会发展第十一个五年规划的建议》,明确提出要"建立健全社会预警体系和应急救援、社会动员机制,提高处置突发性事件能力"。党的十七大报告中进一步明确要求"完善突发事件应急管理机制"。自此,中国学者充分感受到危机问题的重要性,开始普遍关注公共危机及其应对,突出代表为薛澜、张强、钟开斌等人的著作《危机管理:转型期中国面临的挑战》。《中华人民共和国突发事件应对法》在 2007 年发布实施后,学者对公共危机的应急处置研究急剧增长。笔者通过对目前国内公共危机管理方面文献进行搜集、整理、分析,发现我国学者关于公共危机问题的研究主要体现在以下几个方面:

1. 公共危机管理的宏观性研究

SARS 危机后,国内学者开始普遍关注公共危机问题,通过大量引进、介绍国外危机管理理论,逐步形成具有中国特色的公共危机管理理论。通过对相关文献的梳理、分析与归纳,学者们从宏观层面对公共危机的研究主要集中在以下几个方面:一是对研究对象的界定。学者们从不同角度界定了危机、公共危机、突发事件的概念并对公共危机的特性做了细致分析;不同学者依据危机产生的诱因、发生的区域、动因性质以及波及范围等不同的标准对公共危机进行了不同的分类。二是对现代公共危机管理理论的阐述。学者们基于不同的视角系统介绍了现代公共危机管理理论,比如危机管理周期理论、危机管理决策理论、危机舆情管理理论、公共危机沟通理论、恐怖主义危机管理、公共危机管理的国际合作等。三是对我国公共危机管理现状的分析。学者们充分分析了当前我国公共危机管理的"一案三制"的核心应急管理模式,分析了我国公共危机管理面临的挑战与危机易发的原因。四是对我国提升公共危机管理能力的相关政策建议。

从宏观层面看,对公共危机进行系统研究的相关著作主要有:陈安的《现代应急管理理论与方法》,计雷的《突发事件应急管理》,丁文喜的《突发事件应对与公共危机管理》,胡税根的《公共危机管理通论》,王宏伟的《公共安全管理研究:非常规突发事件及其应对》《公共危机管理概论》,周友苏的《重大公共危机应对研究》,肖鹏军的《公共危机管理导论》,肖群鹰、朱正威的《公共危机管理与社会风险评价》,姜平的《公共危机管理与突发事件应对》等。纵观宏观性的公共危机管理著作,最大的优点是能够为读者普及公共危机管理的相关知识,使读者在较短的时间内对公共危机管理全貌有充分了解;而缺点在于研究分析深入度不够,研究内容广而多,缺乏建设性与创新性的理论观点。

2. 对国外公共危机管理的相关研究

我国学者对公共危机的研究最初以介绍、引进西方学者的论著为主,时刻关注国外理论发展动态,将一些新的危机管理思想和理论引进国内,促进公共危机管理学科本土化发展。颇具代表性的著作是赵成根教授的《国外大城市危机管理模式研究》,这本书综合分析了西方发达国家大城市全政府、全社会型综合危机管理系统的基本结构和运行状况,并分别描述分析了美国的纽约市、华盛顿市、波士顿市、洛杉矶市,加拿大多伦多市,日本的东京市和横滨市,德国的柏林市和英国的伦敦市等发达国家大城市危机管理组织机制及其运行情况。在此基础上,以案例分析的方式研究了在应对"9·11"恐怖袭击事件、北美地区大停电、阪神大地震、东京地铁沙林毒气事件、伦敦地铁爆炸案等典型危机事件过程中,各国大城市危机应急机制的运行状况和经验教训。这是国内第一次系统地研究西方国家大城市的危机管理机制及其运行状况,对于我国处于初创阶段的城市应急机制建设,具有重要的参考借鉴价值。钟开斌的《中外政府应急管理比较》一书立足我国应急管理工作实际,以"一案三制"(应急预案,应急管理体制、机制和法制)为基本框架,以突发事件预防与应急准备、监测与预警、应急处置与救援、事后恢复与重建全过程为主线,选择美国、日本、俄罗斯、德国、新加坡和中国进行观察和比较研究,比较系统地总结国外应急管理的做法和经验,深入探讨政府应急管理的前沿问题,总结对中国应急管理工作的启示。对国外危机研究还比较有代表性的著作有:吴群红、郝艳华、李斌的《日本"3·11"回望与启示:连锁型危机的应对与管理》,王德迅的《日本危机管理体制研究》;相关论文有李文赛的《柬埔寨公共危机信息管理能力研究》,王德迅的《国外公共危机管理机制纵横谈》,华斌的《国外公共危机管理经验及对我国的启示》,沙勇忠、李文娟的《国外公共危机信息管理研究述评》等。

3. 基于理论推演与案例研究相结合的综合性研究

随着公共危机事件的频发,学者对公共危机管理的宏观性研究已经不能满足危机应对的需要。为了充分体现危机管理一般规律和特殊规律在现实危机应对中的应用,探索中国应急管理的特殊规律,体现中国特色的应急管理运行模式,部分学者采用理论推演与案例研究相结合的方法,探讨中国危机管理的历史现状、危机管理运行模式的内涵与特点、危机管理的体系构建,研究分析典型的具体的公共危机事件的处置过程,通过理论与实践相结合及时总结经验教训,为进一步加强我国的公共危机管理能力提供建设性意见。颇具代表性的著作有闪淳昌、薛澜的《应急管理概论——理论与实践》,此书系统而科学地分析了应急管理的基本概念并建构相关的理论体系,通过设置应急管理预案、体制、机制、法制、科技支撑等重要的专题,帮助读者全面了解应急管理相关知识,而且大量引用国内外案例,尤其是我国近几年以来的应急管理实际案例,通过理论与案例相结合的综合性研究提炼、总结出危机管理可借鉴的方法与技术。闪淳昌的《应急管理:中国特色的运行模式与实践》,此书上篇介绍中国特色的应急管理运行模式,下篇分析中国应急管理实践,通过理论与案例相结合对推动我国应急管理事业的发展大有裨益。将理论与案例相结合进行研究的相关著作还有李程伟的《公共危机管理:理论与实践探索》,王宏伟的《公共危机与应急管理:原理与案例》《突发事件应急管理:预防、处置与恢复重建》,米红、冯广刚的《公共危机管理:理论、方法及案例分析》,汪大海的《公共危机管理实务》等。

4. 公共危机管理的微观性研究

学者对公共危机微观层面的研究使公共危机管理的研究更加具体化,更加适应当前风险社会的需求。总的来看,学者对公共危机微观层面的研究主要体现在以下几个层面:第一,对公共危机管理的实务技术、方法和操作途径等的研究。代表著作有曾越的《防汛抗旱与应急管理实务》,王慧敏、仇蕾、刘钢的《水污染控制的管理理论方法及应用》,王雷、赵秋红、王欣的《应急管理技术与方法》等。第二,对公共危机中政府行为的研究。这一层面主要聚焦于对公共危机管理中政府的角色、职责的研究,对政府应急管理体系、政府应急能力评估以及政府公共形象的研究。主要代表作有张成福、唐钧的《政府危机管理能力评估:知识框架与指标体系研究》,王频的《地方政府危机管理创新研究》,常永华的《公共危机管理与西部地方政府执政能力问题研究》《公共危机管理视阈下的西部地方政府执政能力与评估研究》,任堃的《危机管理视角下的政府形象构建战略研究》等。第三,公共危机应对机制研究。关于公共危机应对机制的研究近年来成果丰硕,不仅有典型的代表作,而且硕博论文屡见不鲜,对于公共危机应对的风险防范机制、应急准备机制、社会动员机制、宣教演练机制、监测预警机制、信息报告机制、国际合作机制、快速评估机制、决策指挥机制、协调联动机制、恢复重建机制、调查评估机制以及责任追究机制等均有或多或少的涉及。第四,公共危机传播研究,涉及危机信息传播来源、传播主体、传播模式以及传播效果的研究。主要代表作有赵士林的《突发事件与媒体报道》,廖为建的《公共危机传播管理》,周榕的《中国公共危机传播中的媒介角色研究——以2000—2013年重大公共危机事件为例》,张宁、张洁的《公共传播视野下的社会风险与危机传播》,田中初的《新闻实践与政治控制——以当代中国灾难新闻为视阈》等。这些研究都是公共危机管理研究的重要组成部分,相比整体性的宏观性研究,具体的微观层面的研究更便于在实践中操作,具有很好的实践指导意义。

从宏观性研究到微观性研究,这是公共危机管理研究向纵深发展的表现。比起宏观性的研究,这类研究所取得的成果更为突出和引人瞩目。在近年的硕博论文中,对公共危机管理的微观性研究已经随处可见,比如公共危机管理的社会保障、公共危机中的社会舆论、公共危机中的信息资源整合、公共危机中的政府决策、公共危机与民众、公共危机与非政府组织等等。这些研究是国内关于公共危机管理研究的重要组成部分,比起宏观性的研究,更具有实践指导意义。

我国公共危机管理研究成果丰硕,取得了很大进步,但也存在一些不足:第一,对公共危机管理的实务技术、操作方法和途径关注不够。第二,对公共危机预防与控制关注不够。学者投入很大精力研究公共危机应对,而对风险社会中的风险控制与干扰预防缺乏深入研究。第三,注重对公共危机应对机制的探讨,缺乏对公共危机管理的长效机制的研究。第四,公共危机的研究领域与范围受限,尤其是缺少对偏远农村地区与民族地区的公共危机应对研究。第五,从宏观层面研究公共危机应对的较多,而微观层面研究地方政府如何应对公共危机的相对较少。

三、研究的主要内容、基本思路和方法、重点难点创新点、学术价值

(一)研究的主要内容

本书将从政治学、公共管理学、社会学、心理学等多学科的视角,在借鉴公共危机理论和灾害治理理论的基础上,分析地方政府在公共危机治理中的角色与行为,客观描述当前我国地方政府灾害性公共危机的应对现状,科学设计地方政府灾害性公共危机治理的机制,提出促进灾害性公共危机应对中地方政府治理能力提升的路径。

具体来讲,主要包括以下内容:

第一章,界定灾害、公共危机及灾害性公共危机的概念,描述灾害性公共危机的类型与特点,分析灾害性公共危机的诱因及危害。

第二章,分析灾害性公共危机治理的理论基础。从风险与风险治理理论、府际关系与公共危机管理、多中心灾害治理理论、边远地区公共事务治理理论四个方面分析灾害性公共危机治理的理论基础。

第三章,分析灾害性公共危机中地方政府的角色与行为。本书认为地方政府的职能决定地方政府在灾害性公共危机治理中扮演重要的角色,具体而言,灾害性公共危机中地方政府的角色为:地方政府是灾害性公共危机治理的责任主体,是灾害性公共危机应对的体制、机制、法治的建构者,是灾害性公共危机应对中的资源整合者与力量协调者。

第四章,分析灾害性公共危机中地方政府应对取得的成绩与存在的问题及原因。纵观近几年的灾害性公共危机治理情况,我国地方政府通过不断努力逐步形成了中央、省、市、县“四位一体”的应急预案体系、应急组织体系,政

府各部门以及相关职能部门在危机应对中的分工、责任逐步清晰明确，预防、监测预警、应急处置、灾后恢复等机制逐步完善，人本理念、协同理念等危机治理理念逐步提升，危机治理法律法规体系日益完善。但是在具体的灾害性公共危机应对实践中，法律体系、应急准备工作、监测预警、应急处置、恢复重建都有待进一步优化，究其原因是危机意识不足、危机治理结构有待提升、经济社会发展不平衡以及技术落后等因素叠加造成的。

第五章，国外地方政府应对灾害性公共危机的实践。本章探讨美国、日本、法国、德国、加拿大等发达国家地方政府应对灾害性公共危机的实践，探讨孟加拉国、南非、马来西亚、巴基斯坦以及秘鲁等发展中国家地方政府应对灾害性公共危机的实践，为我国构建灾害性公共危机应对机制提供借鉴意义。

第六章，优化地方政府应对灾害性公共危机的机制。本章提出了优化灾害性公共危机地方政府应对的预防准备、监测预警、应急处置与救援、恢复重建四大机制，并对每项机制的具体操作进行了详细的分析。

第七章，地方政府灾害性公共危机治理能力提升路径。灾害性公共危机地方政府应对机制的有效运行还依赖于地方政府灾害性公共危机治理能力的不断提升，因此，本章对灾害性公共危机地方政府决策能力、协同治理能力、信息管理能力、危机教育培训能力、社会动员能力的提升提出了对策建议。

（二）研究的基本思路和方法

研究的基本思路：

首先提出研究的目标与核心问题是灾害性公共危机地方政府应对机制，对公共危机、灾害性公共危机作了清晰的概念界定与说明。通过对风险与风险治理、府际关系与公共危机管理、多中心治理以及边远地区公共事务治理理论的相关分析，提出地方政府在灾害性公共危机应对中扮演着重要的角色与地位。因此，本书客观分析了地方政府应对灾害性公共危机的现状，通过国内外具体实例的对比分析，科学设计促进地方政府灾害性公共危机治理机制，提出促进地方政府灾害性公共危机治理能力提升的路径。

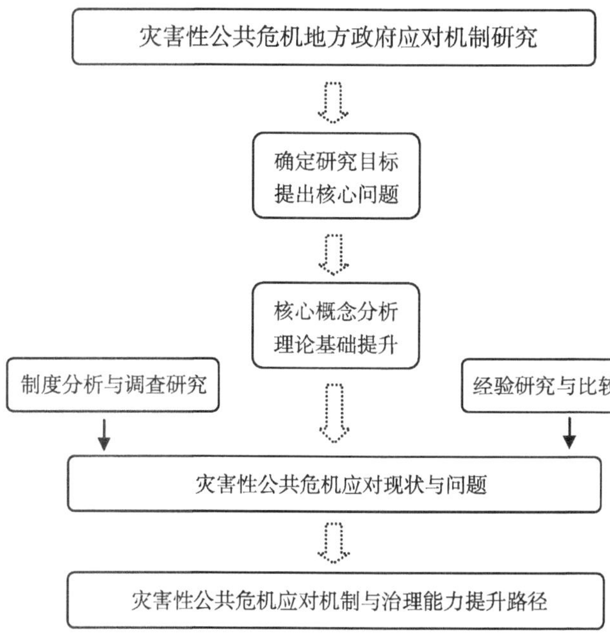

研究方法：

1. 文献归纳法。利用图书资料和电子文献检索系统，搜集国内外关于灾害应对和治理的相关理论和文献，主要包括：(1)有关公共危机治理和应急管理理论方面的英文著作和论文；(2)有关公共危机治理的译著；(3)国内有关危机管理和应急管理方面的著作和论文，主要涉及我国公共危机管理的现状、问题、对策思路等；(4)国家为预防和治理灾害性公共危机而出台的相关文件，与灾害性公共危机应对相关的政策法规。对这些文献的分类、归纳和总结，为本书的研究提供理论依据和材料支撑。

2. 案例研究法。本书通过选取国内外有重大影响的灾害性公共危机事件，进行了深入的案例分析，探讨了我国地方政府灾害性公共危机治理过程中总结出来的经验教训，分析了地方政府灾害性公共危机应对的制约因素。

3. 问卷调查法。借鉴政府应急管理研究相关的文献，根据国家应急管理方面的政策文件，设计问卷。以自填问卷的形式，对地方政府在应急管理能力建设方面的基本状况，灾害应急准备能力建设的认知情况进行抽样调查。在问卷调查的基础上，对地方政府在灾害性公共危机治理中的管理机制、组织机构设计、人员配备情况、处置措施，以及应对能力等问题进行分析。

4. 比较研究法。不同国家在公共危机治理方面都有自己的特色。通过对美国、日本、法国、德国、加拿大等国家地方政府应对灾害性公共危机的实践分析，为我国构建灾害性公共危机应对机制提供借鉴。

（三）研究的重点难点与创新点

重点：如何客观描述和准确评价地方政府灾害性公共危机的治理现状，如何全面剖析影响地方政府灾害性公共危机治理的体制、机制和法制因素及其原因。

难点：如何突破地方政府灾害性公共危机治理的困境，构建一个在动态的社会发展中实现灾害治理的长效机制。

创新点：1. 研究角度和内容的创新。本书从地方政府的角度研究公共危机治理问题。国内社会科学界关于公共危机治理和应急管理的研究，关于公共危机治理的研究多着眼于国家的角度和中央政府的层面。因此，本书的研究，主要从地方政府的角度出发，探索地方政府灾害性公共危机治理机制优化和治理能力提升的路径。2. 主要研究了灾害性公共危机的治理问题。公共危机种类繁多，不同类型的公共危机事件的治理存在着差异，本书主要探究了灾害性公共危机治理中的地方政府应对机制以及能力提升问题。

（四）学术价值

从目前灾害治理的研究成果来看，自然科学的技术性研究较多，而社会科学的研究较少。事实证明，灾害性公共危机发生后，危机治理与善后恢复重建涉及政治、经济、社会、卫生、法律等方方面面。灾害性公共危机的治理是一项极其复杂的工程，更需要多方主体积极参与，形成合力。本书则主要从政府治理的角度来分析灾害性公共危机的治理，并结合社会学、心理学等学科的研究，针对地方政府灾害性公共危机应对的现状，构建地方政府应对机制，提出地方政府危机治理能力的提升路径，具有一定的学术价值。

第一章　灾害性公共危机概述

近年来,随着经济与科技高速发展,灾害性公共危机日益频繁猖獗,不仅扰乱社会秩序、损伤生命、损害财产,而且还严重影响经济社会和谐稳定发展,严重影响人类的生存与发展。可以说,人类历史的发展长河始终伴随灾害的袭击,灾害性公共危机已成为人类最大的敌人和面临的最大的挑战之一。我国灾害性公共危机的发生频率、波及人口及造成的损失都充分证明我国是全球灾害性公共危机最严重的国家之一。新的历史时期,社会转型进入关键期,改革开放进入攻坚期,人与自然、人与人以及人与社会的矛盾更加凸显,这为灾害性公共危机频发提供温床。因此,清晰认识灾害性公共危机,完善应对危机的体制、机制与法制是各级地方政府必须重视的重大课题。

第一节　灾害、公共危机及灾害性公共危机

人类历史发展长河始终伴随灾害的袭击,灾害的袭击远自伏羲、燧人氏开始就有水潦之厄,黄帝时每百年就有地震之灾。《史记·夏本纪》说:"当尧之时,鸿水滔天,浩浩怀山襄陵。"《孟子·滕文公上》说:"当尧之时,天下犹未平,洪水横流,泛滥于天下,草木畅茂,禽兽繁殖,五谷不登,禽兽逼人,兽蹄鸟迹之道,交于中国。尧独忧之……禹疏九河,瀹济漯,而注诸海。决汝汉、排淮泗,而注之江,然后中国可得而食也。"又《孟子·滕文公下》:"当尧之时,水逆行,泛滥于中国,蛇龙居之,民无所定……使禹治之。"由此可见,人类发展的

历史与人类应对灾难同步而行，任何灾害都对人类社会、政治、经济与文化产生重要影响。

一、灾害的内涵、分类与特征

（一）灾害的内涵

关于什么是灾害，学界有不同的看法，社会学、经济学、管理学以及人类学等都对灾害有不同的诠释。在英语中，用来表达灾害的词有：disaster，hazard，catastrophe，risk，emergency，calamity 等。在汉语中，用来表达灾害的词有：灾害，天灾，人祸，突发事件，灾难，危机等。虽然都是表达灾害之意，但不同的词运用于特定的环境则有不同的含义。英语中最常用的是"disaster"，从词源来看，"disaster"来自法语的"desastre"，"desastre"由拉丁语的"dis"和"astro"两部分组成，两部分组合便是"灾害"，最初含义与星星有关。所以西方早期所谓的灾害则指由星星或者星球造成的消极结果。后来则指逐渐演化为自然中的不可抗力，传统上称为"上帝的行动"。① 在汉语中，灾害由"灾"与"害"构成，在《说文解字》中"天火曰烖"为灾。《春秋左传》"宣公十五年"条说"天反时为灾"，"宣公十六年"又说"凡火，人火曰火，天火曰灾"，有灾必有害，而人类最早的"灾害"仅仅指的是自然灾害。就像《世界大灾害》的作者日本学者金子史朗所言："它是一种自然现象，与人类关系密切，常会给人类生存带来危害或损害人类生活环境。这样的自然现象就称为灾害。"②随着人类社会的发展，科学技术的逐渐进步，由"人类行为"导致的灾害不断发生。"灾害"概念的范围逐渐扩大，不仅指自然灾害，也指人为灾害，或者二者共同导致的灾害。中国著名灾害学家孟昭华在《中国灾荒史记》中说："纵观历史，可知灾害有自然灾害和人为灾害两大类别。通常把以自然变异为主因产生的灾害称为自然灾害，如地震、风暴潮等；将以人的影响为主因产生的灾害称之为人为灾

---

① 参见 E.L.Quarantelli，"What Should We Study? Questions and Suggestions for Researchers about the Concept of Disasters"，*International Journal of Mass Emergencies and Disasters*，Vol.5，No.1，March 1987.

② ［日］金子史朗：《世界大灾害》，庞来源译，山东科学技术出版社 1982 年版，第 2 页。

害,如人为引起的火灾、交通事故等。可见,自然灾害是大自然的破坏力作用于人类社会,给人类造成的灾害;人为灾害则是人为的破坏力作用于人类社会,即人类自己给人类社会造成的灾害。"①罗祖德、徐长乐认为,"灾害是由自然原因、人为因素或二者兼有的原因而给人类的生存和社会的发展带来不利后果的祸害"②。马宗晋则认为灾害是指:"由于自然变异、人为因素或自然变异与人为因素相结合所引发的对人类生命、财产和人类生存发展环境造成破坏损失的现象或过程。"③灾害定义的演变是将灾害看成是一个极端不可预测的事件,发展到将灾害看成是社会文化的组成部分的发展过程,这一过程的核心就是对灾害进行社会和文化构建。④ 正如柯兰德利所言,灾害"是一种社会建构,反映社会结构和社会系统中的弱点"⑤。

无论学者们对灾害如何定义,灾害无疑包括致灾因子、孕灾环境、承灾体以及灾情,在灾害的形成过程中,四者缺一不可。因此,本书认为灾害是指由于自然变异、人为因素,或者自然与人为因素相结合在一定范围内对人类生存、物质和环境造成超常能力的破坏与损失,并由此导致社会功能的严重毁坏,社会与政府必须采取紧急的对策来恢复稳定。

(二)灾害的分类与特征

1. 灾害的分类

学界根据不同的标准将灾害划分为不同的类型。根据致灾因子的不同,将灾害分为自然与人为两类灾害;根据灾害的发生原因和发生机理将其划分为地质灾害、天气灾害和环境灾害、生化灾害和海洋灾害等;根据灾害的波及与影响范围,将其分为全球性、国家性、地方性以及区域性四类灾害;从灾害的

---

① 孟昭华:《中国灾荒史记》,中国社会科学出版社 1999 年版,第 2 页。

② 转引自陈淑伟:《社会风险治理的三个视角》,《唯实》2007 年第 2 期。

③ 马宗晋:《灾害学导论》,湖南人民出版社 1998 年版,第 57 页。

④ 参见李永祥:《什么是灾害?——灾害的人类学研究核心概念辨析》,《西南民族大学学报》2011 年第 11 期。

⑤ Quarantelli, E. L., "A Social Science Research Agenda for The Disasters of The 21st Century", In Perry, R.W.& Quarantelli, E.L.(eds.), *What is A Disaster? New Answers to Old Questions*. Philadelphia: Xlibris.2005, p.345.

成灾对象或危害后果上将灾害分为财产损失型、生命威胁型与生命财产危害型三类；也有学者根据灾害持续期的长短将其划分为突变型、暂变型和缓变型。

2. 灾害的特征

灾害对人类及其生存环境造成破坏性影响，体现出连续性、周期性、破坏性、突发性、多样性以及相关性等特征。

（1）灾害的连续性

大自然的运转不以人的意志为转移，人类社会为了生存和发展，为了满足自身的物质与精神需求，依赖自然环境的同时对其不断加以开发和利用，当这种开发和利用超过自然负荷量时，便发生一系列的问题，逐渐演化为灾害。人类发展的历史便成为和灾害作斗争的历史。所以，随着自然界周而复始的不断运动和人类活动的不断深入，灾害的发生具有明显的连续性。

（2）灾害的周期性

人类在和灾害不断斗争的过程中也逐渐认识灾害，掌握灾害发生的基本规律，即灾害发生的周期性。比如每年春夏两季是暴雨的高发季节，冬季则是雪灾的高发季节。通过掌握灾害的基本规律有意识地做好防灾、抗灾、救灾的准备工作。

（3）灾害的破坏性

灾害的种类繁多，分布广泛，频率增高，对社会的破坏性逐渐增强，而现代社会城镇化加快，城市规模无限扩大，城市建筑物密集，城市人口迅猛增长，人口密度逐渐增大。这导致当灾害发生时，密集的建筑物遭受破坏，灾害的相关性加大灾害的影响范围，使人们失去生活空间，无形增加了对人们生活的重大影响，增强了对社会整体的破坏性。

（4）灾害的突发性

灾害的发生有酝酿萌芽的过程，然而人们往往难以察觉前期的量变过程，只能感受到灾害的瞬间到来。灾害的瞬间到来让人们陷入猝不及防的境地，不仅难以作出分析、判断，而且无法迅速作出正确决策以有效应对。灾害的突发性打乱正常的社会秩序，让人们处于未知而充满危险的环境之中，这更使广大人民群众感到灾害是突然发生的，带有一定的偶然性。

（5）灾害的多样性

现代社会灾害种类繁多，不仅有各种自然灾害，如天文灾害、气象灾害、地质灾害、地貌灾害、水文灾害、生物灾害、环境灾害等，还由于社会发展，科技进步，产生了各种人为灾害，如事故灾害、火灾、卫生灾害、科技灾害、政治灾害以及其他假冒伪劣产品灾害等。

（6）灾害的相关性

不同的灾种虽拥有不同的时空特点，以及各自的形成、发展和致灾规律，但他们内部间以及与其他因素之间又相互依存，有着明显的相关性。一个区域的自然灾害往往不是单一的，而是许多灾害的组合，如四川、云南、贵州接壤地带形成以地震、滑坡、泥石流为主的自然灾害系统。某一地域的灾害暴发时主要体现为某一种主要灾害，而这种主要灾害往往会诱发其他类型的次要灾害，同时也会诱发其他地域的灾害。

二、危机、公共危机与灾害性公共危机

（一）危机的含义

危机（Crisis）由希腊语 Krinein 一词演化而来，原指人接近死亡的游离状态，是一个医学术语。《辞海》对危机的解释：1. 亦作“危几”。潜伏的祸害或危险。2. 严重困难的关头。亦特指经济危机。3. 危险的机关。用于杀敌、猎兽、捕鱼等的器具。《朗曼现代英语词典》将危机解释为：事物发展过程中的一个转折点，如疾病的突然好转或者恶化；不确定的时间或者状态；非常危险或者困难的时刻。① “危机”一词并没有精确的含义，而是随着危机管理的发展而不断拥有新的意蕴，从危机管理至今约 50 年的发展赋予了危机深刻的内涵。

危机研究先驱赫尔曼将危机界定为：“危机是一种使决策主体的根本目标受到威胁的情境状态，在此状态之下，决策主体改变决策的时间有限，且形

① 参见《朗曼现代英语词典》，商务印书馆 1984 年版，第 569 页。

势发展往往出乎决策主体的意料。”①

1989年,罗森塔尔和他的团队认为:“危机是对社会系统的基本结构或者基本价值规范和行为准则产生的严重威胁,并且在时间压力和高度不确定情境下对其作出关键决策的事件。”②后来,在1991年,罗森塔尔和皮恩伯格将危机概念描述为“一种具有严重威胁,不确定性和紧迫性的情况”③。

1993年,巴顿认为:“危机是具有潜在负面影响的不确定性的大事件,事件本身及其后果将对组织及其人员、产品、服务、资产和声誉造成巨大损失。”④

芬克(Fink,1986)从危机的变化状态给出危机的定义:“危机是指事件处于即将发生决定性变化的一段不稳定的时间或一种不稳定的状态。”⑤

英国危机管理专家罗伯特·希斯(RobotHeath)从危机的表现情境入手来定义:“危机涵盖了三种情景:不可控;对人员和资源的威胁;可见和不可见的影响。”⑥

桑德里尔斯(Sundelius)、斯特恩(Stern)和拜楠德尔(Bynander)认为:作为一个国家所面对的危机就是指中央决策者面对这样一种场景:重要的价值受到威胁,而且可以采取处理行动的时间十分有限,同时环境的变化具有高度的不可确定性。⑦

危机管理研究正式引入中国是在20世纪80年代末期,此时的危机管理理论已经比较成熟,国内学者也都大多借用或者通过润色综合理解危机之含义。张成福认为:危机是这样一种紧急事件或紧急状态,它的出现和爆发严重影响社会的正常运作,对生命、财产、环境等造成威胁、损害,超出了政府和社会常态

① Hermann C.F.,*Some Issues in the Study of International Crisis* New York Free Press,1972,p.13.

② Rosenthal,Uriel; Michael Charles(eds.),*Coping with Crisis: The Management of Disasters, Riots and Terrorism*,Springfield,Illinois,1989,p.10.

③ Rosenthal,Uriel and Bert Pijnenburg(eds.),*Simulation Oriented Scenarios: In Crisis Management and Decision Making*,Norway: Kluwer Academic Publishing,1991,p.3.

④ Barton L.,*Crisis in Organisations: Managing and Communicating in the Heat of Chaos*,South Western,Ohio,1993,p.2.

⑤ Steven Fink,*Crisis Management: Planning for the Inevitable*,NY: Ameriean Management Association,1986,p.67.

⑥ 罗伯特·希斯:《危机管理》,王成等译,中信出版社2004年版,第13页。

⑦ 参见薛澜、张强、钟开斌:《危机管理——转型期中国面临的挑战》,清华大学出版社2003年版,第25页。

的管理能力,要求政府和社会采取特殊的措施加以应对。① 薛澜、张强、钟开斌认为:危机通常是在决策者的核心价值观念受到严重威胁或者挑战、有关信息很不充分,事态发展具有高度不确定性和需要迅捷决策等不利情境的汇聚。②

确定一个人们普遍认可并接受的危机的定义较为困难,虽然每场危机都不同,但在某种程度上体现出共同特点,即:有意外的成分;存在意识失控,尤其是早期阶段;没有立即有效的解决方案;时间紧迫;事件的发展速度快,相关组织应急反应滞后,尤其体现在早期阶段;不断升级的事件流变得更加密集;在最需要的时候信息不足或者偶尔信息过剩;重要利益受到威胁,比如对人与资源的威胁;缺乏资源,至少在早期阶段;受到外界密切关注;造成恐慌感;常规的决策过程被打乱;短期内迫切需要快速决策;受影响的管理者关注短期计划、决策、行动。

无论国内外学者如何界定危机,危机都包含以下几点:一是危机事件是一种情景或者事件。二是危机事件具有突发性和紧急性,具有高度不确定性,其影响具有社会性。三是危机会对社会造成负面影响。四是危机要求应对者作出非常规决策。因此,我们认为:危机是指由于不可抗力或者突然发生的自然灾害、公共卫生事件、事故灾难以及社会安全事件对社会局部或者全局产生负面影响或造成损害,对公众生命、财产造成极大损害,需要应对主体在不确定性和时间压力的情况下作出决策的情景或者事件。

(二)公共危机的内涵

1. 公共危机的含义

危机概念变化的过程也是以社会和公众为本的价值观凸现的过程。③ 当对危机的解读涉及公共领域的范畴时,“处置这些事件的努力就具有公共产品或集体产品的特征”④。这时人们则使用“公共危机”这一概念。《辞海》中

---

① 参见张成福:《公共危机管理:全面整合的模式与中国的战略选择》,《中国行政管理》2003 年第 7 期。

② 参见薛澜、张强、钟开斌:《危机管理——转型期中国面临的挑战》,清华大学出版社 2003 年版,第 25 页。

③ 参见钟新:《危机效应与传媒功能》,《国际新闻界》2003 年第 5 期。

④ Saundra K.Sehneider, *Flirting with Disaster*: *Public Management in Crisis Situation*, New York and London: M.E.SharePe, Inc., 1995, p.48.

对“公共”的定义是:属于社会的;公有公用的。由公共与危机的含义可以推出公共危机是从更大范围影响社会共同利益、社会公众心理以及社会安全生产的事件,其危害性与影响性更为广泛。所以,公共危机与危机相比,其内涵至少包括以下几点:一是其公共性与社会性。也就是这种危机是影响到公共领域的危机,社会系统的基本价值和行为准则遭到严重威胁,涉及多数人的利益。二是系统性与破坏性。公共领域的危机涉及社会系统的多个层面,会对公众的生命财产带来巨大损失。三是突发性与紧急性。危机事件是在没有任何征兆下突然发生的,要求决策者迅速作出应对决策,否则后果不堪设想。因此,我们将公共危机界定为:公共危机是指由于高度不确定的变化因素对社会系统的基本价值和行为准则产生严重威胁的紧急状态,带给人民生命、财产的严重损失以及其他负面状态,要求政府和其他社会主体在时间压力和不确定性极高的情况下迅速作出决策,采取紧急应对行动,将灾害和损失降到最低。

2. 公共危机与突发事件

突发事件(emergency)用于两种不同的情况之下。第一种是,我们使用突发事件描述导致个别伤亡和少量财产损失的较小事件。常见的突发事件包括车祸、火灾和心脏发作等。这些事件影响范围较小,只要消防部门、警察部门以及医疗部门等相关机构回应便可解决。第二种是,我们用突发事件指所发生的迫在眉睫的大事,比如飓风登陆,这种形式的紧迫性要求政府及其他社会主体等迅速作出决策,采取紧急行动。① 2007 年第十届全国人大常委会决议通过的《中华人民共和国突发事件应对法》对突发事件的界定为:突发事件是指突然发生,造成或者可能造成严重社会危害,需要采取应急处置措施予以应对的自然灾害、事故灾难、公共卫生事件和社会安全事件。由此可见,突发事件属于紧急事件,强调事件的突发性、偶然性和紧迫性,同时又强调社会危害性。这里所表述的突发事件实质上是涉及社会公共领域的突发公共事件,也就是我们所说的公共危机。但是从逻辑学的内涵与外延来看,突发事件不一

① 参见 Michael K. Lindell, Carla Prater, Ronald W. Perry, *Introduction to Emergency Management*, John Wiley, Sons, Inc., 2007, pp.2-3。

定就是危机,突发事件不一定导致危机,而危机则是一个或者一系列突发事件所导致的结果。因此,本书所指的公共危机其实就是突发公共事件。

3. 公共危机的分类

依据不同的标准,学者将公共危机划分为多种类型,综合国内外研究,主要有以下几种划分法:

(1)罗森塔尔根据危机发展与终结的速度将危机分为龙卷风型危机、腹泻型危机、长投影型危机、文火型危机。①

(2)根据诱因的不同,将危机分为自然灾难型、利益失衡型、权力异化型、意识冲突型、国际关系型,如表 1-1 所示。②

表 1-1　危机类型划分(根据诱因)

类型	引致因素	一般冲突表现形式
自然灾难型	环境破坏、疾病传播、各种自然突发事件	环境污染、自然灾害、突发性重大公共卫生和公共交通事件
利益失衡型	经济发展的不均衡,社会保障制度上的缺陷	罢工、集体上访、静坐、示威游行、集会
权力异化型	政府权能体系中的失效,如腐败、司法权的不完善	集体上访、示威游行、暴力抗法、刑事案件
意识冲突型	意识形态领域出现异化形成的冲突,如宗教、民族	大规模群体冲突、妨碍公务、刑事案件
国际关系型	与中国在国际格局中的发展相关	国家间的紧张局势、经济制裁甚至局部战争

① 参见 Uriel Rosenthaletal.(ed.),*Managing Crises:Threat,Dilemma,Opportunities*,Springfield,Illinois:Charles C.Thomas Publisher Ltd.,2001,pp.31-35。

② 参见薛澜、张强、钟开斌:《危机管理——转型期中国面临的挑战》,清华大学出版社 2003 年版,第 17 页。

(3)根据危机影响的时空范围,可以分为区域危机、国家危机、国际危机;根据危机涉及的范围,可以分为政治危机、经济危机、社会危机等等。胡宁生在综合前人划分的基础上,对危机分类做了归纳,如表1-2所示。①

表1-2 危机类型划分(根据影响的时空范围)

划分标准	危机类型
动因性质	自然危机（自然现象、灾难事故），人为危机（恐怖活动、犯罪行为、破坏性事件）
影响的时空范围	国际危机、国内危机、组织危机
主要成因及涉及范围	政治危机、经济危机、社会危机、价值危机
采取手段	和平的冲突方式（如静坐、示威游行等），暴力性的流血冲突方式（恐怖活动、骚乱、暴乱、国内战争等）
特殊状态	核危机，非核危机

(4)有个别中国学者从综合的标准出发,选取危机状态的复杂程度、性质以及控制的可能性等指标,将公共危机划分为结构良好、结构不良两种基本危机类型。②

结构良好的危机指危机并非来源于历史性积累,而是发生于现实生活,它涉及有限的范围与群体,对社会基本原则与核心价值的影响程度较轻,决策主体能够在较短的时间内根据危机体现出的特征快速作出决策,避免危机升级,这种危机不会影响政治体系的正常运转,不会影响社会和谐稳定发展。而结构不良的危机则与结构良好危机的表现形态与影响程度相反。

(5)我国政府在危机管理的实践中,按照其性质、严重程度、可控性和影

① 参见胡宁生:《中国政府形象战略》,中共中央党校出版社1999年版,第1173—1177页。

② 参见胡宁生:《中国政府形象战略》,中共中央党校出版社1999年版,第1173—1177页。

响范围等因素分成一般、较大、重大、特别重大4级，一般分别用蓝色、黄色、橙色和红色表示。此外，国务院发布的《国家突发公共事件总体应急预案》对包括社会安全事件在内的突发公共事件也作出相同级别的分类。

（三）灾害性公共危机的内涵

灾害性公共危机由“灾害”与“公共危机”这两个概念共同构成。从概念分析来看，二者具有相同的地方，即对人类生存、物质和环境造成超常能力的破坏与损失，并由此导致社会功能的严重毁坏，要求政府和其他社会主体在时间压力和不确定性极高的情况下迅速作出决策，采取紧急应对行动，将灾害和损失降到最低。但二者又有不同的地方，公共危机对人类造成的影响与危害要大于灾害，若灾害的波及范围较小，只损害到少量的公众安全与利益，而且在小范围内就可以解决，这种灾害就不是公共危机。有些公共危机并不属于灾害，诸如经济危机、金融危机等。国内对灾害性公共危机的定义并没有统一的说法，一般采用周晓丽对其的定义，她认为：“灾害性公共危机是由于自然或人为原因引起的，威胁到社会公共或共同的安全或利益，要求政府以及社会其他主体迅速采取措施加以应对的‘公害物品’”①。一般的，灾害越严重，其所导致的公共危机也越严重。所以灾害、公共危机、灾害性公共危机的关系可用图1-1表示如下：

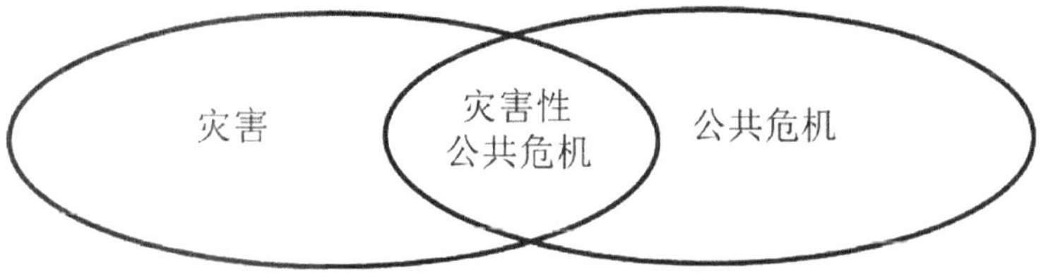

图1-1　灾害、公共危机、灾害性公共危机的关系

本书以公共危机危害的级别与程度来区别灾害性公共危机与一般的公共危机，如表1-3所示：

① 周晓丽：《灾害性公共危机治理》，社会科学文献出版社2008年版，第32—33页。

表 1-3　公共危机危害的级别与程度

级别	对社会的危害程度	对公共利益的影响程度	社会公众的关注程度
特别重大	社会运行彻底中断。	普遍公民的生命、财产遭到损失，公共设施坍塌。	引起国际国内社会民众普遍关注，媒体跟踪报道。
重大	社会运行受到严重影响，可能会中断。	大范围的公民生命、财产遭到损失，公共设施遭到破坏。	引起国内广大民众的高度关注，媒体跟踪报道。
较大	社会运行受到较大影响，但不会中断。	一定领域的公民生命、财产遭到损失，公共设施遭到破坏。	引起一定范围民众的关注，同时也受到媒体的关注。
一般	社会运行略微受到影响，没有威胁到社会体系。	一定领域的个别民众的生命遭到威胁，财产遭到损失。	引起一定范围受威胁的民众的关注。
较小	社会运行基本未受影响，风险可以排除。	民众的财产遭到损失。	受威胁的民众会关注，并提高警惕。

本书主要描述的公共危机是以级别中的“较大”为分界线，较大包括较大以上的公共危机，这使社会运行受到严重影响，甚至会中断社会运行，对公共利益产生较大的尤其是负面的影响，能够引起社会普遍关注，这是本书主要研究的对象，也就是本书所说的灾害性公共危机。

（四）灾害性公共危机的生命周期

任何一个生命体都有孕育、发生、发展、高潮和回落的过程，灾害性公共危机也同样具有这样一个过程，即灾害性公共危机的生命周期。本书用图 1-2① 来说明灾害性公共危机的生命周期。

在图 1-2 中，横轴表示灾害性公共危机从孕育、发生、发展、高潮到回落的时间，纵轴表示在不同的时间点上灾害性公共危机带给民众的生命、财产损失，带给社会的威胁。抛物线表示灾害性公共危机随着时间的推移发展的状

① 参见朱瑞博：《危机生命周期与危机领导力提升》，《领导科学》2009 年第 17 期。

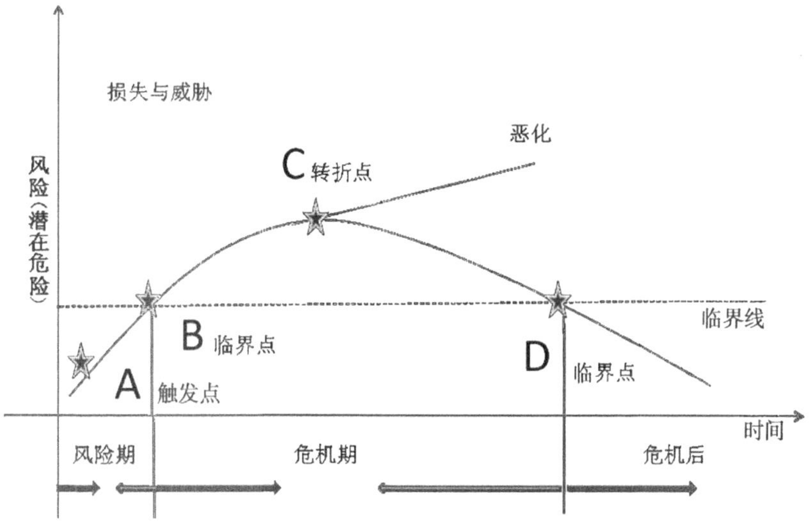

图 1-2　灾害性公共危机生命周期图

况，也就是它的运行轨迹，与横轴平行的虚线则表示临界线。在图中，有四个关键点，即 A、B、C、D 四点。临界线与抛物线相交的 B 与 D 点投影到时间轴上后，我们将整个过程划分为危机前、危机中和危机后三个阶段。第一阶段，即危机前阶段是应急准备与监测预警阶段。这一阶段是危机的孕育期，也是将危机扼杀于摇篮的关键期，若风险源没有得到控制，一旦触发，也就是过了触发点 A 时，则导致危机发生，倘若未能控制，达到临界点 B 时，则会危及民众生命、财产，导致社会运行中断，进入第二阶段，也就是危机期。在这一阶段需要政府机关和相关社会主体采取行动，进行应急处置与救援。C 点是危机的转折点，就是说如果应急工作做得好，则危机会逐渐平息，若应急响应控制不了危机发展，则危机还会进一步恶化。D 点也是关键的临界点，表示危机得到妥善处置并得以控制，同时也表示危机进入第三阶段，即恢复与重建阶段。这一阶段要求政府科学评价危机造成的损失，制定恢复重建计划，通过政策支持、资金援助、人力支持等途径帮助灾区恢复正常的生产与生活。

第二节　灾害性公共危机的类型与特点

一、灾害性公共危机的类型

不同的学者依据不同的方法将灾害性公共危机划分为不同的类型：

第一，根据诱发因素可分为自然性灾害性公共危机和人为性灾害性公共危机。自然性灾害性公共危机是指由于自然界不可抗拒的力量而形成的危机，而人为性灾害性公共危机是指由于人类的活动和对自然界的不当利用而导致的危机。第二，根据灾害性公共危机发生的前后顺序，可分为原发性灾害性公共危机和继发性灾害性公共危机。第三，根据灾害性公共危机波及的范围，将其划分为国际性灾害性公共危机、全国性灾害性公共危机和区域性灾害性公共危机。第四，根据灾害性公共危机的复杂程度，可分为单一型灾害性公共危机和复合型灾害性公共危机。第五，根据性质、发生过程与机理分为四大类，即自然灾害性灾害性公共危机、事故灾难性灾害性公共危机、公共卫生性灾害性公共危机以及社会安全性灾害性公共危机。

在本书的研究中，采用第五种划分方式，即认为灾害性公共危机包括四大类：

一是自然灾害类的灾害性公共危机。主要有气候灾害、海洋灾害、地质灾害、地震灾害等。自然灾害种类繁多，破坏性极大，如人口灭绝、河流断流、村庄消失、文化停滞、文明湮没等，甚至有些破坏性是我们人类社会无法改变和再创造的。比如 1934 年 5 月 11 日凌晨在美国西部草原地区发生的一场空前未有的黑色风暴。大风整整刮了 3 天 3 夜，形成一个东西长 2400 公里，南北宽 1440 公里，高 3400 米的迅速移动的巨大黑色风暴带。风暴所经之处，溪水断流，水井干涸，田地龟裂，庄稼枯萎，牲畜渴死，成千上万的人流离失所。2004 年 12 月 26 日，印度洋发生特大海啸，给周边国家如印度、斯里兰卡和泰国等造成巨大的财产损失与惨重的人员伤亡。据统计，此次海啸造成的死亡人数达到 29.2 万，被认为是 200 多年来世界上死伤最为惨烈的海啸灾难。

二是事故灾难类的灾害性公共危机。事故灾难类灾害性公共危机包括由于人为原因而引发的技术灾害（主要有核泄漏、天然气泄漏及其他有毒体泄漏，水库垮坝等），火灾，爆炸事故，飞机坠毁，轮船沉没等。1984 年 12 月 2 日深夜，联合碳化物公司（Union Carbide）位于印度博帕尔的杀虫剂制造厂发生严重泄漏事故，设备中泄漏出来的化学成分达 45 吨，上千人丧生。此次泄漏事故使 50 多万人受到不同程度的影响，大部分人身体出现不同程度的诸如气管坏死、失明等身体障碍，1.5 万人中毒身亡。化学品污染不仅影响遭受地区人们的正常生产、生活，而且影响人类下一代，新出生的婴儿存在不同程度的生理缺陷。1986 年 4 月 26 日，乌克兰切尔诺贝利核反应堆发生爆炸，排放到空气中的大量辐射能引发原子尘污染。污染波及世界很多国家，使数以万计的儿童患上甲状腺癌。核退散是个漫长的过程，至今该国仍然封锁核反应爆炸区近 20 英里地区。1975 年河南板桥水库垮坝造成 24 万多人死亡，死亡人数与唐山大地震相近。

三是公共卫生类的灾害性公共危机。《突发公共卫生事件应急条例》将突发公共卫生事件定义为：指突然发生，造成或者可能造成社会公众健康严重损害的重大传染病疫情、群体性不明原因疾病、重大食物和职业中毒以及其他严重影响公众健康的事件。① 公元 542 年发生鼠疫，波及世界上很多国家。此次疫情持续了五六十年，极度流行期每天死亡上万人，死亡总数近 1 亿人，这次大流行导致了东罗马帝国的衰落。再比如发生于 14 世纪二三十年代的黑死病，三年时间不断蔓延世界各地，被认为是历史上最致命的瘟疫之一，造成 7500 万人死亡，损失最为惨重的俄罗斯死亡人数几乎达到总人数的三分之一至一半。

四是社会安全类的灾害性公共危机。社会安全事件包括金融安全，恐怖袭击，群体性事件，民族宗教突发群体性事件，校园安全事件等。本书所研究的社会安全性的灾害性公共危机主要指恐怖袭击、骚乱以及恐怖爆炸等事件。比如 2001 年 9 月 11 日发生在美国纽约和华盛顿的“9·11”事件，这次事件造

① http://www.gov.cn/zwgk/2005-05/20/content_145.htm.

成超过3000人死亡。2014年3月1日，中国云南昆明火车站发生严重恐怖袭击事件，造成29人死亡、143人受伤。

二、灾害性公共危机的特点

灾害性公共危机除了具有一般危机所具有的特点外，还具有自身的特点。综合来看，灾害性公共危机具有以下特点：突发性与不确定性、扩散性与牵连性、社会性与公共性、决策的紧迫性与权变性、破坏性与灾难性。

（一）灾害性公共危机的突发性与不确定性

灾害性公共危机的突发性是指其发生没有任何征兆，专业机构与检测网点无法监测到任何信息，在人们没有任何事前准备的情况下突然发生的事件。突发性一方面指事件本身发生的时间的随意性，发生的地方的随机性，另一方面也指事件的规模的不可掌控性，可能造成的损失的不可预测性。灾害性公共危机的不确定性主要是指危机突然发生后，无论是公民个体、社会组织还是政府等都对危机的未来发展状况无法预期，对危机的影响范围与危害程度无法预测。

（二）灾害性公共危机的扩散性与牵连性

灾害性公共危机的扩散性是指危机一旦控制不力则会导致其他危机产生，正像芬克所说，"一个危机很有可能是其后一个更大危机的前兆"①，产生"连锁反应"。以地震为例，当地震发生后，强降雨引发山体滑坡、崩塌、泥石流、地面塌陷等次生灾害，人畜等尸体处理不及时而引发环境污染与瘟疫流行，道路破坏导致交通瘫痪、煤气管道破裂形成火灾、电信设施破坏造成通信中断等。

历史事实表明，一种灾害性公共危机会引发其他次生灾害，如果防范不及时，原生灾害引起的次生衍生灾害形成灾害链，甚至会放大成灾害群。有时甚至多种灾害同时发生，其所造成的伤亡和损失比直接灾害更大，比如汶川地震造成的损失有三分之一是来源于次生灾害。

（三）灾害性公共危机影响的社会性与公共性

灾害性公共危机的社会性与公共性主要是针对其影响范围，社会参与度，

---

① Steven Fink, *Crisis Mangement: Planning for the Inevitable*, NY: American Mangement Association, 1986, p.97.

以及对社会成员造成的心理恐慌、心理震荡而言的。从影响范围来看，灾害性公共危机影响的不只是某一个个体或者某一个社区，而是某个或某几个特定行政辖区内的普遍民众的生命、财产安全，甚至影响到整个社会的运行，威胁整个社会的价值体系。从参与程度而言，灾害性公共危机的不确定性、扩散性、牵连性以及破坏性决定其依靠个别群体的力量无法控制灾情，要求以政府为主导，社会其他群体共同参与，共同控制危机局势。对于公民个体而言，在生命、财产遭受威胁，生存环境遭到破坏时，普遍民众产生恐惧感，产生严重的心理问题。根据纽约《每日新闻》的一项民意调查，“9·11”事件发生一年后，仍然有20%的纽约人认为袭击会再次降临，据专家估计，至少有150多万纽约人将长期存在心理问题，而由此产生的怠工、消极情绪所造成的隐性经济损失是无法估量的。①

（四）灾害性公共危机要求决策的紧迫性与权变性

灾害性公共危机要求决策的紧迫性与权变性是对决策者与资源而言。对决策者而言，危机发生的突然性与紧迫性要求决策者面临信息不充分，危机发展趋势高度不确定，时间紧迫等风险下迅速决策，任何延迟都会使危机扩大或者升级，造成更大的损失。此外，由于危机诱发原因的多样性以及危机情况的复杂性，决策者无法从日常管理经验中找到应对法则，需要其根据当时情境，在应对的观念、方式、方法等方面随机应变。就资源而言，由于灾害性公共危机对民众生存环境造成损害，运输道路阻塞，食品、药品、帐篷、取暖物资等维持灾民的生活用品一时无法运达灾区。决策者须在人力不足、信息不充分、财力物力缺乏的情况下整合各种资源以满足灾区人民所需。

（五）灾害性公共危机的破坏性与灾难性

任何危机的发生都会使人们的生命、财产遭到威胁，都会带来一定程度的破坏性，而灾害性公共危机带给人们的破坏性更为严重。对社会而言，它使人们的日常生活方式和核心价值观念遭受威胁，使人们的生存环境遭到破坏，影响社会正常运行。对政府而言，若政府一时间无法控制危机发展速度，危机的

① 参见王灏：《危机管理“5R”模式对中国危机报道的启示》，《新闻界》2005年第2期。

进一步加剧引发社会秩序的混乱，进而引发政府的信任危机与生存危机。大量的伤亡人口，教育、卫生、水利、交通等基础设施受损严重甚至坍塌，社会正常的发展计划终止，失业、经济滞胀等带给人们的灾难是不言而喻的。如汶川地震，截至 2008 年 9 月 18 日 12 时，地震共造成 69227 人死亡，374643 人受伤，17923 人失踪，直接经济损失达 8452 亿元。这是中华人民共和国成立以来破坏力最大的地震，也是唐山大地震后伤亡最惨重的一次。①

第三节　灾害性公共危机的诱因及危害

一、灾害性公共危机的诱因

作为灾害频发、灾害种类繁多的国家，我国灾害性公共危机涉及自然灾害类的灾害性公共危机（主要有气候灾害、海洋灾害、地质灾害、地震灾害等）、事故灾难类的灾害性公共危机[包括由于人为原因而引发的技术灾害（主要有核泄漏、天然气泄漏及其他有毒体泄漏，水库垮坝等），火灾，爆炸事故，飞机坠毁，轮船沉没等]、公共卫生类的灾害性公共危机以及社会安全性的灾害性公共危机（主要包括恐怖袭击、骚乱以及恐怖爆炸事件）等诸多方面。这些灾害性公共危机产生的原因有自然原因、社会原因、个人原因、政府原因以及自然与人为相互作用的复合原因等。此外，全球化作为打开各国界限、连接现在与未来的万能钥匙，一方面促进了全球的互动与交流，另一方面也加速了不同地区危机的扩散与传播。具体来看，本书主要从以下几个层面分析灾害性公共危机产生的原因。

（一）人与自然发展不和谐

传统的中国天人合一思想指出，人产生于自然，是自然界的一部分，即“有天地，然后有万物；有万物，然后有男女”。马克思主义经典作家认为，人是自然界的一部分，是自然界发展到一定阶段的产物；同时，人依靠自然界提供的物质生活资料而生活。马克思指出，“我们连同我们的肉、血和头脑都是

① 参见 http://baike.baidu.com/view/3486152.htm? fr=aladdin。

属于自然界和存在于自然之中的"①。"没有自然界,没有感性的外部世界,工人什么也不能创造。"②因此,作为自然界长期演化的产物,人不能脱离自然界独立生存,对于人而言,自然界具有先在性与基础性,它为人类提供赖以生存的物质生活资料。然而,作为具有自我意识的能动主体,人并非和其他生命体一样被动地适应自然界,而是通过不断的实践活动间接创造自然界不存在而人类需要的物质。人类在不断的实践活动中不断重构人与自然的关系,也在重构中不断向自然索取,违背自然规律,肆意开发破坏生态平衡,引发生态危机,正如恩格斯所言:"我们不要过分陶醉于我们人类对自然界的胜利。对于每一次这样的胜利,自然界都对我们进行报复。……美索不达米亚、希腊、小亚细亚以及其他各地的居民,为了得到耕地,毁灭了森林,但是他们做梦也想不到,这些地方今天竟因此而成为不毛之地,因为他们使这些地方失去了森林,也就失去了水分的积聚中心和贮藏库。"③作为发展中大国,中国自 1978 年改革开放以来经济发展硕果累累,被世界称为经济发展的奇迹。然而,中国取得的发展与成绩无法避免对生态平衡的破坏,体现出人与自然的非和谐发展,具体表现在以下几个方面:

1. 人口迅速增长,人口密度增大

作为世界第一人口大国,中国人口增长迅速。新中国成立 70 多年,人口从 1950 年的 5.52 亿增加到目前的 14.26 亿(见图 1-3),年新增自然人口数量约为 680 万人。迅速增长的人口使人口密度逐渐增大,平均每平方公里的人口密度为 143 人,约是世界人口密度的 3.3 倍,而在东南部发达地区人口密度每平方公里超过 400 人,人口分布极不均衡(见图 1-4)。人口基数与人口密度的不断增大促使人类不断向自然界索取能量,引发资源短缺、粮食不足、环境污染等问题,造成地球生态系统失衡,这不仅影响人类社会关系,影响人类的生存,而且影响地球其他生物的生存。人与自然的不和谐在某种程度上加速了灾害的发生频率。如 20 世纪 50 年代中等以上灾害的出现率是

---

① 《马克思恩格斯选集》第 3 卷,人民出版社 2012 年版,第 998 页。

② 《马克思恩格斯选集》第 1 卷,人民出版社 2012 年版,第 52 页。

③ 《马克思恩格斯选集》第 3 卷,人民出版社 2012 年版,第 998 页。

12.5%,60 年代是 30%,70 年代是 60%,80 年代是 70%,90 年代是 100%,即 20 世纪 90 年代每年都有中等以上灾害发生。①

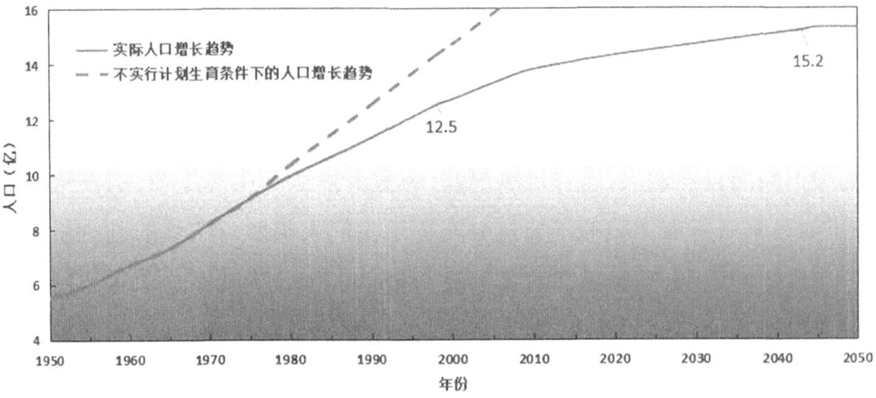

图 1-3　中国人口增长趋势:1950—2050 年

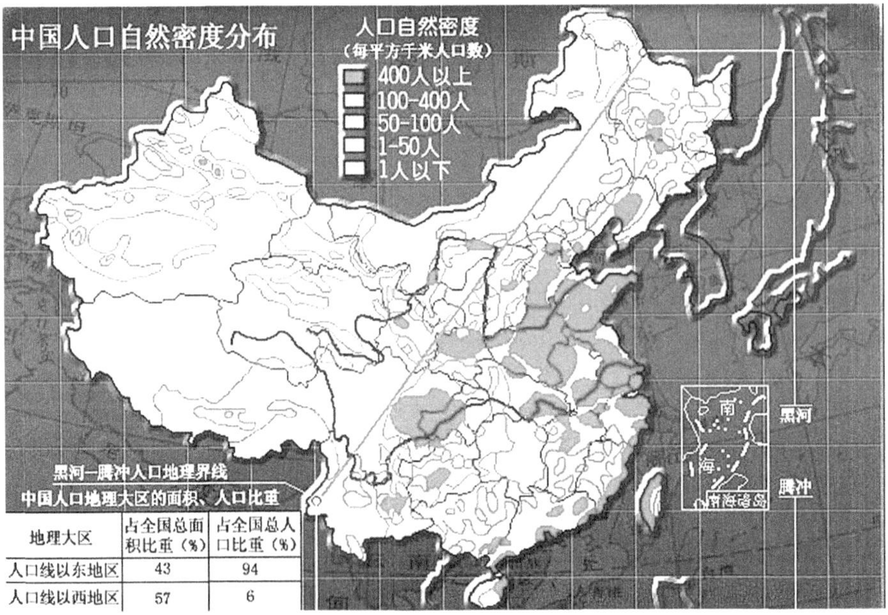

图 1-4　中国人口密度分布

① 参见刘小珍:《中国人与自然不和谐原因微探》,《社科纵横(新理论版)》2008 年第 4 期。

2. 自然环境恶化，生态系统失衡

地球上有生命存在的生物与其居住的外界环境形成封闭且能自我调控的系统，即生物圈，任何生物均以适应生物圈为生存的前提。然而，随着人类社会的发展，“公地的悲剧”与“牧场悖论”等问题层出不穷，人类发展的历史逐渐演化为对环境不断施压的历史，文明的形成与环境的恶化同步向前。

人类社会的进步与发展在某种程度上以对自然资源的不断掠夺、对自然环境的不断破坏与对人与自然关系的不断重塑为代价。首先，人类对自然资源的不断掠夺破坏了生态环境，造成人与自然关系的失衡。为了获得满足，寻求发展，促进经济增长，人们摆脱任何伦理约束，秉承“于我有用即善”的功利实用主义观念违背自然规律，肆意开采掠夺自然资源，使森林、河流、土地等可再生性资源逐渐减少，恶化生态环境，不仅使经济增长脱离自然环境的支撑，而且增加了自然灾害的发生频率；使稀有金属、煤矿、石油等不可再生性资源在无序开发中不仅得不到永久利用，而且造成人为灾难，加剧社会矛盾。此外，科技的迅速发展一方面促进物质上的巨大进步和繁荣，造福人类。另一方面，技术风险评估中的不确定性与技术的滥用让环境在一定程度上成为人类利用的工具，人类通过技术的滥用不断征服自然环境，这不仅造成人与自然关系的失衡，而且对人类本身造成危害。总之，自然环境的恶化使生态系统失衡，社会、人口、资源、经济与环境的不协调发展不仅使经济可持续发展的支撑力削弱，而且产生大量的环境难民，提高了灾害性公共危机发生的频率。其次，资源的盲目开发造成了城市的生态失衡，城市的生态失衡必然导致环境恶化，随之引发各类灾害事件。一方面是自然灾害频繁袭击，主要包括地震、洪水、泥石流、地陷等，以 2021 年发生的自然灾害为例，包括 7 月中下旬河南特大暴雨灾害、黄河中下游严重秋汛、7 月中下旬山西暴雨洪涝灾害等重大自然灾害事件，全国各种自然灾害共造成 1. 07 亿人次受灾，因灾死亡失踪 867 人，倒塌房屋 16. 2 万间，直接经济损失 3340. 2 亿元。另一方面是环境污染事故多发，突出地表现为水污染事故、大气污染事故、固体废物污染事故、农药与有毒化学品污染事故等。2005 年松花江重大水污染事件、2007 年太湖水污染事件、2010 年福建紫金矿业溃坝事件、2012 年广西龙江河镉污染事件、2014 年兰州水污染事件、2015 年甘肃锑泄漏事件给城市的用水安全带来巨大威胁。每年秋季，京津冀、山西、陕西、河南等 10 省市长时间遭雾霾笼罩，危害公众身体健康，并引发诸多交通事故。

（二）网络社会崛起给公共危机治理带来方便的同时也带来一定挑战

德国社会学家乌尔里希·贝克在其所著的《风险社会》一书中指出："在现代化进程中，生产力呈现指数式增长，使得危险与潜在威胁的释放均达到我们前所未料的程度。"①网络时代伴随科学技术的发展而迅速到来，网络媒体成为民情民意的表达场所，同时也成为政府和民众沟通的方式。如果网民在网络中能够以理性的态度进行正当诉求，政府保持信息沟通渠道的畅通并倾听网民意见，社会公正则随之产生。反正，沟通渠道不畅，民意无法表达或表达被曲解，政府对民众的诉求响应不够，则网络会成为社会矛盾的扩大器，变成滋生危害社会稳定的各种因素的温床。

中国互联网络信息中心（CNNIC）发布的第 50 次《中国互联网络发展状况统计报告》显示，截至 2022 年 6 月，我国网民规模为 10.51 亿，互联网普及率达 74.4%。在网络接入环境方面，网民人均每周上网时长为 29.5 个小时，网民使用手机上网的比例达 99.6%，使用台式电脑、笔记本电脑、电视和平板电脑上网的比例分别为 33.3%、32.6%、26.7%和 27.6%。网络社会的崛起给危机治理带来便利的同时也带来一定的挑战，网络加速危机事件的迅速蔓延。一方面，网络的普及使人们对于公共危机事件的了解不仅源于单一的官方媒体，网络新闻、论坛贴吧、社交网络、微信公众号、网络直播以及网络电台等逐渐成为网民了解信息、表达情感、思想碰撞的平台。突发事件发生后，事件亲历者纷纷抢登各类媒体，第一时间将文字、图片、音频、视频等资料上传至微信、微博、贴吧和各类论坛。突发事件网络舆情由点到面不断扩散，若加之社会知名大 V 或舆论领袖的"推波助澜"，会在较短时间迅速蔓延至全国，形成大范围的舆论风暴。特别是随着大数据时代的到来，负面信息经由网络媒体过度渲染放大后，引来越来越多媒体平台争相转发报道，吸引更多网民参与，

① ［德］乌尔里希·贝克：《风险社会》，何博闻译，译林出版社 2004 年版，第 15 页。

更多网民之间相互转发形成的再传播又进一步强化了媒体多方位视角报道该负面信息的意愿，形成显著的“雪球效应”。研究显示，突发事件爆发了 2 小时网上有人反映、爆料、发帖、打电话，6 小时以后就会有人转载、评论、跟帖，12 小时以后形成第一轮冲击波，网上网下互动、境内境外关注。24 小时后，舆论达到第一次高峰和高潮。① 另一方面，网络时代，“把关人”“审稿人”的地位被弱化，人人都可以成为“记者”“主编”“播音员”和“发言人”。危机的发生增加了人们的恐惧情绪，人民在恐惧与慌乱中易于寻找发泄对象，比如出现攻击政府、漫骂政府、诋毁政府官员形象等等，而网络信息的开放性、互动性、传播迅速性加剧了不理性行为的滋生和蔓延，进而引发次生危机。

（三）传统价值观念弱化，现代法律制度建设滞后

作为人类社会生活的核心，文化具有减少冲突、稳定社会的功能。然而，社会转型期，经济制度与政治体制等的变革必然导致人们道德观念、价值观念以及信仰等内在的文化的变革。人们对文化的认同度在一定程度上和社会的稳定程度呈正比，因此，异质的文化是社会冲突爆发的文化因素。当前中国，市场经济的多元、自由、竞争与民主等塑造了多元文化，这使传统儒家思想体系弱化，而广大人民群众由于文化水平、思维模式以及受社会主义发展中的各种矛盾的影响等对马克思主义认识并不清晰，有些人甚或存在反马克思主义、认可非理性主义的思想，对社会主义文化理解不到位，甚至错位，对共产主义的信仰持怀疑态度。另外，随着网络时代的来临，新的生存方式严重冲击传统道德规范体系，造成社会信用体系的混乱，这无形加剧社会领域的风险，成为爆发公共危机的隐性因素。现阶段，需要以法律制度规范、约束人们在社会生活中的行为。然而，我国现代法律制度建设远远滞后于经济、社会与文化的发展，一方面体现为经济发展诸方面的法律建设缺位，另一方面体现为经济管理制度不适应市场经济的发展要求。法律与制度建设的滞后不仅对于维护市场秩序、完善市场体系与公平的利益分配不利，而且更容易

① 吴燕波、向大为、麦永浩：《大数据时代的网络舆情管理与引导研究》，《信息安全研究》2016 年第 4 期。

成为引发公共危机的潜在因素。

（四）政府公共危机治理能力需进一步提升

处于转型期的中国已进入风险社会。公共危机事件能否有效治理在很大程度上取决于地方政府的有效决策与危机治理能力。目前，我国地方政府在应对公共危机事件中充分发挥主体地位，已制定一系列的法律、政策与措施。然而，从已发的各领域的灾害性公共危机中地方政府的应对与处理过程来看，一些地方政府的公共危机治理能力还需进一步提升。

1. 有些地方政府公共危机预防意识薄弱

公共危机的发生需要时间的沉淀与酝酿，地方政府若有强烈的预防意识便可将危机化解于萌芽状态。然而，个别地方政府往往对危机预防重视不足，将决策重心放于危机与舆论压力之后。个别地方政府薄弱的危机预防意识严重导致危机产生并扩散，甚或发展为灾害性公共危机。

2. 个别地方政府公共危机的预警准备工作须加强

地方政府在公共危机中的预警准备工作是危机有效治理的前提条件，也是现代危机管理过程的第一阶段，及时、有效的预警准备工作能在一定程度上避免危机事件的发生与蔓延。实践中，个别地方政府公共危机的预警准备工作不足，一是对危机事件的发生、发展及走向动态预测不足，对潜在的灾害源与极有可能引发次生灾害的灾害源动态监测不足，这无形为危机的扩散留下隐患。二是由于个别领导缺乏危机知识与危机意识而忽视危机潜伏期的征兆，未做预防处置，天津滨海新区的爆炸事故就是很好的例证。经调查表明，瑞海公司在化工方面存在的问题时日较长，而政府对于其诸多方面的不规范问题都知情。这说明重大爆炸事故的发生源于政府对相关企业管理的不足与对存在安全隐患问题的忽视。然而，时隔两月，类似原因又导致爆炸事件发生在天津市北辰仓库。这充分说明地方政府未将公共危机的预警准备工作纳入日常工作，危机管理意识不足。最后，个别地方政府的宣传教育与引导能力不足，公民危机意识不高，危机知识缺乏，实战演练不充分，导致危机发生后不能有效应对。

3. 少数地方政府公共危机应急处置机制建设有待优化

我国已经颁布了部分应对公共危机事件的总体预案,地方政府制定了相应的"地方预案",然而使"预案"在危急时刻充分发挥作用不仅要提高政府应对危机的意识,而且要从人、财、物等方面紧跟落实。我国地方政府由于权力结构以及决策体制等方面原因导致公共危机应急处置机制建设不足。首先,我国的灾害救援体制与危机管理模式一直采用分灾种、分部门的单一模式,加之受多年计划经济影响,烦琐僵化的规制与严格的层级降低了政府的行政效能与面临危机的快速反应能力。其次,我国的危机管理模式有利于快速处理单向危机事件,而当前大多危机事件均为复合危机事件,这需要同级政府部门、上下级政府部门以及不同机构之间的协调机制。目前,有些地方政府处理公共危机的协调机制不够完善,一旦多种危机并发,一些地方政府之间以及相关的各部门之间不能很好地协调政策,无法有效聚合分散在各部门的救援力量,严重影响危机事件的处理效率。最后,个别地方政府在危机事件的应急处置中缺乏时机观念,仍然存在"捂、堵、拖"的错误思维,不能充分有效发挥现代媒体与"意见领袖"的作用,无法充分整合社会各界力量,这削弱了自身的话语权,进而处于被动地位。

4. 有些地方政府公共危机处置方式须改进

地方政府在危机治理中占主导地位,是危机治理的主要承担者,因此,地方政府公共危机处置方式在某种程度上决定危机能否有效应对。当前,我国一些地方政府应对公共危机的方式仍须改进。第一,地方政府危机治理理念虽然自改革开放以来取得长足进步,但是存在个别政府官员依旧秉持"官本位"思想,以亲情礼法来影响程序规则,对党性与人民性缺乏统一认识,没有服务大局的意识。第二,个别地方政府处理危机事件人文关怀有待提升。面对危机事件,个别地方政府很少通过宣传教育正确引导人民群众,而是惯于快速平息事件。方法措施的失当不仅激化矛盾,造成事态不断升级,而且降低了政府的感召力与影响力。第三,一些地方政府在危机事件中的话语方式缺乏亲和力与艺术性。语言的亲和力与感染力决定着受众接受与认可的程度。危机事件中,个别地方政府"假大空"式的语言方式与语言内容影响其号召力的发挥,因而无法获得群众的认可与支持。

5. 地方政府公共危机治理中信息沟通需进一步加强

网络时代的来临对地方政府公共危机应对提出新的挑战,地方政府需要与公众、媒体以及其他社会组织及时沟通,避免因沟通不畅而影响决策,降低危机治理效率。现阶段,我国地方政府危机治理中信息管控能力还较弱,具体表现为:一是个别地方政府与广大人民群众缺乏有效沟通。地方政府信息公开机制有待进一步优化,对危机事件的信息、处理方式、处理结果等公开程度有限,民众无法通过正常渠道获取相关信息,激发了民众通过非正式渠道获取信息的好奇心,从而为虚假信息与谣言的快速传播提供时机,无形造成政府与民众的紧张关系。比如天津爆炸事件的首场新闻发布会于事件发生后 17 小时才举行,17 小时内民众关于事件的舆论谣言满天飞,这造成了民众恐慌心理,扰乱了社会秩序,加剧了事态的升级。二是少数地方政府与大众传媒沟通效果有待提升。网络时代来临引发信息传播革命的变革,信息传播渠道呈多样性、不可屏蔽性、再生性、快捷性、开放性以及非垄断性等特征。危机发生时,政府和大众传媒的有效沟通不仅提升、重构政府形象,而且有利于发挥民众与其他社会组织的功能。然而,个别地方政府并未意识到大众传媒的作用,危机发生时并未及时举行新闻发布会,甚至抵触、排斥媒体的介入,媒体的失实报道会误导公众对危机的认识,对政府政策的解读。这一方面使地方政府不能有效正确引导社会舆论、进行社会动员,另一方面使其无法有效应对网络中的各种舆论信息,公众则易因错误的信息而忽视危机,或者过度恐慌危机。作为地方政府,则无法正确分析决策,适时调整对策,丧失了政府公信力,降低了危机治理效能。

(五)全球化加剧公共危机的扩散与传播

全球化时代产品、人力、技术与信息的流动超越一国一地之范围,迅速波及周边国家乃至全世界,这一方面增进了世界人民在政治、经济、文化、信息与科技等领域的频繁交易,加速了世界人民的融合;另一方面,交通的便利与信息通信手段的丰富也使一国可能面临的危机迅速扩散与传播。公共危机借全球化之势扩散与传播主要体现为:

1. 多重诱因引发多重公共危机

全球化引发大范围的频繁流动,日益拥挤的城市空间对人们的生活、工作环境等增加了诸多的不确定性与复杂性因素,这无形增加了危机的诱因,同时也使发生在局部地区的危机事件极易随着人员的高速流动迅速扩散至世界其他国家。全球化使公共危机的诱因多重化,使公共危机的扩散与影响世界化,甚或使部分危机演变为全球性公共危机,这让人类社会共同付出巨大代价。比如 2003 年 SARS 疫情最初暴发于我国广东省的顺德,随后扩散至东南亚乃至全球 32 个国家和地区,形成了全球性的公共危机。

2. 危机传播速度快、传播范围广

全球化、网络化加速信息通信技术革命,不断升级的信息通信技术普遍在各国应用。随着信息传播手段的丰富便捷、信息传播渠道的多元,公共危机在全球的迅速传播成为可能。公共危机传播速度的加快与传播范围的剧增一方面使尚未受到危机波及的国家、地区以及民众提前做好应对危机的准备;另一方面也使某一地区的公共危机借助快速的信息传播渠道而引发较大规模的民众恐慌,这让"真相落后于谣言"的扩散效应难以控制,无法消除民众的恐慌心理,进而可能演化为复杂的全球性公共危机。

3. 危机复合程度加剧,破坏力大,持续时间长

全球化促进国家间政治、经济、文化、科学技术等领域的相互交织、互通互融,这为多领域、多重公共危机的复合爆发提供温床。公共危机的多重性、复合性影响范围广,破坏力大,持续时间长,导致危机治理的难度增大。比如全球性的经融危机、恐怖危机以及生态危机等。

二、灾害性公共危机的危害

灾害性公共危机是世界各国普遍面临的重大突出问题,它危及人类生命,造成严重的财产损失,跨地域、跨时空的传播使其剧烈冲击公众心理,造成社会恐慌与社会动乱,干扰正常的社会秩序,影响各国政策变动,甚至深刻影响国际局势与人类经济社会的发展与进步。

（一）灾害性公共危机严重造成财产损失与民众伤亡，危及人类身心健康

灾害性公共危机的突发性、不确定性、促变性、紧迫性、公共性以及破坏性让人们无时不生活在“风险社会”中，给人们带来严重的生命威胁，危害着人类的身心健康发展。发生于2008年5月12日14时28分04秒的“5·12”汶川特大地震波及大半个中国以及亚洲多个国家和地区，据统计，截至2009年5月25日10时，共遇难69227人（实际应该为8万多人），受伤374643人，失踪17923人。直接经济损失达8451亿元。[①] 苏联切尔诺贝利核电站的核燃料泄漏事件后，周边地区甲状腺癌、白血病儿童以及新生儿生理残疾者数量突然增加。据专家估计，完全消退这场浩劫的影响最少需要800年，由此给人们造成的心理伤害将长久难以消弥。

（二）灾害性公共危机的传播造成社会恐慌与社会动乱

灾害性公共危机不仅使人类面临生命威胁，导致大批公众死亡，造成大量的经济损失，严重浪费资源，而且对广大人民群众造成恐慌心理，甚至引起社会动乱。灾害性公共危机事件发生后，若政府不能在第一时间公布准确消息，有关危机事件的各种舆论层出不穷，加之自媒体时代“人人都有麦克风”，危机事件会以不同的版本扩散蔓延，人们的猎奇心理与谣言的非理性使危机事件陷入不可控状态。如日本东海岸2011年3月11日发生的9.0级地震引发核泄漏事故。3月15日，浙江省网名为“渔翁”的员工在QQ上群发消息，告知朋友们日本核电站爆炸影响山东海域，提醒朋友们储备盐且一年内不吃海产品。此消息发出后，3月16日起，关于食盐中的碘可以抗辐射以及国内盐产量短缺等谣言四处扩散，中国部分地区上演抢盐风潮，某些商家趁机抬价，严重扰乱市场秩序。世界各地也出现由类似谣言引发的抢购风潮，美国防毒面具销量达“9·11”的“危机水平”，芬兰掀起抢购碘药剂的热潮，韩国上演抢购海藻类食品热潮，乌克兰为了防辐射盯上了辣椒。

① https://baike.so.com/doc/3661979-3848941.html.

（三）灾害性公共危机导致资源的巨大毁损和流失，并严重破坏经济的稳定和持续发展

灾害性公共危机导致资源的巨大毁损和流失，并严重破坏经济的稳定和持续发展。一方面，灾害性公共危机破坏经济基础设施、社会经济活动秩序和经济运行，破坏社会资源及其配置体系，严重打击国民经济的发展。此外，灾害性公共危机治理的大量投入增加了国家和社会财力物力的支出，消耗了社会珍贵资源，这必定会导致减缓经济增长速度和迟滞社会发展。比如新冠疫情暴发后，从汽车到智能手机，从购物到旅游，从航空服务、金融服务到技术服务……全球无数商品和服务的国际生产被迫放慢甚至暂停，企业“命悬一线”，各国政府采取的降息、补贴等纾困政策或许能使一些企业避免“突然死亡”，但不足以提供能让企业“强身健体”的能量与空间。另一方面，严重的和持续时间长的灾害性公共危机增加了投资环境的不确定性，使危机发生地的国际资本投向发生变化，取消潜在投资或者撤离现有投资。2003 年 SARS 肆虐时，中国的旅游、餐饮、运输、商贸等行业都遭受惨重损失，经济发展受到很大干扰。据亚洲银行统计，亚洲因 2003 年 SARS 危机造成的经济损失约在 280 亿美元，中国遭受的损失在 600 亿元以上。2020 年 5 月 15 日，亚洲开发银行发布了一份报告《新冠肺炎疫情潜在经济影响的最新评估》。该报告称，由于新冠肺炎疫情影响，全球经济可能遭受 5.8 万亿美元至 8.8 万亿美元的损失，相当于全球国内生产总值（GDP）的 6.4%至 9.7%。报告发现，亚太地区的经济损失可能为 1.7 万亿美元到 2.5 万亿美元，具体损失数额取决于 3 到 6 个月不等的隔离政策的实施时间。中国可能遭受 1.1 万亿至 1.6 万亿美元的损失。可以说灾害性公共危机给经济社会发展造成的直接和间接损失难以估量。

（四）灾害性公共危机影响政府公信力

政府是获得公众授权而代表公众管理社会公共事务的权威性公共组织。无论发生什么样的公共危机，都是对政府形象和声誉的极大挑战。灾害性公共危机的破坏性、突发性与紧迫性使之一旦爆发则成为人们关注的焦点。网络时代，大众传媒的快速传播又使其迅速波及整个社会，甚或引发各种舆论，

造成人的焦虑与不安。政府在灾害性公共危机治理中承担重要角色，能否把握时机、科学应对危机是对政府的考验。可以说，“政府如何处理危机以及采取何种形象对待危机，关系到其在国内和国外的形象”①。人们有理由认为，政治性社会性公共危机的发生昭示政府对社会的宏观管理失控，政府与社会的沟通协调力不从心，对政治和社会资源的整合乏力，资源配置低效或无效；环境破坏性、公共卫生性或技术事故性公共危机的爆发则必定使公众对政府有关领域、部门或社会组织的管理效率产生极大的怀疑和忧虑；即便是不可控的自然灾难性公共危机的突袭，也会让公众质疑政府部门对有关问题的预估、预报、预警、应急的机制和能力。因此，公共危机的爆发有可能从很多方面贬抑和破坏政府的形象。而公共危机爆发之后，对危机的回应、化解和善后更是对政府智慧、能力和公信力的极大挑战。倘若面临灾害性公共危机，政府快速反应、科学决策、充分协调、信息公开，及时消除动荡局面，则会充分彰显政府负责、诚信、精干高效、民主开放等形象。若面临灾害性公共危机政府反应迟钝、隐瞒真相、决策协调不力，这极易使民众质疑政府的能力，从而产生信任危机，陷入“塔西佗陷阱”。2005 年的“卡特里娜”飓风事件中，布什政府的迟钝反应与混乱组织使灾情加剧，损失惨重，飓风事件之后，民众对布什政府的信任度大跌，支持率首次低于 40%。

① 周晓丽：《论公共危机中政府形象及其重塑》，《重庆社会科学》2006 年第 2 期。

第二章　灾害性公共危机治理的理论基础

目前，有多种理论与灾害治理问题相关，这些理论分别从灾害的本质，灾害治理中政府所起的作用，灾害治理中非政府行为体的角色及其与政府之间的关系，灾害治理中的制度构建等方面进行了讨论。通过对这些理论的梳理，一方面能够为后续的研究提供相应的理论指导，另一方面能够为灾害治理中具体机制和策略构建提供总体的经验借鉴。总体来看，与本书相关的理论主要有风险社会理论、府际关系理论、多中心治理理论以及边远地区公共事务治理理论等。

第一节　风险与风险治理理论

风险及风险治理问题与灾害问题紧密相关，在特定意义上来说，灾害其实就是一系列的风险。因此，分析风险的本质以及风险治理的核心内涵等问题与研究灾害治理有着非常强的相关性。通过分析和借鉴风险和风险治理理论，可以为从事灾害治理相关的研究提供重要的理论支持和方向性指导。

一、风险及风险社会

从某种意义上来说，“风险”是与现代性紧密联系在一起的一个词语。它伴随着由现代化导致的人类社会活动的复杂性和不确定性而逐步深化，与现代社会的各种决策与行为密切联系，并被赋予了广泛而深层的含义，频繁出现于现代社会生活中。与此相对,“风险社会”则是对由现代性所导致的社会状况的一种概括,是对由复杂性和不确定性所主导的社会生活的一种体会和认识。

(一)风险的本质

关于“风险”一词,中西方社会各自从不同的角度进行了定义。例如《辞海》对风险的定义是:“它是人们在生产建设和日常生活中遭遇能导致人身伤亡、财产受损及其他经济损失的自然灾害、意外事故和其他不测事件的可能性。”①《经济大辞典》则将其定义为:“由于环境的不确定因素而可能发生的各种事件。”②与上述定义不同,在《韦氏英文词典》中风险有两层含义,第一层指能引起伤害的某种事物,第二层指因缺乏保护而可能造成伤害的状态。③

总体来看,尽管中西方社会对“风险”概念的定义各有侧重,但我们也能清楚地发现诸多共同之处,而这些共同之处便构成了关于风险的一种共识。具体来说,这些共识主要包括如下几个方面:

第一,风险是对未来结果的不确定性的一种概括和表达。这种不确定性不仅指作为主体的人类难以对社会生活中的事件或事物运行状态的可能后果进行较精确的描述和预测,同时也意味着作为客体的风险自身具有诸种复杂性和变异性。风险意味着结果是一个随时变动的存在,人们无法对特定条件或特定时期能否发生或发生何种事件有一个确定的答案。“这种不确定性包含两个层面的意思,一方面指一种客观存在的事实,另一方面则指人们的认知体验。风险是社会发展到一定阶段所必然出现的一种现象”,“(风险的出现)是现代性的后果,它预示着社会可能面临的危机状态和灾难性危险,是一种危险和灾难的可能性”。④

第二,风险是一种能够迅速扩散的存在。风险能够在短时间内以较快的速度扩散开来,这主要是由现代社会的特质所导致的。在现代社会里,科学技

① 《辞海》,上海辞书出版社1999年版,第4351页。

② 于光远:《经济大辞典》,上海辞书出版社1992年版,第342页。

③ 转引自卢伟、吴立明:《公共健康风险评价》,上海科学技术出版社2013年版,第250页。

④ 冯志宏:《全球化境域中的风险社会》,《学术论坛》2008年第2期。

术发展迅速,人类改造世界的能力逐步提高,从而使得人类活动对自然产生很大但又不可控的影响,这种影响的结果便是风险的大量出现。同时,科学技术的发展还使得人类的活动范围、相互交流的频率大幅度增加,从而进一步造成人类不同社会、不同国家之间相互影响的作用持续升高。特别是随着全球化的深入,产生于某地的某种风险不仅会迅速扩散到世界各地,而且会大量扩散到其他领域,造成整体性、多领域的广泛影响。例如经常所提到的"蝴蝶效应""多米诺骨牌效应"等便是对风险所具有的迅速扩散性特征的形象表达。

第三,风险是一种"二重性"的状态。风险其实并不只是意味着灾难和损失,同时也是一种新机遇和新可能的表达。一方面,风险所具有的不确定性使得人们难以对社会生活中的事件或事物运行状态的可能后果进行较精确的描述和预测,从而阻碍了对未来的规划和设计,进而造成一些在确定状态下不会出现的损失,甚至造成一系列不必要的焦虑和恐惧。然而正是这种不确定性,造就了新的机遇,开启了新的可能。甚至在某种意义上来说,风险可以成为冲破既有藩篱,造就新的未来的重要推动力。正如乌尔里希·贝克所认为的,风险是一种居间状态,它处于安全与毁灭之间,"风险的概念因此刻画出了安全与毁灭之间的一种特有的、中间的状态。这种状态下对具有威胁性的风险的认识决定了思想和行为"①。也就是说,只要人们积极发挥自己的主观能动性,保持开放的心态和开拓的意识,完全可以避免风险所带来的负面影响,并能积极把握由风险带来的诸种机遇。

(二)风险社会

随着现代性的突变,人类社会的复杂性和不确定性开始迅速增加。这种复杂性和不确定性不仅指作为主体的人类难以对社会生活中的事件或事物运行状态的可能后果进行较精确的描述和预测,同时也意味着作为客体的对象自身具有诸种复杂性和变异性。"这种不确定性既是一种客观事实,又是人们的一种认知体验","(这种状况的出现)是现代性的后果,它预示着社会可

① [德]乌尔里希·贝克:《风险社会》,南京大学出版社2004年版,第175页。

能面临的危机状态和灾难性危险,是一种危险和灾难的可能性”。[①] 正是在此意义上,“风险社会”这一概念开始出现。就像乌尔里希·贝克所指出的:风险社会是现代性的一个阶段。在这一阶段,工业化社会发展的道路上所产生的威胁开始占主导地位。在风险社会中,某些局部的或是突发的事件可能造成或引发系统性的社会灾难。现代社会的风险主要有环境污染、生态恶化、核技术威胁、化学和基因等。[②]

风险社会的出现极大地改变了人们的生活方式,而全球化的发展则使得风险社会中的这种复杂性和不确定性超越了地域的限制,开始在全球范围内迅速蔓延。全球化使得产生于某一特定地域的某种风险不仅会迅速扩散到世界各地,而且会大量扩散到其他领域,造成整体性、多领域的广泛影响。我们经常提到的“蝴蝶效应”“多米诺骨牌效应”等便是对这种迅速扩散性特征的形象表达。例如20世纪80年代苏联所发生的切尔诺贝利核电站的核泄漏事件,90年代东南亚地区所发生的金融风暴,2001年美国所遭遇的“9·11”恐怖袭击,以及2008年源自美国、殃及全球的金融危机等都属于这种状况。它们虽然都是发生于某一特定地域的突发事件,但都造成了极其广泛的世界性影响。可以说,由于现代性的突变和全球化的共同作用,当今世界已经进入到了“风险社会”。“在一些特定的条件下,全球风险的发生仍可以穿越各种不同的边界并创造出想象的共同体。正是风险社会的自反性创建了公共领域与全球性之间的相互关系。”[③]

风险社会的出现意味着人类社会进入到了一个新阶段。尽管人们对这一新阶段的称谓不尽相同,对这一新阶段的起始点也存在争议,然而在这样两点上人们已经取得了普遍的共识。一是风险社会既不同于传统意义上的人类社会,也不同于随着现代性的生发而出现的现代人类社会;二是人类目前已经处于风险社会之中。具体来说,较之于之前的人类社会,风险社会具有以下几方面的特征:

① 冯志宏:《全球化境域中的风险社会》,《学术论坛》2008年第2期。

② 参见[德]乌尔里希·贝克:《风险社会》,译林出版社2004年版,第20—21页。

③ 邓正来:《重新认识中国》,复旦大学出版社2011年版,第190页。

首先，风险社会是公共性凸显的社会，是一个“他者终结”的社会。风险社会的出现意味着人与人之间的关系发生巨大变化。国家与国家、群体与群体之间的相互依存度大幅度提升，任何国家和群体都不能完全隔离“他者”对其核心生活的重要影响，而各自目标的达到也强烈地需要与“他者”之间的协调与合作。“风险的公共性超越富人与穷人之间的区别，超越不同地域之间的区别，甚或超越所有经济和社会的区别，意味着‘他人的终结’。”①“我们不得不承认，这个世界处于风险之中，而我们与‘他者’注定共同生活在这个风险世界，所以我们不仅会受制于它所具有的各种支配性权力，而且也会受它所具有的那些伤害自我的危险、腐败、苦难和剥削的污染。”②

其次，风险社会是人与自然之间的“平等主体性”开始显现的社会。人类在传统社会中的主要目标之一是躲避自然施加人类的强大灾害，利用自然。在这种关系中，自然作为“强大的主体”而出现，较之于自然，人类则处于“弱者”的地位。现代社会的主要目标之一是正确地把握自然规律，进而征服自然。在这种关系中，人类扮演了“征服者”的角色，而自然是作为“被征服的客体”。与此不同，在风险社会中人与自然之间则是一种“平等的主体”之间的关系：一方面，人类能够把握自然规律，能够对自然施加强大的影响；另一方面，自然则通过“不确定性”撕毁了人类种种的企图，对人类社会产生巨大的反作用。

最后，风险社会呈多元化，是一个“中心消解的时代”。风险所具有的迅速扩散性导致了中心的消解，这意味着所有的地方都有可能是中心，所有的地方也都有可能是边缘；传统意义上的中心并不总是作为“施动者”出现，而传统意义上的边缘也不总是扮演“受动者”的角色；边缘与中心之间是可以转化的，边缘与中心之间的关系也是平等的。正如“蝴蝶效应”所显示的那样，世界上任何一个角落的行为都有可能造成世界性后果，而不论这个角落如何偏僻如何边缘。与此同时，由于风险的不确定性，在风险社会中人类始终处于

---

① ［英］安东尼·吉登斯：《现代性的后果》，译林出版社 2000 年版，第 110 页。

② 贝克、邓正来、沈国麟：《风险社会与中国——与德国社会学家乌尔里希·贝克的对话》，《社会学研究》2010 年第 5 期。

"安全与毁灭的中间状态"①,没有任何一个国家或群体能够垄断问题的解决方案,能够制造出恒久不变的普适法则。"原来归之于科学的接近现实和真理的途径,被那些随意的决定、规则和惯例所替代。解神秘化过程扩展到解神秘者身上,并且因此改变了解神秘化过程的状况。"②在这种状况下,多元性已成为风险社会中人类生活的主导。

二、风险治理

风险社会的出现使得既有的制度出现失范,既有的治理方式出现困境,但与此同时也促使新的治理模式出现。正是在这一背景下,关于风险治理的讨论和研究开始大规模兴起。国际风险管理理事会(IRGC)对风险治理的定义是:风险治理包括所有的参与者、治理规则、治理过程、与风险有关的信息的搜集、分析和沟通机制,以及所要采取的管理决策。③ 我国学者也给出了各自的定义,例如一些学者从治理主体的角度对风险治理进行了解释:所谓风险治理是"在政府的引导下,政府、公民社会、家庭、个人、国际组织等治理主体,通过协商、谈判、洽谈等互动的、民主的方式共同治理社会风险"④。而另一些学者则集中关注风险的扩散性特征以及由此导致的新的治理模式:"对风险进行有效治理也不仅仅是一个国家或地区的责任,而是世界各国的共同责任。单纯地依靠以地域、国家、民族为基础的治理机制已经无法解决全球化时代的风险,必须突破既有的利益障碍,建立风险治理的国际合作战略机制,寻求多方面、多层次的合作。"

通过上述定义,可以看出风险治理较之于已有的治理模式存在着如下几个方面的特征,而这些特征也是风险社会特别是 20 世纪 80 年代以来的风险社会中所存在的新问题的回应,更是对于既有治理模式所产生困境的超越。

---

① [德]乌尔里希·贝克:《风险社会》,南京大学出版社 2004 年版,第 175 页。

② [德]乌尔里希·贝克:《风险社会》,南京大学出版社 2004 年版,第 192 页。

③ 参见马怀德:《非常规突发事件应急管理的法律问题研究》,中国法制出版社 2015 年版,第 192 页。

④ 张成福、谢一帆:《风险社会及其有效治理的战略》,《中国人民大学学报》2009 年第 5 期。

第一,控制风险成为风险治理的新目标。传统观点认为风险是可以消除的,人们将风险治理的目标定为消除风险。而当大量观念性风险与不确定性风险频繁出现,人们意识到风险不能被彻底消除,只能通过一定的手段控制。[①] “零风险”状况只是一种理想状态。风险治理意味着对风险进行持续的监控、分析、评估和应对。“仔细琢磨这一似非而是的趋势,我们不难想象,今后的风险社会已经成为一个无法保险的社会。”[②]

第二,风险治理的对象延伸至观念层面。传统的风险治理的对象局限于现实层面,即风险是确定性的、可估算的,是可以通过人们观察与亲身经历逐渐认识与掌控的。而观念性风险使得对风险进行话语建构成为可能,观念建构的多种可能性使得观念性风险具有无限性。[③] 新型的观念性风险的出现扩张了风险治理的范围与领域,对人们进一步全面认知风险、控制风险提出新的挑战。例如,许多案例研究都曾指出:风险事件爆发后,信任危机的出现、公众风险感知的加大等因素往往导致了风险治理的失效。因此,在风险治理中,如何快速而有效地阻断放大风险的机制便成为风险治理的重要内容。

第三,专家在风险知识中的权威得到极大提升。早期将风险限定在物质领域的观点使人们认为风险对科学知识造成破坏,这大大影响了专家在风险知识中的权威。“原来归之于科学的接近现实和真理的途径,被那些随意的决定、规则和惯例所替代。解神秘化过程扩展到解神秘者身上,并且因此改变了解神秘化过程的状况。”[④]大量观念性风险等新型风险的出现改变了风险同科学知识之间的关系:人们仅凭已有的经验难以应对观念性风险等新型风险,需要专家以科学的知识确认、分析、评估风险,研究应对风险的最佳方案,这无形增强了风险专家在风险治理中的权威。另外,风险的不确定性使风险即便

---

① 参见党秀云、李丹婷:《有效的风险管制:从失控到可控》,《中国人民大学学报》2009 年第 6 期。

② [德]乌尔里希·贝克:《从工业社会到风险社会》,《马克思主义与现实》2003 年第 2 期。

③ 参见 Mike Risk,“Fear and Control”,*Space & Polity*, Vol.1, No.2, 2002, pp.112-129。

④ [德]乌尔里希·贝克:《风险社会》,译林出版社 2004 年版,第 192 页。

没有发生也不能将专家预测的不安全状况完全驳倒，这进一步巩固了风险治理中风险专家的权威。

第四，风险治理的绩效评估标准开始动态化。新的风险形式使得传统的精确的绩效评估黯然失色，新型风险的不确定性、不可估算性、未来性改变了人们对风险的认识与界定，当某一风险未发生时，可以被理解为对风险的错误估算，也可以理解为风险已被有效控制，因为有效的风险治理意味着风险未曾发生。因此，对不确定性风险和观念性风险观念的认同导致那些只注重风险治理的投入，而不注重评估其实际效果的观念开始盛行。此种观念认为，如果风险治理的效果越好，那么风险发生的可能性就越小。①

第五，风险社会治理的核心目标之一是实现人与自然的和谐共处。风险社会是人与自然之间的"平等主体性"开始显现的社会，人类为了生存必然要改造自然，但人类的改造活动势必造成自然对于人的反作用力，而这种反作用力往往又是人类无法完全预料的。在此情况下，"零风险"的状况也不可能存在，风险只能被控制而不会被完全消除。② 因此，风险社会的治理意味着对自然进行持续的监控、分析、评估和应对，意味着在人类与自然之间维持一种动态平衡。

第二节　府际关系与公共危机管理

府际关系主要指各级政府间和各地区政府间的关系，包含纵向的中央政府与地方政府关系、地方各级政府间关系和横向的各地区政府间关系。③ 府际关系的规范和协调是实现公共危机有效应对的核心性条件，因此，研究公共危机管理中的府际关系便显得十分必要。

---

① 参见曹亚斌、刘晓丽：《风险治理中的安全企业：角色、服务及叙事逻辑》，《北京航空航天大学学报（社会科学版）》2015 年第 2 期。

② 参见党秀云、李丹婷：《有效的风险管制：从失控到可控》，《中国人民大学学报》2009 年第 6 期。

③ 参见林尚立：《国内政府间关系》，浙江人民出版社 1998 年版，第 14 页。

一、纵向府际关系与公共危机管理

从中央到地方，形成了若干级不同的政府，各上下级政府彼此间（中央政府与地方政府之间、上下级地方政府之间）的互动和关系便构成了纵向府际关系。纵向府际关系在公共危机管理层面解决的问题主要包括两个方面，一是在公共危机管理过程中各级政府的权责如何划分；二是如何实现以承担主要权责的一级政府为中心而构成的各上下级政府之间关系的协调。

（一）纵向府际权责的确定

在公共危机管理中确定各级政府的权责是实现有效管理的关键，清晰的权责确定既能够实现一定程度的分权，从而保障决策的民主性，另一方面也能够起到激励的作用，让各级政府能够各负其责，各司其职。在确定各级政府权责的过程中，普遍性的观点是应从“能力本位”为主要原则来进行确定。① 在此基础上，还要兼顾时效性，即各级政府获取危机信息的时效性能力以及采取相应措施的速度能力。

在通常情况下，上级政府应对公共危机的能力较之下级政府要强，这主要是由于上级政府的财政能力较为雄厚，能够使用的各类资源也较多。当然，下级政府在公共危机治理的过程中也有着属于自己的优势，即它们通常距离危机产生地较近，特别是在重大突发事件中能够最快地获得即时性信息，从而能够在最短的时间内作出较为合理的决策。当然，正是由于上述原因，如何在各级政府的权责确定上找到一个平衡，既能够考虑行动能力又能够兼顾反应能力，便成为一个需要仔细研究的课题。

在这一问题上，一种为大多数人所接受的原则是“以县为主”的权责分配原则。例如在中国《突发事件应对法》第七条中便规定：“县级人民政府对本行政区域内突发事件的应对工作负责；涉及两个以上行政区域的，由有关行政

---

① 参见薛澜、钟开斌：《突发公共事件分类、分级与分期：应急体制的管理基础》，《中国行政管理》2005 年第 2 期。

区域共同的上一级人民政府负责，或者由各有关行政区域的上一级人民政府共同负责。”①这种观点的合理性在于，一方面，县级政府具有较强的危机应对能力，这主要体现为县级政府在人财物上具有一个较为系统而高效的行动结构。另一方面，县级政府在即时性上也拥有较大的优势，即它通常距离公共危机发生的地点并不很远，能够较快地获得危机信息，同时也能够较为迅速地采取相应的应对行动。② 有学者将这种模式看作是未来在公共危机治理中优化府际关系的主要方向，是对于传统公共治理模式的优化，一种较之于传统府际关系的“重心下移”。“重心下移的目的，是要改革传统的以条为主的应急管理体制，把部分决策权下放到以块为主的地方政府手中，使地方所做的决策从传统的‘软决策’向‘硬决策’转变，从而在遵循属地管理的基础上让地方有动力把矛盾和问题消化并控制在基层。”③

与此相应，另一种思路则从经济发展集群化的角度提出了权责确定的“元主体”说。即在权责的确定过程中需要考虑公共危机发生地的具体属性。一方面，在大部分地区应该坚持“以县为主”的权责确定原则；另一方面，在一些经济发展较为集中的区域特别是在大城市，则要坚持“以城市为权责主体”的原则。这是因为大城市存在交通网络发达、社会运作系统化、人财集中等方面的特征。“空间聚集性成为大城市尤其是国际化大都市的根本属性，大城市密度快速增加，包括建筑的密度和建筑容积率，城市活动的紧凑性和密集性，城市功能和空间的多样性、交叉性，都使任何灾难下的风险后果有加重的趋势。”④在这种情况下，只有以城市为主体进行相关活动，才能够实现府际关系的有效协调，不致于影响信息接收的即时性和反应的迅捷性。

（二）纵向府际关系的协调

如何实现以承担主要权责的一级政府为中心而构成的各上下级政府之间

---

① 国务院法制办公室：《中华人民共和国行政法典》，中国法制出版社 2016 年版，第 398 页。

② 参见林鸿潮：《中国公共应急体制改革研究》，中国法制出版社 2015 年版，第 111 页。

③ 钟开斌：《国家应急管理体系建设战略转变：以制度建设为中心》，《经济体制改革》2006 年第 5 期。

④ 李敏：《城市公共危机管理》，东华大学出版社 2014 年版，第 2 页。

关系的协调同样是公共危机治理过程中需要认真对待的问题。在这一问题上，主要涉及如何实现上级政府的有效响应，如何保证下级政府的前期应对这样两个方面。

就上级政府的有效响应层面来讲，一是指决策的响应：通常情况下，主要权责的一级政府能够对公共危机作出较为合理的决策，因此对于上级政府来说只需要随时关注下级政府公共危机应对的过程即可。然而在一些特殊情况下，例如面临特大灾害的时候，下级政府有时候会面临误判的情况，这时候就需要上级政府采取有效政策随时纠正和指导下级政府的决策。同时还有另一种情况，即当面临公共危机的范围扩散或蔓延的时候，在这种情况下，下级政府不能有效应对时，就需要上级政府做出响应，并由自身作为公共危机治理的权责主体。二是指资源的响应：同样，在通常情况下，下级政府所具有的人财物能够有效应对公共危机，这时候上级政府不需要进行资源上的援助。然而在面对重特大危机或者出现危机蔓延或扩散的时候，上级政府则需要积极进行资源的响应，例如通过增加财政援助、派遣专家等方式来进行。

在上述情况下，如何实现与上级政府之间的府际关系协调，在何种情况下通过何种方式响应便显得十分重要，也就是通常所谓的时机问题。一种观点认为上级响应需要遵循“申请原则”，即只有当下级政府主动申请要求上级政府积极响应时才能够响应。“除特殊情况外，上级政府只有在得到地方政府的请求后方能介入。即使是特别重大的危机，由中央派人或组织专门机关进行直接指挥和协调，也要充分尊重所在地政府。与此相适应，需要有一个约束地方政府过度依赖上级政府援助的机制。”①另一种观点则认为应遵循“协调原则”，即上级政府何时接管和响应主要取决于上下级政府的公共危机管理系统之间的协调状况，或者说下级政府的公共危机管理系统能否为上级系统有效吸纳。这种吸纳既能够发挥上级政府的能力，又同时能够兼顾下级政府已经采取的正确决策。②

① 薛澜、刘冰：《应急管理体系新挑战及其顶层设计》，《国家行政学院学报》2013 年第 1 期。

② 参见龚维斌：《社会管理改革创新》，国家行政学院出版社 2013 年版，第 158 页。

就下级政府的前期应对层面来讲，主要涉及的问题是当承担主要权责的一级政府确定后，如何确定下级政府可以进行前期应对的权责范围。由于下级政府距离危机发生地点较近，往往能够最快获知相关信息并采取一定的应对措施，但同时其也面临信息的综合判断力不足和资源能力有限等方面的问题。与此同时，由于涉及职权划分以及责任承担等方面的因素，下级政府对公共危机的前期应对还存在行动不力的状况。“由此导致地方在突发公共事件发生后可能轻易将矛盾上交给上级，以规避因对突发公共事件处置不当所必须承担的责任和风险，由此人为地增加了应急管理工作的运行环节。压力上移的一个后果是，上级部门超负荷运行，穷于应付各种突发公共事件而影响正常工作的开展。”①

因此，划分下级政府前期应对的权责，使其“有所为有所不为”便显得十分重要。在这一问题上，一种观点坚持“适当分权”的原则，即对于下级政府（特别是乡镇政府）授予适当的前期应对职权，使其所具有的信息优势和距离优势得到发挥。这是因为较之于其他公共事务，时间在公共危机的应对中尤为重要，甚至在一些情况下第一时间的处理将会直接决定整个结果的走向。与此同时，就算下级政府由于资源的有限使得前期应对不能够完全控制事态，但也往往能够在一定程度上解决一些问题，从而为上级政府的有效介入提供时间上的准备。另一种观点则认为，在坚持“适当分权”的基础上，还需要增加“适当豁免”的原则。这是因为下级政府囿于信息和资源方面的限制，在应对公共危机时往往会出现这样那样的纰漏。如果在责任追究上不能够适当豁免，那么下级政府则更倾向于不作为而不是有所作为，这对于公共危机的妥善解决是十分不利的。“要充分发挥地方政府在突发事件中的先期处置功能，从根本上讲就是要为其行为选择创造一定的参与约束和激励相容约束，也就是要提供相应的正向激励。因此，除非事后有确凿的证据表明，下级政府在采取先期处置措施时因故意或重大过失而犯错，否则不应当追究其责任；即使在

① 高全喜：《大国策：全球视野中的公共安全》，人民日报出版社2009年版，第17页。

下级政府因过失导致事件应对失败的情况下，也需要适当减轻其责任。”①

二、横向府际关系与公共危机管理

在公共危机管理中的横向府际关系主要指的是同一层级的地方政府在公共危机管理工作中的权责分配和协作联动问题。② 良好的横向府际关系一方面能够保证同一层级的各个地方政府在公共危机管理中做到“各司其职，各尽其责”；另一方面，还能够在面临某些重大且具有扩散性危机时做到“互通有无，互相协作”。目前，在横向府际关系与公共危机管理问题上主要讨论的是横向权责分配、横向联动、横向援助三方面的内容。

（一）公共危机管理中的横向府际权责分配

同一层级的地方政府在同一个公共危机中面临的主要问题往往不尽相同，这主要是由各个政府所处的不同环境所导致的。例如在发生地震灾害时，甲政府由于其所辖区域地广人稀、交通落后，从而使其可能主要面临如何有效搜救偏僻地方的受灾人员，如何将救援物资迅速投放等任务；而相邻的乙政府所辖区域则人口稠密、经济发达，其所面临的主要任务则可能是如何开展集中搜救，如何防止震后疾病传染和进行受灾民众心理安抚等。因此，在公共危机管理中不同的地方政府所具有的能力不等，而对其各自的权责要求也往往不尽相同。面对这种情况，主流的观点认为在横向府际关系的权责确定时应遵循“差别化”原则，即在具体的权责确定之前，需要对各个地方政府所面临的具体境况有一个较为系统的评估，然后按照评估的结果来分配权责。当然，这就需要上级政府能够有效且及时地对公共危机进行判断，能够提前有一套系统、科学、及时的公共危机事态评估和地方政府应急能力评估的指标体系。针对这一要求，一些学者还提出应通过区域划分方法，将同一层级的各个地方政

---

① 林鸿潮：《中国公共应急体制改革研究》，中国法制出版社 2015 年版，第 117 页。

② 当然在公共危机管理中，横向府际关系中还包括政府内部平行的各个部门和机构之间的关系。在这一问题上主流的观点是应加强政府内部各个部门和机构之间的协调与合作，并设立统合性的公共危机管理机构来协调各类事务。可参见高小平：《综合化：政府应急管理体制改革的方向》，《行政论坛》2007 年第 2 期。

府在性质上进行不同的界定，进而保证能够及时且明确地划定不同地方政府的公共危机管理权责。①

(二)公共危机管理中的横向府际联动

一般情况下，横向联动是与公共危机的性质紧密联系在一起的。一方面，跨区域性的公共危机(如大规模洪水、地震等)要求横向联动的出现；另一方面，扩散型公共危机(如水污染、传染病等)也要求进行横向联动。一般来说，有效横向联动的出现需要从以下几个方面进行努力。一是遵循“集中化”原则。在面临需要通过横向联动处理公共危机时，尽量在同一级别的各个政府中选择一个政府让其承担主要的应对职责，其他政府扮演辅助性角色。同时，在涉及集体行动时，尽量由负主责的政府作出核心决策，其他政府则积极承担前者交予的相关任务。这样便于统筹资源、统一工作，否则多个政府之间由于没有上下级隶属关系，往往会出现各自为政、政出多门的状况，这极不利于需要通过作出即时性决策来应对的公共危机事件。例如有学者提出通过成立临时性的联合指挥部的方法来实现统一指挥、统一行动。②

二是遵循“制度补充”原则。尽管公共危机的发生和处理往往是即时性的，不能通过先制定完善的制度，然后再按照相关制度采取联动的方式来应对。但这也并不意味着制度在实现公共危机中横向府际联动上不能发挥任何作用。事实上，如果存在一些制度，那么按照这些制度来进行横向府际联动往往效果更好。因此，同一级别的地方政府间(特别是容易发生重特大、扩散性公共危机的地方政府之间)需要未雨绸缪，通过提前沟通的方式制定相关合作协议。一旦发生公共危机，就可以按照相关协议来进行联动，这样就能够实现联动的高效，迅速解决相关问题。同时，这种制度协议还具有“增量外部性”的优势，“各地方政府只要能进行良好的信息沟通，建立双边或多边的协商机制，降低交易费用，实现集体行动并非没有可能”。“这种增量合作为地方政府最终达成区域公共管理的共识提供了一个绩优的路径，而这种路径依

① 参见乔仁毅、龚维斌：《政府应急管理》，国家行政学院出版社 2014 年版，第 54 页。

② 参见陈涛：《标准化的应急指挥体系与专业化的应急队伍：从伊利诺州看美国应急指挥体系和培训情况》，《中国应急管理》2009 年第 2 期。

赖于地方政府间双边或多边的协商机制。”①

（三）公共危机管理中的横向府际援助

与横向府际联动所不同的是，横向府际援助主要是由未受到某公共危机影响的地方政府实施的协助行为。在公共危机发生后，跨区域的横向府际援助能够有效保障和促进受灾地区从危机中恢复过来，因此，其所具有的作用非常重大。它也是上级政府（主要是中央政府）从整体上统筹应对公共危机的重要组成部分。例如在2008年汶川地震之后所实施的对口支援就曾起到积极的作用，有利于汶川的震后重建。② 目前来看，实现高效横向府际援助应从这样几个方面着力。

第一，援助应采取“互惠自愿”的原则。互惠自愿能够有效调动地方政府援助的积极性，提高援助的效率。同时还有利于形成“资源池”效应，即相互之间可以通过援助的形式减少各自常备应急资源的数量，从而减轻地方政府的财政压力，实现资源的有效利用。例如在日本，九成以上的地方政府都签订了及时援助协议，协议要求当某一个区域发生公共危机时，其他地方政府都有相应的义务提供支援。与此同时，这些协议还对援助的标准、援助的方式等都作出了具体规定，从而使其具有高度的可操作性。③ 而在优化互惠自愿原则时，还有学者提出了积分制，从而能够通过一种类似于“信誉”的方式来激发地方政府援助的动力，最终达到高效的双向互惠。④

第二，援助还应坚持“统筹协调”原则。虽然地方政府援助对于公共危机的应对具有非常积极的作用，但地方政府在进行援助时也往往存在为难情绪。这一方面是由地方政府秉持的利益原则造成的，即地方政府往往都将本区域的利益置于首位，而横向援助则无形中挤占了本区域发展的资源。另一方面，则是由地方政府的能力造成的，即各个地方政府所拥有的资源并不是相等的，

---

① 金太军：《当代中国政府与政治论稿》，广东人民出版社2009年版，第380页。

② 中华人民共和国国务院办公厅：《国务院办公厅关于印发汶川地震灾后恢复重建对口支援方案的通知》，《浙江省人民政府公报》2008年第25期。

③ 参见钟开斌：《对口支援：起源、形成及其演化》，《甘肃行政学院学报》2013年第4期。

④ 参见薛澜、刘冰：《应急管理体系新挑战及其顶层设计》，《国家行政学院学报》2013年第4期。

当遇到援助要求时，各个地方政府所能够拿出的资源便存在多与少的问题。这时候，资源能力有限的地方政府便处于比较为难的境况，相较于其他地方政府，自己有限的援助既不能起到巨大的效果，同时这种与其他地方政府的比较也往往使其尴尬，所以如无特殊原因便宁可不去援助。解决上述问题就必须要求上级政府（特别是中央政府）通过“统筹协调”的方式来应对。通过将横向援助与政策福利结合起来，再通过“按能力衡量”对掌握不同资源的地方政府的援助行为作不同的判断，就可以既调动地方政府援助的积极性，同时又不致于出现“恶性竞争”的状况。①

第三节　多中心灾害治理理论

多中心灾害治理理论认为，随着社会发展所导致的经济社会结构的变迁，在公共事务治理中无论是集权制还是分权制都会出现无法克服的缺陷。集权制所面临的问题是，管理的信息成本和策略成本大量增加，并极易导致寻租与腐败现象的出现。而分权制则面临制度缺失和规避责任等问题。因此，在公共事务治理中不能仅仅让政府这样一个主体包揽所有的事务，而需要以平等的姿态与其他行为体进行合作，特别是需要充分调动各种社会力量参与到公共事务的治理活动之中来，进而实现共治。② 多中心灾害治理理论适用于各种灾害的预防和处理活动。从目前的研究来看，在灾害问题上多中心灾害治理理论主要集中于如下几个问题的探讨。

一、灾区自救能力的建设问题

灾区自救能力的强大是实现多中心灾害治理的重要内容。这是因为，一方面灾害的出现具有某种属地特征，其往往发生在特定的地区，这种状况使得

① 参见闪淳昌、周玲、方曼：《中国对口支援机制的成功实践与思考》，《中国应急管理》2013 年第 12 期。

② 参见叶响裙：《公共服务多元主体供给：理论与实践》，社会科学文献出版社 2014 年版，第 26 页。

各种各样的灾区便成为灾害的直接作用对象。另一方面，在应对灾害的过程中，由于灾害发生的即时性，各级政府和其他行为体的援助往往需要一段时间才能到达，从而使得真正意义上第一时间应对灾害的行为体是灾区自身，也就是说需要灾区在灾害面前第一时间进行有效的自救。“对突发事件最先做出反应的人来自社区，社区是即刻反应和恢复行动的中心，能提供最初救援和急救。”①这种状况使得在灾害治理中灾区的自救能力的构建尤为重要。灾区既需要信息流通，能够及时把握作用于自身灾害的各种动向，也需要具有较为完备的应对灾害的措施，还需要具有较好的合作能力，以便和政府以及其他行为体进行通力合作。具体来说，学术界关于灾区自救能力建设的研究主要包括以下几方面的内容。

（一）互助精神的培育

在应对灾害的过程中，灾区居民之间的互助尤为重要。这是因为灾害不同于其他事件，灾害的突发性使得在灾害发生后（特别是第一时间）受灾居民之间能否通力合作直接影响自救的最终效果。因此，如何加强灾区居民之间的互助精神便显得十分重要。例如一项关于农村灾害救助的研究便指出：“农村中的村组作为并非政府而又具有某些政府属性的基层组织，在灾中救助和灾后救助中具有特定的优势和作用。在灾中，村组可以在灾民暂时丧失个体抗灾能力时，通过有组织的邻里互助暂时顶替未到位的政府救助，可在一定程度上减少农村灾害的损失。”②

如何在灾区培养互助精神。一种视角主要从发生学的角度来研究灾区互助精神的构建，提出应通过在日常生活中开展各种各样的集体活动来消除居民之间的隔阂，实现互助精神的构建。例如一项研究提出应通过一些由社会组织（如基金会、慈善组织等）所发起的活动，使得灾区居民能够广泛参与，从而改善彼此之间的关系，加强沟通，构建出一张能够将所有居民囊括在内的情感网、信息网，最终达到灾区居民间互助精神的加强。另一种视角则主要从制

① 钟俊生、赵洪伟：《维护社会稳定理论与实践研究》，东北大学出版社 2011 年版，第 119 页。

② 严立冬：《中国农村减灾防灾经济学研究》，华中理工大学出版社 1998 年版，第 153 页。

度学的角度来研究灾区互助精神的构建，提出应通过加强制度建设的方式来实现这一目标。这是因为，居民之间互助的有序性是解决问题的关键，特别是在灾害问题上，时间非常有限，能够实现资源的有效配置意义十分重大。如果没有一个清晰而完善的互助制度，那么即使灾区居民之间拥有较强的互助意愿，也往往会导致事倍功半的结果。因此，在日常生活中应着力加强互助制度的建设，通过制度做到“目标明确、行动统一”。

（二）灾区自救衔接机制的构建

所谓灾区自救衔接机制，主要指在应对灾害的过程中能够实现受灾灾区和各种域外救灾行为体之间有效连接的各种机制。有效的衔接机制既能够最大限度激发灾区自身的自救能力，又能够保障整体灾害治理活动的高效推进。在灾区自救衔接机制的具体构建问题上，一种研究集中于以灾区为中心探讨衔接机制的构建。该种观点认为，尽管灾区的自救活动对灾害治理有较大影响，由于灾区自身能力的限制，在许多情况下灾害的治理主要还得仰仗各种域外行为体的力量。因此，灾区自救能力的建设应主要集中于如何在灾区打造出辅助性的救援组织机构，从而使其既能够在第一时间采取相关活动，又能够为域外行为体开展救灾活动提供辅助。在这一思路下，灾区自救衔接机制的构建主要是通过建立各种灾区危机反应团队来实现。例如在美国的许多灾区中都存在灾区危机反应团队，这是一支由灾区居民所自发组建的救援团队，它们的任务主要包括灾害的日常防范、安全知识宣讲、应急救援等方面。[①] 在应对灾害情况时，这些危机反应团队能够在第一时间采取帮助受灾群众疏散、应急救援物资的接应等辅助性工作，为后续的救灾活动争取时间。

与此相对，另一种研究则集中于以互动为中心探讨衔接机制的构建。和前一种观点相类似，该种观点认为尽管灾区通过其自身实施各种救灾活动十分必要，但由于灾区自身又是受灾者，从而使得灾区自身的救灾能力受到很大的限制。因此，需要通过构建一系列与域外行为体沟通顺畅的信息和资源渠

---

① 参见蒋宗彩：《城市群公共危机管理应急决策理论与应对机制研究》，经济管理出版社2015年版，第43页。

道来发挥灾区的自救功能,最终实现灾害的有效治理。例如灾区灾害预警机制的构建便是其中的重要组成部分。灾区灾害预警机制主要包括灾害评级标准、域外沟通系统、前期救灾路线图等内容。通过灾区灾害预警机制的构建,灾区可以及时有效地分析灾害的程度,并通过对灾害的评级采取不同的域外沟通活动,同时还能够进行灾害治理的前期工作。例如,各种疏散预案、救灾资源分配预案、信息资源协调预案等都是灾区灾害预警机制构建的核心内容。

二、多种行为体的责权范围问题

从目前的情况来看,政府由于其所具有的资源等方面的优势,在很长一段时间内都会扮演灾害治理主导者的角色。而与此同时,非政府行为体在灾害治理中的作用同样不可忽视,特别是各种 NGO 由于其灵活性、针对性等特征目前已经成为大量灾害治理活动的中坚力量。另外,灾区的自救能力对于灾害治理的有效推进同样不可忽视。因此,在多中心灾害治理的过程中明确各个行为体的责权便显得尤为重要。明晰的责权既能够充分调动各行为体的救灾积极性,同时又能够使其各司其职,防止集体行动的困境。总体来看,关于多中心灾害治理中各行为体责权问题的探讨主要从以下几个视角展开。

(一)法律制度的视角

这种观点认为,尽管灾害治理过程要求各个行为体必须迅速及时地采取行动,但这并不意味着各行为体就可以逾越法律行事,涉及一系列行为责任的时候更是如此。当然,由于灾害治理的特殊性,各个行为体在采取相关行动时又必然会面临多种突发性情况,需要其采取各种各样的随机措施。这种两难状况导致在多中心灾害治理中法律的地位极其重要,与灾害问题相关的法律更强调自由裁量和硬性规定的相统一、相协调。

例如我国先后制定了《水法》(1988 年)、《水土保持法》(1991 年)、《防洪法》(1997 年)、《防震减灾法》(1998 年)、《消防法》(1998 年)、《气象法》(1999 年)等,在这些法律法规中规定了各级政府、社会力量和公民在防灾减灾工作中的责任和义务。而在 2007 年全国人民代表大会常务委员会通过的

《中华人民共和国突发事件应对法》则对各种行为体的权责作了更全面而细致的规定。在该法律中,明确将各级政府作为灾害治理的核心主体:“县级人民政府对本行政区域内突发事件的应对工作负责;涉及两个以上行政区域的,由有关行政区域共同的上一级人民政府负责,或者由各有关行政区域的上一级人民政府共同负责。”①对于各种社会力量的作用和职能该法律也作了具体的规定:“公民、法人和其他组织有义务参与突发事件应对工作。”“国家鼓励公民、法人和其他组织为人民政府应对突发事件工作提供物资、资金、技术支持和捐赠。”与此同时,还为国家军事力量确定了相应的职责:“中国人民解放军、中国人民武装警察部队和民兵组织应当有计划地组织开展应急救援的专门训练。”②而在国外的灾害治理过程中,也特别强调法律制度对确定多种行为体权责的重要意义。例如日本的《灾害基本对策法》就明确规定了从政府到普通公民等不同群体的防灾责任,同时还确定了各个行为体综合防灾的行政管理和财政援助范围。从而使得在多中心灾害治理的过程中实现有法可依,违法必究的样态。③

(二)过程的视角

这种观点认为,各行为体灾害治理的权责需要从灾害治理的过程出发来确定。灾害治理是一个集灾害预警、灾害救援、灾后重建等方面于一体的系统性工程,其每个环节工作的重心各不相同,各个行为体所需要承担的权责也不一样。

从灾害预警层面来说,各级政府的主要职责是通过建立常设性的灾害预警机构对各种灾害进行即时监控,并通过专职人员将相关信息传递到相关部门。例如美国纽约市很早便设立了危机管理办公室,作为纽约进行公共危机管理的最高指挥协调机构,办公室下设健康和医疗科、危机恢复和控制科、国土安全委员会、人道服务科四个部门,对所有部门对各种危机实施 24 小时监

① 国务院法制办公室:《中华人民共和国行政法典》,中国法制出版社 2016 年版,第 398 页。

② 国务院法制办公室:《中华人民共和国行政法典》,中国法制出版社 2016 年版,第 399 页。

③ 参见马祖琦:《健康城市与城市健康:国际视野下的公共政策研究》,东南大学出版社 2015 年版,第 201 页。

控值班制度。[①] 社会力量的主要职责是通过各种形式的社会服务加强和政府部门、基础群众之间的联系，通过与政府的合作参与到灾害预警系统之中。同时，借助于自己的专业技术，社会力量（特别是非政府组织）还可以承担灾害防范的宣传和防灾技能的培训等职责。基层社区和公共媒体的主要职责是通过日常的灾害知识宣传、灾害应急演练等进行灾害防范。[②]

从灾害救援层面来讲，各级政府的主要职责是对所发生的灾害进行整体性评估，调配各种资源参与救灾，派遣救援人员迅速赶往灾害发生地，及时与各方进行信息沟通。社会力量的主要职责是组织专业人员进入灾区进行抢险救灾，积极与各级政府部门进行信息沟通，筹措救灾资金和设备，特别是通过各种心理咨询机构、各种咨询热线及时地对受灾民众进行心理辅导，稳定公众心理。基层社区和公共媒体的主要职责是组织灾区民众第一时间展开自救，及时准确地报道灾害信息。

从灾后重建层面来讲，各级政府的主要职责是制定各种灾后重建项目，合理调配各种灾后重建资源。例如在汶川地震灾后恢复重建工作中便采取了以“灾区各级政府为主导、广大干部群众为主体”的重建模式，其中将灾区各级政府作为核心的工作与实践主体。[③] 社会力量的主要职责是积极参与由政府主导的各种灾后重建项目，将自身所拥有的各种社会资源进行合理规划，协调重建中的各项工作，开展诸种长期性、持续性的心理疏导和救治，帮助灾民顺利度过精神危机。基层社区和公共媒体的主要职责则是积极组织民众开展生产自救，进行舆论疏导和资金募捐等。[④]

（三）角色的视角

这种观点认为，在灾害治理中各个行为体的责权的划分实质上是一个扮演何种角色的问题。正确的角色分配是多中心灾害治理的核心。在这种思路

---

① 参见蒋宗彩：《城市群公共危机管理应急决策理论与应对机制研究》，经济管理出版社2015年版，第42页。

② 参见梁茂春：《灾害社会学》，暨南大学出版社2012年版，第96页。

③ 参见杨正文、蒋彬：《阿尔村：援建主导下的灾后重建模式》，华中科技大学出版社2012年版，第79页。

④ 参见梁茂春：《灾害社会学》，暨南大学出版社2012年版，第98页。

下的相关研究得出了这样几点结论。就政府来说,应该扮演"掌舵者"的角色。在灾害治理过程中政府的职责应该是主导整个过程,积极组织和协调各方之间的关系,特别是保障灾区的社会稳定,最大限度保障人民群众的生命财产安全。事实上,灾害治理中政府的应对能力在一定程度上反映了政府的执政能力。因此,需要在灾害治理的各个环节体现政府"掌舵者/主导者"的角色。例如在2006年第十二次全国民政工作会议上便提出:"政府主导、分级管理、社会互助、生产自救"的角色定位模式,并将政府置于灾害治理的核心位置。① 而在如何才能扮演好这一角色的问题上,有的研究成果认为应通过设置或加强灾害应对的常设机构的方式来实现这一目标。"没有一个专门负责公共危机管理的常设机构,就不能够从战略的高度考虑问题,无法使危机前准备、危机中应对和危机后处理有机结合。因此要建立一个常设的危机管理机构,赋予其对公共危机管理的统一领导权和指挥协调权,并最终发展成为独立的危机管理部门,竭力向全过程、全社会、全方位的全面危机管理新模式转化,并使危机管理成为公共管理的重要内容之一,使危机管理能够常规化。"②

就社会力量来说(特别是对于目前的中国),应该扮演"辅助者""沟通者"的角色。一方面,目前中国的社会力量自身的组织能力有限,资金不足,自我生存能力弱,在灾害治理过程中难以扮演核心性角色。因此,社会力量只能在政府的领导之下从事相关灾害治理活动,扮演政府的有益帮手。另一方面,社会力量也在专业知识、社会资本等方面有着属于自己的独特优势,可以成为沟通政府与民众之间的桥梁。例如社会力量(特别是各种公益组织)可以在社会心理领域发挥重要作用,辅助政府从事如灾区复原、心理调适等方面的工作。"灾害治理需要备灾、救灾、复原和减灾这四个方面全面推行;灾害治理不仅需要物质建设,还要强化与优化对灾区居民的心理抚慰,而心理问题具有相当的复杂性与时间性,需要整合全社会方方面面的力量共同应对。其

① 参见孙绍骋:《中国救灾制度研究》,商务印书馆2004年版,第131页。

② 蒋宗彩:《城市群公共危机管理应急决策理论与应对机制研究》,经济管理出版社2015年版,第45页。

中，社会组织特别是公益性社会组织就是一个重要参与主体。"①而在具体的角色建构过程中，一种研究指出捋顺政府与社会力量之间的关系尤为重要：政府与社会力量之间的关系既不能是一种上下级之间的关系，也不能是一种完全平等的关系。因此，政府对于社会力量的领导应该是一种权威性的领导，社会力量对于政府的服从也应该是一种合作性服从。

就灾区和公共媒体来说，应该分别扮演"自救者"和"引导者"的角色。灾害不同于其他公共事件，灾害的突发性使得在灾害发生后（特别是第一时间）灾区能否采取有效自救直接会导致整个灾害治理的最终结果。因此，灾区不应仅仅是灾害治理的对象，更应是灾害治理的主体，应该积极扮演"自救者"的角色。公共媒体在灾害治理中同样举足轻重，特别是随着信息化时代的来临其所具有的影响力急剧上升。在灾害治理过程中，公共媒体应充分发挥自身所具有的宣传优势，一方面通过加强灾害应对措施的宣传引导民众，提高民众的应急能力，另一方面则通过宣传使各方及时获取灾害信息，引导社会心理，促进社会稳定。与此同时，公共媒体还应通过宣传来引导各种力量和资源迅速而有效地参与到灾害治理的过程之中。例如在一项关于灾后重建的研究中便指出："在灾害治理中，政治动员主体应将经济社会性要素纳入其中，适时关照各方利益主体的利益要求，强化对社会各方利益的疏导与调节，通过政策导向、舆论引导来实现恢复重建资源的合理配置。"②而在这一过程中公共媒体的作用便显得尤为重要。

第四节　边远地区公共事务治理理论

所谓边远地区主要指那些处于交界、边境、沙漠、山区、海域等复杂地形的地区，这些地方自然及生态环境恶劣，地广人稀，交通不便，信息不畅，技术落

① 康晓强：《公益组织与灾害治理》，商务印书馆2011年版，第26页。

② 黄承伟、陆汉文：《汶川地震灾后贫困村重建：进程与挑战》，社会科学文献出版社2011年版，第52页。

后,民众增收或者发展面临较大障碍,经济发展严重滞后。[①] 由于上述特性,边远地区的公共事务治理在目标和制度建设等方面都与其他地区存在较大的不同。如何对边远地区的公共事务进行有效治理,使其在治理的特殊性和普遍性之间实现协调,是灾害性公共危机治理问题的一个重要的理论之维。

一、边远地区公共事务治理的目标

总体来说,边远地区公共事务治理过程中需要处理的核心问题是如何在以经济发展为中心的总体目标之下协调和推进其他各类治理目标的有效达成,特别是疏解经济发展与社会稳定之间可能存在的张力。

例如,一种观点认为,在边远地区公共事务治理过程中需要解决的首要问题是防止"极化效应"的发生。这是因为在边远地区由于交通不便、信息不畅等因素的影响,区域内互补性经济的发展受到限制,劳动力结构发生扭曲,较之国家的中心区往往呈现一种发展不充分和不合理的样态。在这种状况下,如果治理目标设置不当,就很容易造成区域内经济社会层面更大的不平等。因此,在边远地区公共事务治理的过程中,需要重点解决的问题是促进生产要素的跨界流动,其中公共交通设施和社会信任网络的建设是边远地区公共事务治理的首要目标。[②] 在此基础上,这种观点还提出边远地区公共事务治理的总体性目标是通过基础设施建设、人力资本开发积累、社会资本培育等方式促进边远地区的内生发展能力。[③]

另一种观点则从系统的角度分析了边远地区公共事务治理的目标问题。该种观点同样认为环境、交通以及信息等方面的原因导致了边远地区社会发展的滞后性,但上述诸种因素所造成的最大问题是导致边远地区形成了一个个独立的经济社会系统。这些系统彼此之间以及与国家整体的经济社会系统

---

① 参见刘晓丽:《边远农村地区的灾害治理》,《宁夏党校学报》2015年第5期。

② 参见 Rene Gendarme,"Economic Problem of European Frontier Region",*Revue Economique*, Vol.21,No.6,1970,pp.889-917。

③ 参见丁忠毅:《国家治理能力建设的社会政策之维:依据、路径及提升》,《四川大学学报(哲学社会科学版)》2016年第6期。

无法实现有效的融合,往往出现政治结构和经济社会结构之间的分离。因此,边远地区公共事务治理的核心目标是促使边远地区经济社会系统和国家整体经济社会系统的协调与整合。而在整合的具体过程中,还需要重视系统间融合的阶段性问题,也就是说在不同阶段治理的具体目标也会不尽相同。

具体来说,边远地区经济社会系统和国家整体经济社会系统的协调与整合主要通过三个阶段来实现:第一阶段是拆解边远地区经济社会系统的完整性;第二阶段是边远地区经济社会系统开始被吸收进国家整体经济社会系统之中;第三阶段则是边远地区经济社会系统与国家整体经济社会系统的完全融合。这三个阶段的顺利完成在很大程度上仰赖于公共事务治理能否与不同阶段的主要目标保持一致。一般来说,在第一阶段需要大力注入能够拆解既有系统的“熵”,例如公共交通设施的建设、现代性文化和生活方式的引进等就成为公共事务治理的主要目标;在第二阶段需要同时提供“熵”和维持新系统的“负熵”,这时候在公共事务治理中需要特别重视经济发展与社会分配的平衡等问题;第三阶段则需要积极创造“负熵”,在公共事务治理中发展问题则再次成为治理的首要目标,同时还需重视治理制度韧性的建构。①

还有一种观点则从国际的视角探讨了边远地区公共事务治理的目标问题。这种观点认为,一方面边远地区由于环境、交通等方面的原因使得其与国家的中心区域之间存在沟通的困难,但另一方面由于地理区位原因使得边远地区却又往往更容易受到国际因素的影响。上述特性使得边远地区往往呈现出一种矛盾的社会样态:从国内的角度来看,边远地区大多是政治不满的集中地,孤立感和被剥夺感在此处盛行;而从国际的角度来看,边远地区又存在跨界交流与合作的区位优势。因此,在边远地区公共事务治理的过程中需要同时重视其间的开放性和隔离性,特别是实现开放目标与隔离目标的协调。②

---

① 参见 Henry Teune and Krzysztof Ostrowski,“Political Systems as Residual Variables:Explaining Differences Within Systems”,*Comparative Political Studies*,Vol.6,No.1,1973,pp.3-21。

② 参见 Ellwyn Stoddard,“Local and Regional Incongruities in Binational Diplomacy:Policy for the U.S.-Mexico Border”,*Policy Perspectives*,Vol.2,No.1,1982,pp.111-146。

二、边远地区公共事务治理中的制度建设

由于边远地区往往存在公共事务治理制度供给不足的情况，从而使得边远地区公共事务治理大都在治理的持久性、深入性以及延展性等方面存在巨大的困境。因此，如何在边远地区公共事务治理中保证制度的有效供给，将制度建设作为一项规范化、常态化的整体性工程便显得尤为重要。

一种观点认为，在边远地区公共事务治理制度建设中需要考虑到边远地区社会往往存在的动态性特征。这种动态性一方面表现在边远地区与国家中心地区之间关系的动态性；另一方面则表现在边远地区社会发展的动态性。由于这种动态性，在边远地区公共事务治理制度的建设中需要引入“软空间”的概念，即不能以传统的固定性思维来建构制度，并试图设计一种能够将所有领域的行为体都能够囊括在内的制度框架；同时，这种制度框架又具有空间上的固定性，一旦制度建立，就不具有空间上的延展性和治理主体上的开放性。与此相对，在边远地区公共事务治理中的制度应是一种“软性”的制度。一方面，制度建设的出发点应是“事务型”的，即主要针对边远地区社会所出现的某种特定的公共事务而建立相应的制度；另一方面，制度建设的主体应是“多元型”的，当然这里所指的多元型并非通常意义上所讲的要将所有的行为体都纳入制度框架之中，而更多是指在针对不同的公共事务所建立起来的各种制度之中起到决定性作用的主体应是各不相同的。这种“软空间”基础上所建立起来的公共事务治理制度能够很好地回应边远地区的社会特性，克服治理制度的单一性和总括性在边远地区所出现的低效，并且能够通过各种制度的“叠加”实现整体治理制度网络的厚度和韧性。①

另一种观点则认为，在边远地区公共事务治理制度的建设过程中需要特别重视其与国家宏观公共事务治理制度之间的关系。一方面，要与国家宏观公共事务治理制度之间保持一致；另一方面，则需要充分考虑边远地区的特殊

---

① 参见 Joachim Blatter，“From‘spaces of place’to‘spaces of flows’? Territorial and functional governance in border regions in Europe and North America”，*International Journal of Urban and Regional Research*，Vol.28，No.3，2004，pp.530–548。

性，特别是传统社会力量在制度建构中所扮演的重要作用。在此基础上，这种观点提出，在边远地区公共事务治理制度的建设过程中需要采取“自上而下”的制度设计和“自下而上”的制度引导并举的方式。这是因为，由于边远地区与国家中心地区之间互动的有限性，其既存在公共事务治理制度供给有限的问题，也存在社会自发性治理制度与国家宏观治理制度之间存在矛盾的问题。在这种状况下，一味“引进”新制度可能会面临既有治理制度的反弹和抵触。因此，“自上而下”的公共事务治理的设计固然重要，但同时也需要将既有“自下而上”生发出来的诸种制度进行有效调适和引导，使其与新制度之间实现协调和整合。①

还有一种观点则从责任明晰的角度探讨了边远地区公共事务治理制度的构建问题。这种观点认为，构建一个权责统一、分工明确的整体性制度框架是推进边远地区公共事务治理的核心，这是因为在边远地区地方政府承担着绝大部分经济社会管理事务责任，所以往往会出现权力过于集中，大量公共事务存在行政主导等方面的问题。公共事务治理的重要手段是通过激发经济社会力量参与诸种公共事务，并通过相互合作、相互协调的方式实现良性发展。因此在边远地区公共事务治理制度的建设过程中需要规范和明确政府的各项权责，要使地方政府充分意识到发挥市场主体、社会组织和居民自治组织参与共治的优势和作用，使得在处理诸种公共事务的过程中真正实现从垂直“金字塔”式的组织结构向扁平化、网络化的治理制度的深刻转型。②

小　结

作为风险的一种类型，灾害性公共危机往往会对整个社会造成巨大而广泛的影响，能否有效应对灾害性公共危机直接关系着政府执政能力的强弱，同

① 参见 Mette Sicard, “The Baltic Sea Region: Territoriality, Multilevel Governance and Cross-border Networks”, *Journal of Baltic Studies*, Vol.33, No.2, 2002, pp.129-137。

② 参见刘永刚：《合作治理：中国陆地边疆治理的多元关系及实现路径》，《学术论坛》2017年第4期。

时其也是对社会凝聚力和韧性的一种考验。灾害性公共危机的治理是一项复杂而系统的工程,需要完善的组织体系、法律体系以及其他具体运作机制的保障,也需要各级政府、社会力量、灾区民众以及公共媒体的通力合作。通过对相关理论的梳理,我们发现在灾害性公共危机的治理过程中需要对以下几方面的问题引起足够的重视。一是要对灾害性公共危机的本质及其所具有的诸种类型有清晰的把握。不同的灾害类型会造成截然不同的后果,其所需要的治理策略也不尽相同,因此在研究的过程中需要首先确定灾害的类型,然后再去探讨相关的治理措施,从而做到有的放矢。二是要对在灾害性公共危机治理过程中各级政府之间的关系有一个准确的认知,需要深入政府内部,研究政府之间在利益取向、资源调配能力、权威结构等方面的不同,进而探索能够最大限度协调各级政府之间的关系,激发各级政府从事灾害性公共危机治理的积极性。三是要明确在灾害性公共危机治理结构中政府与各种非政府行为体之间在能力、资源、职权等方面的差异,探索在灾害性公共危机治理过程中构建高效而迅捷的协作分工体系,将所有行为体有效纳入灾害性公共危机治理的体系之中。四是要充分认识边远地区灾害性公共危机治理的特殊性,在灾害治理的目标和制度建设上依据边远地区的实际状况不断进行优化。

第三章　灾害性公共危机应对中的地方政府行为

伴随科学技术的迅速发展、生态环境的恶化与社会的急剧转型，公共危机已成为社会常态。公共危机威胁社会和谐稳定，威胁人类健康发展，灾害性公共危机更是打乱人类正常的生活、生产，严峻挑战政府的合法性与政府公信力。能否有效防范、控制、应对危机已成为衡量有效政府的重要指标。因此，各级政府必须采取行之有效的行政行为防范来应对公共危机，减少公共危机特别是灾害性公共危机带来的损失与危害，维护社会和谐稳定，促进社会健康发展。

第一节　灾害性公共危机应对中地方政府行为的内涵与特点

全球化、网络化的不断深入促进社会高速发展，这在一定程度上给人类社会带来与日俱增的风险，水旱灾害、暴雨、冰雹、沙尘暴、泥石流、地震、爆炸、瘟疫、恐怖袭击以及宗教冲突等各领域的突发性事件层出不穷、此起彼伏。同时，人类理性的有限与高新科技的发展又给人类社会注入更多“新风险”。“风险源”的不断增加，危机的不断升级与频发威胁社会稳定与社会和谐，阻碍经济发展，破坏人类社会的生存与发展条件，严重挑战政府的执政能力与合法性，甚或动摇执政基础。因此，政府能否有效应对风险，尤其面对灾害性公共危机能否快速决策、科学决策、民主决策、有效决策，保障公民的人身与财产安全，维护社会稳定是衡量现代政府效能的重要指标。

一、灾害性公共危机中地方政府行为的含义

政府是国家机构的重要组成部分，它和国家、阶级、政党相联系。从政府和国家关系看，国家是统治阶级和被统治阶级之间对立的统一体，是阶级统治、阶级控制和阶级压迫的机器，而政府则是实施这种统治、控制和压迫的工具；从政府和政党的关系来看，政府是政党进行政治调控的枢纽，也是权力的执行机构；从政府和社会关系看，政府是社会管理的总机关。因此，政府是国家进行阶级统治、政治调控、权力执行和社会管理的机关，包括立法、行政、司法机构。① 各国对地方政府的不同理解导致其含义不同。《国际社会科学百科全书》指出："地方政府是一种公共组织，它在全国政府或者地区政府层面拥有决定和管理权。在金字塔式的政府结构中，顶端是全国政府，中间的是州、省、地区政府，最底层的是地方政府。"②西方国家学者一般将地方政府界定为是中央政府为治理国家部分地域而设置的分支机关。在中国，地方政府是"中央政府"的对称，全国各省、自治区分别设立省（自治区）、市、县、乡（镇）四级地方政府。法律规定地方政府的两重属性为：一方面，他们是地方各级权力机关的执行机关，对同级权力机关负责并报告工作；另一方面，它们接受上级行政机关的领导，并服从中央政府的统一领导。③

地方政府行为是指地方政府部门运用政府权力，为解决地方政府面临的公共问题，为维护与实现整个地方整体利益而对地方性公共事务施加管理的政府行为。④ 地方政府行为分为以下几种：为经济发展提供良好的宏观经济环境，优化经济结构的经济调节行为；致力于建立统一、开放、竞争、有序的市

---

① 参见谢庆奎：《当代中国政府与政治》，高等教育出版社 2016 年版，第 5—7 页。

② "International Encyclopedia of the Social Science", Volume9－10, *London*, *Mecmillan*, 1968, p.451.

③ 参见谢庆奎：《当代中国政府与政治》，高等教育出版社 2016 年版，第 147 页。

④ 参见陈瑞莲、张紧跟：《地方政府管理》，中国人民大学出版社 2016 年版，第 3 页。

场体系的市场监管行为；为民众提供安居乐业的社会环境与生活环境的社会管理行为以及环境保护行为。① 灾害性公共危机中的地方政府行为指政府在应对灾害性公共危机中采取的行为与措施的总和，通常称之为政府公共危机管理。具体而言，灾害性公共危机中的政府行为指灾害发生前，政府防患于未然，通过建立风险防范机制、社会管理机制、应急准备机制、宣传教育机制、监测预警机制等将灾害消解在萌芽状态；灾害发生时，政府通过建立快速评估机制、决策指挥机制、协调联动机制等积极应对，保障公民生命与财产安全，维护社会稳定；灾害发生后，政府通过建立恢复重建机制、救助补偿机制、心理抚慰机制、调查评估机制以及责任追究机制等恢复人们的正常生产生活，恢复社会秩序。

不同的学者从不同的视角将灾害性公共危机中地方政府应对行为分为不同的阶段。有的学者按照时间序将其列分为危机预警及准备、识别危机、隔离危机、管理危机、危机后处理五个阶段。② 有的学者为了读者便于理解，按照发生的时间将其分为灾前、灾中与灾后三个阶段。有的学者按照事件的演进顺序将其分为预防阶段、处置阶段和恢复阶段。③《中华人民共和国突发事件应对法》中将危机事件划分为预防与应急准备、监测与预警、应急处置与救援以及恢复与重建四个阶段。中国很多学者坚持这一划分方式，本书也认同这一划分方式，认为政府行为也基于危机事件的四个阶段分为四个部分。

政府行为在灾害性公共危机应对中处于主导与主体地位，这是由政府的地位与职能决定的。应当指出的是，灾害性公共危机实践中，地方政府的行为不是一般的公共管理行为，因为灾害性公共危机的强破坏性、不确定性、突发性以及易变性等需要通过建立公共危机管理机制，采取具有针对性的特殊的应对方式与手段才能实现有效管理目标。④

---

① 参见陈瑞莲、张紧跟：《地方政府管理》，中国人民大学出版社 2016 年版，第 5—6 页。

② 参见薛澜、张强、钟开斌：《危机管理——转型期中国面临的挑战》，清华大学出版社 2013 年版，第 56 页。

③ 参见姜平：《突发事件应急管理》，国家行政学院出版社 2011 年版，第 8—9 页。

④ 参见周友苏：《重大公共危机应对研究》，人民出版社 2013 年版，第 93 页。

二、灾害性公共危机中地方政府行为的特点

地方政府的特殊职能与地位决定其在灾害性公共危机中的行为不仅具有公共危机应对管理的一般特点,而且还体现如下几个方面的特点:

(一)地方政府管理的直接性

地方政府在灾害性公共危机管理中承担重要责任。按照分类管理、分级负责、条块结合、属地为主的应急管理体制架构,中央政府在灾害性公共危机应对中统一指挥、综合协调,在宏观层面整体规划、运筹帷幄,充分体现出顶层的有序协调性与政策指导性。地方政府是灾害性公共危机政策的直接行动者,《国家突发公共事件总体应急预案》中指出:各地政府是当地突发公共事件处置的责任主体,以直接的手段与方式作用于危机本身。另外,地方政府熟悉地方情况,对不同类型的灾害性公共危机能充分把握薄弱部位与关键环节,因地制宜地有效应对,体现事半功倍的效果。

(二)地方政府沟通的全局性

灾害性公共危机中地方政府沟通的全局性主要体现为:第一,地方政府向中央政府全面、详细汇报危机发生、演化、升级以及蔓延情况,最大限度获得各方支援,尽快控制事态发展,降低损失。第二,地方政府与媒体及时沟通,向人民群众充分展示政府应对危机的过程、困境与挑战,争得其他社会主体的支援,及时公布危机事件的升级、蔓延等最新情况,遏制谣言的传播,让居民做好有效应对危机的心理准备并向居民及时普及危机中自救、互救的相关知识。第三,地方政府及时与党员干部、企业以及相关社会团体沟通,通过各主体的协同配合共同应对危机。

(三)地方政府管理的时效性

时效性是指危机事件发生后能够第一时间迅速决策,部署相关工作,控制事态,避免危机的扩大、升级与蔓延,降低危机对公民生命、财产造成的损失,恢复社会秩序,确保公民的正常生产、生活。灾害性公共危机发生后,要求政府中枢决策系统第一时间迅速决策,中央政府不了解事发地具体情况,因而无

法有效、快速、科学决策。因此，只有居于事发地的地方政府熟悉当地情况，才能够抢抓时机，因地制宜地作出科学有效决策。

（四）地方政府管理的主导性

灾害性公共危机的破坏性、突发性与紧迫性等特征决定其应对的主体理应是政府与企业、社会团体以及个人等诸领域的社会主体。在诸多主体中，地方政府必须发挥主导性的中枢系统作用。一方面，从资源占有来看，无论是政治资源、经济资源还是人力资源、信息技术等资源，地方政府都比其他主体更具优势。另一方面，灾害性公共危机应对需要发挥广大社会群体的作用，地方政府贴近基层群众，能够适时、适地地动员社会各层群体，形成政府、社会组织、企业、公民个体等应对危机的合力。这有利于迅速控制灾害蔓延，减少损失，化解危机。

（五）治理能力的有限性

马克思主义认为国家具有政治统治、社会管理两大职能。地方政府是国家基于地域广泛、人口众多的复杂国情而设置的以便于实现国家社会管理职能的机构。从治理地域范围来看，地方政府的权力局限于其管辖的地域与居民。从拥有资源来看，地方政府的人力、物力、财力有限。然而，灾害性公共危机通常是跨越几个行政区域，其严重的破坏性更需要大量的人力、物力和财力。因此，地方政府能力的有限性决定其应对灾害性公共危机时不仅需要争得上级政府的援助，同时也需要争得相邻政府的援助。

第二节　灾害性公共危机应对中地方政府行为的动因分析

社会转型期，社会冲突与社会矛盾的加剧、高新技术的快速发展、严重的环境污染、过分追求经济发展等造成危机事件频发，而且波及范围广、破坏程度大，尤其灾害性公共危机事件造成不可估量的人、财、物的损失，甚或给世界带来毁灭性的灾难。地方政府是中央政府具体法律和政策的执行者，承担维护社会稳定、建立和谐社会、促进地方经济发展、提供公共服务等多重职能。

灾害性公共危机应对中，地方政府处于承上启下的中枢位置。可以说，地方政府如何应对灾害性公共危机关系一国政治发展与政治稳定，关系社会安全与社会和谐，关系经济繁荣发展，关系地方政府的凝聚力、号召力与影响力。因此，为了促进政治、社会、经济等诸方面的发展，地方政府必须制定相关政策、采取一定措施积极应对灾害性公共危机，最大限度地减少危机、降低人类社会悲剧的发生。

一、地方政府有效应对灾害性公共危机是维护政治稳定的前提条件

灾害性公共危机不仅威胁人类生命，损害人类财产，而且打破了既定的社会结构、经济结构，进一步分化利益。若政府不能将危机控制在社会可承受范围之内，则其政治合法性将受到质疑，进而影响政治稳定与政治发展。因此，地方政府有效应对灾害性公共危机，是维护政治稳定、促进政治发展的前提条件与关键因素。

从国内到国外，从古至今，专家学者对政治稳定的研究可谓浩如烟海。悉数各家观点，西方政治科学对政治稳定问题研究较有代表性的有比较历史学派、结构功能学派、社会心理学派以及后来的新制度主义政治学派四个学派。① 比较历史学派的代表塞缪尔·亨廷顿指出："政治稳定包含两个基本要素，即秩序性和继承性。秩序性意即没有政治暴力、压抑，或体系的解体。继承性则指未发生政治体系关键要素的改变、政治演进的中断、主要社会力的消失，以及企图导致政治体系根本改变的政治运动。"②结构功能学派基于系统论和结构功能界定政治稳定，指出政治生活中政治体系与其他结构平衡的重要性，代表阿尔蒙德认为，政治不稳定产生于"政治体系的能力和社会要求之间的脱节"。社会心理学派基于社会心理界定政治稳定，新制

① 参见左宏愿：《国外政治稳定理论研究综述》，《燕山大学学报（哲学社会科学版）》2009年第4期。

② ［美］塞缪尔·P.亨廷顿、乔治·I.多明格斯：《政治发展》，商务印书馆1996年版，第155页。

度主义政治学派将政治稳定与政治秩序、政治制度与经济增长相联系理解什么是政治稳定。国内学者基于政治体系的广泛认同、政治机制运行常态、政治系统内平衡、政治系统内外协调、政治系统结构功能正常、政权稳定运行、政治行为稳定、政治制度稳定等层面界定政治稳定。① 总体来看，政治稳定指在一定程度上控制社会冲突，无全局性的社会骚乱、政治动荡等发生，政府无须采用暴力手段通过镇压维系政权，社会系统保持有序、连续的运行。具体而言，政治稳定包含国家政治生活、社会秩序、政策、法律、法规、政府以及国家主权等层面的稳定，稳定是一种动态而积极的稳定，是政治发展的目标。

处于社会转型、体制转轨时期的中国由社会矛盾与社会冲突引发的公共危机给政府治理带来很大挑战。纵观历史，稳定与危机并存于我国改革与发展历程，比如经济结构调整、下岗失业、城乡差距、基尼系数增长，这些问题随时诱发公共危机，导致社会不稳定。另外，灾害性公共危机的频发更是引发不稳定的重要因素。灾害性公共危机的突发性、破坏性、紧迫性容易引发社会动乱，激发深层社会矛盾，打乱社会秩序与社会结构，给政府治理带来严峻挑战。2005 年 8 月美国的"卡特里娜飓风"造成约 1330 人死亡，960 亿元(美元)的经济损失，毁坏房屋 30 万处。此次灾害性公共危机中，布什政府被民众指责反应迟钝、救援不力，其合法性受到严重威胁。因此，面对任一危机，政府有预防准备、及时处置应对、化解危机并尽最大努力维护社会秩序、保持政治稳定的不可推卸的责任。

综上所述，政府有效预防、应对、处置灾害性公共危机是维护政治稳定的前提条件。第一，地方政府有效应对灾害性公共危机有利于增强公众的认同感，从而增强自身的合法性。地方政府的合法性指地方民众认可并接受地方政府的权威，服从地方政府的领导。灾害性公共危机造成大量人员伤亡、财产损失、民众流离失所，影响正常社会系统的有序运行。地方政府作为灾害第一线的指挥者与决策者，倘若坚持以人为本、科学快速决策，动员社会力量共同

① 参见张体魄:《我国政治稳定研究综述》,《毛泽东思想研究》2006 年第 2 期。

应对危机，最大限度减少人员伤亡与财产损失，则会提升其在民众心目中的形象，增强公众的认同感，从而增强自身合法性，这有利于政府维持社会秩序，确保政治稳定。第二，地方政府有效应对灾害性公共危机有利于维护政府稳定，保持有序、连续的社会运行，从而达到维持政治稳定的目的。大范围的灾害性公共危机会引发社会骚乱、政治动荡，使社会系统运行遭到严重破坏，威胁政治稳定。地方政府职能清晰与权责分明的应急管理体制、高效运行的应急管理机制以及因地制宜的应急管理法制能使地方政府第一时间抢占应对危机的最佳时机，通过层层上报获得上级政府支援，控制危机事态发展与蔓延，保证社会系统有序、连续运行，维护政治局势的稳定。第三，灾害性公共危机发生后，巨大的心理、精神创伤往往使民众内心充满焦虑、恐慌、担忧与绝望。政治系统运行中，民众健康的政治心理是政治稳定的精神力量。因此，地方政府灾后重建中理应充分建立恢复重建机制、救助补偿机制、心理抚慰机制、调查评估机制以及责任追究机制，有效的人力、财力、物力以及精神投入不仅有助于增加民众对地方政府履职的认可，而且有助于规范社会秩序，维护社会政治稳定。

二、地方政府应对灾害性公共危机是维护社会公共安全、实现和谐社会的必然要求

社会公共安全包括社会治安、公共卫生安全、信息安全、公众出行安全，避难者行为安全，人员疏散的场地安全，建筑安全，城市生命线安全等。灾害性公共危机破坏社会公共安全，影响公众正常的工作、生活与学习。纵观全球，影响公共安全的风险因素逐渐增多，一方面，人类自己的贪得无厌破坏自然生态平衡。环境的恶化增加海洋、气象、地震、火灾等的发生频率，威胁社会公共安全。另一方面，现代社会虽然诞生了众多新型技术，但是人类自身的认识与应对危机的能力有限。人类虽然可以认识、预测、防治灾害，但是人类的认识在浩瀚的自然面前仅是沧海一粟，只能采取被动的防御措施。而且人类不断的科技探索活动本身就充满危机。如 1986 年，切尔诺贝利核电站发生核泄漏事故，爆炸式泄漏的核燃料浓度达到 60%，至少有 2.5 万平方公里的地区受污染。截

至1992年,有7000多人死于这次核污染,造成的经济损失达到1800亿卢布。①

社会和谐稳定是各国发展中难以避免的现实问题,是各国政府关心的重大问题,更是关系到改革开放、现代化建设能否顺利发展的关键问题。实现和谐社会是人类社会的共同理想,更是人类社会永不停息的奋斗目标。新时代,中国特色社会主义要建立的和谐社会是民主法治、公平正义、诚信友爱、充满活力、安定有序、人与自然和谐相处的社会。具体而言,自然环境是实现社会主义和谐社会的物质基础,它不仅为人类提供化石燃料、矿物等不可再生资源,而且为人类提供生物、土地、气候等可再生资源。灾害性公共危机破坏不可再生资源的生存环境,使土地、水源、森林等可再生资源大面积污染、受损。生态环境的严重失衡加剧人与自然的不和谐发展,甚至恶化人类的生产、生活环境,严重影响社会主义和谐社会的构建。人是构建社会主义和谐社会的主体,是和谐社会的开拓者、创造者。人的个性和谐和精神和谐是社会和谐发展的根本前提。② 灾害性公共危机使人类的基本生活条件与发展机会处于脆弱状态,失去亲人的痛苦、失去房屋等基本的生活保障都给人类带来心灵与情感的创伤。另外,灾后严重的心理阴影颠覆人类既有的人生观、价值观与世界观,影响未成年人健全人格、情感的形成,进而影响人作为人的自由、全面、可持续的发展。人的发展是社会主义和谐社会构建的前提条件,人的发展受阻必然影响社会主义和谐社会的构建。灾害性公共危机引发的信息不畅、基础设施受损、治理能力弱化甚至瘫痪等使维系社会秩序正常运转的伦理准则与道德规范遭受挑战,灾害中公众的恐惧又为其不道德行为的产生添加催化剂。一言以蔽之,灾害性公共危机严重威胁社会系统的基本价值和行为准则,它对社会秩序的危害一方面体现为人们正常的生产、生活方式的中断,另一方面体现为对人们基本价值判断、价值准则、道德秩序的影响。灾害性公共危机的发生是各种矛盾激化的结果,更是社会不和谐的重要表现。因此,地方政府要积极应对灾害性公共危机,最大限度减少灾害导致的人员伤亡与经济损失,维护

---

① 参见[澳]罗伯特·希斯:《危机管理》,王成等译,中信出版社2001年版,第175页。

② 参见秦宣:《超越危机:构建社会主义和谐社会的特殊背景分析》,《学习与实践》2006年第11期。

社会稳定与社会秩序，为构建社会主义和谐社会奠定有利基础。

三、地方政府应对灾害性公共危机是确保地方经济繁荣发展的重要保障

自古以来，灾害性公共危机伴随着人类的生产、生活，影响人类社会正常的经济运行。从经济学意义上，影响经济正常运行的有内部因素（内生变量）和外部因素（外生变量）两类。① 灾害性公共危机是影响经济正常运行的外部因素（外生变量），它对经济系统而言是不确定的随机性的外部冲击。灾害性公共危机对经济的影响主要体现在以下几个层面：一是由灾害性公共危机造成的直接经济损失巨大。根据亚洲开发银行（ADB）统计，SARS 在很大程度上影响中国内地经济与香港经济，中国内地高达 179 亿美元的经济损失占中国 GDP 的 1.3%，而香港 120 亿美元的损失也占香港 GDP 的 7.6%。②《2017年广东省海洋灾害公报》显示，广东省海洋灾害 2017 年造成的直接经济损失达到 54.10 亿元，位居全国第一，其中最严重的风暴潮灾害造成的损失达到全部经济损失的 99%。据统计，广东省海域在 2017 年共发生风暴潮 7 次，使 171.46 万人受灾，776 千米海岸工程损毁，358 艘船只损坏，244.2 万公顷水产养殖受灾，经济损失达到 53.61 亿元。据统计，2018 年前三季度地震灾害共造成全国 31.6 万人次受灾，8.2 万人次紧急转移安置；5000 余间房屋倒塌，3.1 万间房屋严重损坏，9.1 万间一般损坏；直接经济损失 27.3 亿元。二是用于灾害救助的经济投入增加，用于其他促进经济发展项目的投入则要减少。以 SARS 救助为例，据统计测算，每例疑似病例每天的直接费用为 1090 元左右，观察期为 2 天左右，每例确诊轻症病人每天的直接费用约为 1100 元，重症病人每天约为 3220 元，疗程为 21 天左右，按此估算，全部治疗费用将数以亿计。另据资料显示，平均每个病人的治疗费用大概是 10 万元，按此计算，我国 5000 多个确诊病例就需要 5 个亿

① 参见佟家栋、张伯伟：《SARS 对中国社会的影响与对策研究》，《南开学报（哲学与社会科学版）》2003 年第 4 期。

② 资料来自：http://business.sohu.com/90/00/column208610090.shtml。

以上。[①] 根据有关部门统计，各级地方政府用于防治 SARS 的总费用数已超 100 亿元。三是灾害性公共危机通过影响旅游客运、居民消费、物流、国际贸易、股票等间接影响经济发展。经济发展中，生产—分配—交换—消费是其发展链条，任一环节的中断都会影响其他环节的发展。比如 SARS 危机暴发期间，聚集性生产活动由于定时消毒、必要的隔离与人员流动的限制而受到影响，人员外出的限制使休闲旅游人数等急剧下降，直接导致消费减少。

实践表明地方政府有效应对灾害性公共危机对一国经济健康稳定、持续发展具有重要的意义。在危机频发的风险社会，地方政府一方面要认识到灾害性公共危机与社会稳定、经济发展的关系，不能因经济发展而以牺牲环境、催生社会风险源为代价，要使经济发展与社会稳定、社会发展相协调；另一方面，地方政府要在灾害性公共危机应对中积极寻找经济转折点，比如 2003 年 SARS 危机后，温家宝在国务院第七次常务工作会议中提出八项经济振兴计划，要求在危机防治中要努力保持国民经济较快的增长。

四、地方政府应对灾害性公共危机是实现社会管理与社会服务职能的重要途径

政治统治、社会管理与社会服务是政府的三项重要职能。政治统治是掌握国家政权的统治阶级对被统治阶级进行的统治，目的是保障其经济利益。社会管理职能是指地方政府通过整合社会资源、动员社会力量，化解社会矛盾，提供公共产品和公共服务，维护社会秩序，满足社会成员多样化的需求之目的，使社会和谐稳定，健康发展的组织化活动。[②] 公共服务职能指地方政府满足社会公共需求、为地方社会提供基本而有保障的公共产品和公共服务的职责和功能。地方政府提供的公共服务可以分为基础性公共服务、经济性公共服务、社会性公共服务和公共安全服务四类。[③] 政府的职能与作用的发挥取决于不同的历史时期、不同的政治体制与不同的政府级别。对于政治统治

---

① 参见伊艳林：《非典对国民经济有十大影响》，《中国经济导报》2003 年 6 月 10 日。

② 参见陈瑞莲、张紧跟：《地方政府管理》，中国人民大学出版社 2016 年版，第 63 页。

③ 参见陈瑞莲、张紧跟：《地方政府管理》，中国人民大学出版社 2016 年版，第 64 页。

职能而言，政府承担维护国家主权与领土完整，与世界各国建立友好关系，维护世界和平，推进国家民主政治发展，镇压危害国家社会的活动以及维持国内社会秩序等责任，这主要以中央政府为主。计划经济时期，占主导地位的是政府管理职能，公共服务角色被淡化，政府扮演生产者、监督者、控制者的角色，通过指令计划与行政控制以增强国家经济实力，提高民众生活水平。社会转型期，社会主义市场经济逐步完善，新公共管理运动兴起，我国政府由管理走向服务，服务型政府秉持“民为本，社会为本，权利为本”的执政理念，全心全意为人民服务，坚持人民利益至上，最大化实现社会公共利益。地方政府的职能主要是为民众提供公共服务与公共物品，满足社会公共需求。因此，地方政府的职能由指令、控制、计划转变到服务、引导、调控上来。服务型政府的职能要求与性质决定地方政府必须积极应对灾害性公共危机。地方政府有效应对灾害性公共危机能够减少人员伤亡与财产损失，能够有效防止灾后疫情蔓延，是为民众提供公益物品的一种特殊形式。

五、地方政府应对灾害性公共危机是构建地方政府形象的重要途径

地方政府的形象指地方公众通过观察地方政府的日常工作与精神状态而对地方政府产生的总体认知与评价。地方政府形象不仅是民众对地方政府的执政能力、执政方略、施政业绩与整体素质的主观评价，而且也是政府目标、政策、理念与行为的客观展现。具体来看，政府形象可以分为内涵政府发展理念、精神追求与信仰、行政伦理与文化认同层面的理念系统，内涵政府组织结构、政策、规则、行政方式、制度、沟通方式等层面的行为系统，内涵政府办公环境、人员制服、建筑物、期刊等层面的视觉系统。① 三大系统相互作用，相互依赖，准确、清晰地展示政府内在与外在形象。政府形象决定着公众是否理解政府的执政理念与执政方略，决定公众与政府的距离，决定公众与政府沟通的愿望。古今中外任一政府都非常重视自身形象建设，良好的形象建设决定了政府政策、目标等的顺利实现。

---

① 参见廖为建：《论政府形象的构成与传播》，《中国行政管理》2001 年第 3 期。

灾害性公共危机中,地方政府特殊的组织身份与组织地位决定有效应对危机是其应尽的责任与义务,能否有效应对危机决定其在民众中的形象指数。然而,灾害性公共危机的非常态性易使民众对地方政府的形象产生"晕轮效应"与"挤出效应"。[①] "晕轮效应"指地方政府一个部门或者几个部门在危机中的表现容易使民众误认为是政府整体的行为特征,将政府平日的行为抛之脑后,导致以点带面、断章取义。"挤出效应"指危机中,民众对政府形象的建构主要来源于看得见、感受得到的政府的行为系统,而作为政府形象构成的理念系统与视觉系统在某种程度上被政府行为系统遮盖、挤占。"晕轮效应"与"挤出效应"使地方政府在灾害性公共危机中的任何举动都深刻影响自己的形象,积极作为会瞬间获得民众良好的社会评价,大幅度提升自身形象;反之,任何的疏忽会瞬间获得骂名与指责,甚或形成不利舆论,使自身形象一落千丈。因此,灾害性公共危机应对中,地方政府的行为是其自身形象转机与恶化的风水岭。一方面,政府形象的"窗口效应"以凝聚式投射使其被关注程度得到提高;另一方面,窗口行业所要承载的压力也在瞬间得到了提升,即窗口效应的显著实现有赖于窗口能力与综合素质的提高。[②]

从以上分析可以看出,地方政府在灾害治理中坚持以民为本、最大限度减少灾害损失、维护公共利益的灾害救助理念,秉持迅速行动、科学有效、积极作为、同心协力的危机处理方式,采取客观真实、公开透明、随时跟进的危机沟通方式,才能树立为民、责任、高效、务实、公正的地方政府形象。

第三节 灾害性公共危机应对中地方政府行为的角色分析

角色(role)是对群体或社会中具有某一特定身份的人的行为期待。[③] 任

① 参见朱光喜、王赵铭、万细梅等:《危机事件中的政府形象和政府危机公关》,《公共管理学报》2006年第2期。

② 参见任堃:《危机管理视角下的当代中国政府形象构建》,山东大学博士学位论文,2010年。

③ 参见[美]戴维·波普诺:《社会学》,李强等译,中国人民大学出版社2006年版,第97页。

何个体和组织在社会群体中都赋有特定的身份及与之相应的责任与行为。本书谈到的灾害性公共危机应对中地方政府的角色,指地方政府作为社会事务的管理者、社会公共安全的维护者、公共产品与公共服务的提供者以及经济社会发展的推动者,面对灾害性公共危机对人的生命安全与财产安全带来的损失,对社会安全与公共利益造成的严重威胁,对公共基础设施造成的严重破坏,地方政府采取的应对措施与履行的相关职责。在我国,地方政府是实现国家政治统治的基石,是实现民主政治的基础,是沟通联络中央政府与民众的桥梁,是推进社会进步发展的重要力量。因此,地方政府的重要地位决定其不仅是中央政府在地方的代表,而且是本辖区的领导者与决策者,管理辖区内社会事务,为辖区内的民众提供公共产品,代表本辖区内民众的利益。灾害性公共危机应对是地方政府为民众提供公共服务的一种特殊形式,故其在灾害性公共危机应对中扮演重要角色。《国家突发公共事件总体应急预案》中指出:地方各级人民政府是本行政区域突发公共事件应急管理工作的行政领导机构,负责本行政区域各类突发公共事件的应对工作。① 具体而言,灾害性公共危机中地方政府的角色为:地方政府是灾害性公共危机治理的责任主体,是灾害性公共危机应对的体制、机制、法治的建构者,是灾害性公共危机应对中的资源整合者与力量协调者。

一、地方政府是灾害性公共危机的治理主体

作为国家政治体制不可或缺的组成部分,地方政府是中央政府的代表,服从和执行国家的法律,维护国家的利益,又是其辖区内的领导者与决策者,管理辖区社会事务,为民众提供公共产品与公共服务。地方政府不仅在国家政治生活中,而且对整个社会发展和进步都起着重要作用。具体来看,地方政府的政治作用是维持社会秩序,缓解社会冲突矛盾,在日常社会管理和服务中接近群众,了解群众,充分发挥它在中央政府与民众之间的沟通作用,促进民主

① 参见中华人民共和国国务院:《国家突发公共事件总体应急预案》,http://www.gov.cn/yjgl/2005-08/07/content_21048.htm。

政治发展；地方政府的社会作用是维护社会安定，管理与民众日常生活相关的社会事务，提供公共服务，提供环境保护、社会保障以及职业教育等，为居民提供安定的生活环境和工作环境，让辖区民众获得认同感与归属感，进而形成社会共同体，反哺中央政府的管理与服务，通过形成强大的推动力促进经济社会的发展与进步。地方政府重要的地位与作用决定其在灾害性公共危机治理中处于主体地位，一方面，灾害性公共危机的突发性、破坏性、地域性与紧急性要求治理主体在第一时间迅速决策、科学决策；另一方面，灾害性公共危机的强破坏性只凭借某一方面的力量是难以应对的，需要整合各方力量与资源共同应对。因此，只有充分发挥地方政府责任政府的主体职能，才能有效应对灾害性公共危机。

地方政府在灾害性公共危机治理中的主体作用贯穿于灾害治理的整个过程。具体来看，主要体现在以下几个方面：第一，灾害性公共危机发生前，地方政府承担预防准备、监测预警工作。预防准备主要是建立危机应对预案，对本辖区内易引发灾害的隐患科学分析、及时处理，根据风险排查合理储备相关人力、物力、财力等资源。地方政府要善于培养民众的危机意识，通过培训演练提升民众的危机应对能力，尽力减少危机带来的损失。监测预警是建立科学完备的组织体系与工作机构，搜集、整理、分析和研究危机发生的苗头，向主管部门报告制定危机应对的方案与策略。第二，灾害性公共危机发生时地方政府需要做好决策指挥工作。灾害性公共危机发生时，地方政府相关应急管理部门要立即启动应急预案，第一时间赶往现场，建立决策指挥机构，根据危机的变化发展情况随时调整工作思路，灵活制定危机应对措施。第三，灾害性公共危机应急处置中地方政府一方面要善于沟通，全面深入了解危机情况，科学研判危机发展态势，做到快速、准确、权威、多元和合作沟通。另一方面地方政府需要建立有效的社会动员机制，坚持以人为本、依靠群众、平战结合的原则动员国内外社会各界力量同舟共济，共渡难关。第四，地方政府确保灾后的救助工作。灾害性公共危机给民众带来物质与精神双重伤害，地方政府要第一时间修复公共设施，恢复社会秩序，成立调查小组，查出事件诱因，总结经验教训，通过更新观念、完善制度、改进政策、构建机制等进一步增强危机应对的能力。

总体来看,灾害性公共危机应对中,地方政府作为责任主体承担着政治责任、行政责任、法律责任和道德责任。灾害性公共危机应对中地方政府的政治责任是在危机发生后迅速作出决策,具体责任落实到人,对玩忽职守失责者进行问责与制裁。地方政府的行政责任指灾害性公共危机应对中具体工作的开展过程,包括物资调配、力量动员、资源整合以及管控措施等。地方政府的法律责任一方面指地方政府遵守中央政府制定的相关法律,依法开展危机管理工作,并接受法律的约束与监督;另一方面指地方政府根据本辖区特殊的地理环境制定相关规章制度,最大限度减少危机发生的频率与危机带来的损失。地方政府的道德责任主要指在危机管理过程中表现为强烈的危机意识、忧患意识和高度的责任感、忠诚感、使命感、诚信度及与严格的自律有效结合的良好道德风尚。① 地方政府只有履行好政治责任、行政责任、法律责任与道德责任,才能有效应对危机,最大限度减少危机带来的损失。

二、地方政府是灾害性公共危机应对中体制、机制、法治的构建者

2006 年 6 月 15 日《国务院关于全面加强应急管理工作的意见》指出:"建成覆盖各地区、各行业、各单位的应急预案体系;健全分类管理、分级负责、条块结合、属地为主的应急管理体制;构建统一指挥、反应灵敏、协调有序、运转高效的应急管理机制;完善应急管理法律法规。"②十届全国人大常委会第二十九次会议审议通过的《中华人民共和国突发事件应对法》自 2007 年 11 月 1 日起正式施行,其中第四条规定"国家建立统一领导、综合协调、分类管理、分级负责、属地管理为主的应急管理体制"③。我国应急管理体制中的分级负责、属地管理为主体现出地方政府在应急管理体制中的重要责任与地位。我国幅员辽阔,地形、民族的多样性使各地区发展迥异,面临的危机种类与

① 参见任堃:《危机管理视角下的当代中国政府形象构建》,山东大学博士学位论文,2010 年。

② 《国务院关于全面加强应急管理工作的意见》,http://www.gov.cn/gongbao/content/2006/content_352222.htm。

③ 《中华人民共和国突发事件应对法》,http://www.gov.cn/ziliao/flfg/2007-08/30/content_732593.htm。

频率也差距甚大。如以自然灾害为例，东部和南部海域受海洋环境影响易发生台风、风暴潮、赤潮等灾害，连云港以南东部沿海受海洋与陆地双重气候影响易发生台风、风暴潮、暴雨、洪涝灾害，大江大河下游易发生旱灾、洪涝，青藏高原以东水土流失、风蚀沙化，易发生暴雨、滑坡、地震与泥石流等灾害，西北内陆地区易发生地震、沙尘暴、病虫害等灾害（见表3-1）。不同的地区差异与灾害类型要求地方政府建立适应地方特色的灾害应对体制。根据实际需要，地方政府设立危机应急指挥机构，自行决定编制、级别等行政资源，建立灾害性公共危机管理中的官员问责制度、官员绩效考核制度、信息公开制度，建立有利于社会组织与人民大众共同参与的志愿者制度等，清晰明确危机管理目标，合理划分不同部门与机构的权责，充分发挥地方政府在体制构建中的积极性、主动性，推进应急管理体制创新，提升灾害性公共危机应对成效。

表3-1 中国自然灾害区划

灾害带	分布地区	主要灾害	形成原因	对工农业的影响
海洋灾害带	主要指东部和南部海域	以台风、风暴潮、赤潮等自然灾害为主	受海洋环境的影响	对海洋渔业和石油平台、船舶、港口造成灾情
东南沿海灾害带	主要指连云港以南的东南沿海地区	以台风、风暴潮、暴雨、洪涝、海水入侵等自然灾害为主	受海洋与陆地双重环境的影响	对城市、港口、海水养殖场等造成严重灾情
东部灾害带	主要指第三级阶梯	洪涝、旱灾、病虫害是主要的自然灾害。此外，东北的霜冻、华北的地震也很显著	是许多大江大河的下游地区	对农业和城市危害严重
中部灾害带	主要指青藏高原以东的第二级阶梯	以暴雨、洪水、地震、滑坡、泥石流等自然灾害为主	是中国自然环境最为复杂、地表物质最不稳定的大斜坡地带	对农业、交通设施与建筑物造成严重危害
西北灾害带	主要指西北内陆的新疆、甘肃、宁夏、内蒙古西部地区	以地震、沙尘暴、霜冻、干旱、病虫害等自然灾害为主	是中国的干旱区	对绿洲农业、城市建筑和畜牧业造成灾害

续表

灾害带	分布地区	主要灾害	形成原因	对工农业的影响
青藏高原灾害带	主要指西藏、青海和四川西北部	以暴风雪、地震、寒潮、雪崩等自然灾害为主	受地理位置和气候条件的影响	对畜牧业造成严重灾害

灾害性公共危机需要政府的全方位、全过程的治理，这个治理过程是包括准备、应急处置、恢复重建等复杂的循环过程。因此，政府及相关部门不能着眼于过程中的某一环节，而是要建立相应的执行机制，才能有条不紊地采取适当措施应对灾害性公共危机。2003 年以来，我国发布了很多有关监测预警、信息报告、决策指挥、信息发布、调查评估、恢复重建等具体应急管理机制建设的文件。① 同时，地方政府根据地方实际也发布相关文件，包括预警准备机制、应对处理机制、恢复评估机制等。比如在信息发布方面，2009 年 9 月深圳市人民政府发布《深圳市人民政府新闻发布工作办法》，2016 年 9 月贵州六盘水市印发《六盘水市人民政府新闻发布工作办法》；在区域合作机制方面，珠江三角洲地区 9 个城市（广州、深圳、珠海、佛山、惠州、东莞、中山、江门、肇庆）共同签订了《珠江三角洲地区应急管理合作协议》，深圳、东莞、惠州 3 个城市签订了《应急管理区域合作协议》；在监测预警方面，广东省人民政府 2018 年 6 月施行《广东省气象灾害防御重点单位气象安全管理办法》；在风险评估方面，浙江省 2018 年 11 月发布《浙江省安全生产委员会办公室关于进一步推进安全生产大检查工作的通知》；在检查监督机制方面，2018 年 3 月山西省人民政府印发《关于组织开展依法打击和重点整治煤矿安全生产违法违规行为专项行动工作实施方案》的通知。

在法律层面对灾害性公共危机作出明确规定是一个国家灾害性公共危机治理趋于成熟和完善的重要表现。目前我国已基本建立以《宪法》为依据、以《突发事件应对法》为核心、以相关单向法律法规为配套的应急管理法律体系

① 参见闪淳昌:《应急管理模式:中国特色的运行模式与实践》,北京师范大学出版 2011 年版,第 31 页。

（见表3-2）。灾害性公共危机应对法制建设中，地方政府以国家层面法律为依据，以应急工作中的棘手问题为立足点，充分结合各地实际颁布实施地方性法规，全面推进专项、部门、区与街道等各层级的预案修订工作，出台自然灾害、事故灾难、公共卫生以及社会安全等相关领域的应急条例与细则。以广东省与浙江省为例，两地区根据实际省情，颁布实施相关规则条例，广东省于2018年6月实施《广东省气象灾害防御重点单位气象安全管理办法》，2017年12月31日起施行《广东省自然灾害救助办法》。浙江省2017年修订《浙江省社会治安综合治理条例》并于2018年1月1日起施行，2016年7月修订《浙江省安全生产条例》并于2016年8月1日起施行，2007年4月实施《浙江省防汛防台抗旱条例》等。近年来，地方政府致力于危机管理单向法的补充制定，多层次、多类型的法律规范为应急工作提供了更科学的法治保障。

表3-2　我国应急管理法律体系

类别	主管部门	应急预案	法律体系
自然灾害	水利部；民政部；国土资源部；中国地震局；国家林业局	国家自然灾害救助应急预案；国家地震应急预案；国家防汛抗旱应急预案；国家突发地质灾害应急预案；国家处置重、特大森林火灾应急预案	气象法；防洪法；防震减灾法；军队参加抢险救灾条例；汶川地震灾后恢复重建条例；公益事业捐赠法
事故灾难	安监总局；交通运输部；铁道部；住房和城乡建设部；电监会	国家核应急预案；国家突发环境事件应急预案；国家通信保障应急预案；国家处置城市地铁事故应急预案；国家处置电网大面积停电应急预案	安全生产法；消防法；煤炭法；国务院关于预防煤矿生产安全事故的特别规定；煤矿安全检查条例
公共卫生事件	卫生部；农业部	国家突发公共卫生事件应急预案；国家重大食品安全事故应急预案；国家突发重大动物疫情应急预案；国家突发公共事件医疗卫生救援应急预案	突发公共卫生事件应急条例；应急条例；传染病防治法；动物防疫法；食品卫生法
社会安全事件	公安部；中国人民银行；国务院新闻办；国家粮食局；外交部	国家粮食应急预案；国家金融突发事件应急预案；国家涉外突发事件应急预案	国家安全法；中国人民银行法；民族区域自治法；戒严法；行政区域边界争议处理条例

三、地方政府是灾害性公共危机应对的资源保障者

灾害性公共危机应对的紧急性、影响的广泛性、后果的严重性、恢复的艰巨性对人力、财力、物力、交通运输、医疗卫生以及通信保障等提出较高要求，这并非社会个体力量所及，需要政府担负重要责任，扮演组织者、领导者角色，动员、组织社会团体、企业与个人等广泛的社会资源共同参与危机治理工作。灾害性公共危机应对工作可以说是政府公共管理职能的重要组成部分，为有效应对灾害性公共危机，政府尤其是地方政府理应将此项工作纳入日常管理工作，充分发挥危机应对的资源保障者角色，具体角色发挥主要体现为：

一是地方政府年度预算中预留应急支出。灾害性公共危机的破坏性需要大量的财政支撑，地方政府作为应对主体在年度预算中定当充分考虑用于危机应急的特殊开支，按照本级预算支出额的预定比例设置预备费，从经费上切实保障应急工作的顺利开展。

二是地方政府通过建立物资调配网络保障救援工作顺利开展。灾害性公共危机救助需要棉被、衣物、帐篷、食品等生活安置物资，需要药品、医疗器械等救护物资，也需要通信、道路等的运输安全畅通。因此，只有各级政府部门建立相互协调、相互联系的物资调配网络才能保证紧急状态下运输畅通，以便救援工作顺利开展；保证应急所需的人员、物资、医疗设备等及时到位；保证市场正常供应，严厉打击哄抬物价、囤积商品的不法商贩，维护市场稳定，避免因大范围抢购而造成的社会恐慌。

三是地方政府充分整合、协调社会各方资源。危机的突发性与破坏性易使政府内部系统出现失衡，不仅造成信息不对称、物资保障不到位，而且易出现民众恐慌，救援力量配合不力等情况。危机救援时间的紧迫性与救援力量的多元性需求需要地方政府由“划桨者”转为“掌舵者”，充分协调各方力量，形成危机救援的合力。一方面，地方政府充分协调整合内部力量，做好横向与纵向的协调工作。横向主要包括省内政府、省际政府以及各层级政府不同职能部门之间等，纵向则主要包括中央政府与地方政府，上级政府与下级政府等。充分明确各部门的权责关系以便危机发生时能第一时间发挥作用。另一

方面,随着市场经济的发展与公民社会的成熟,市场与社会成为不可忽视的重要力量。地方政府通过建立相关制度与信息平台动员、协调企业、社会团体、NGO(非政府组织)以及公民等各方力量有序参与救助工作,形成“多元协作”的危机治理模式,有效治理危机,消弭危机。

总之,灾害性公共危机应对中地方政府资源保障者的角色需要以明确职责为突破口,以常态化的职能管理为重心,以规范权力并实现“多元治理”为目标,逐步推进灾害性公共危机应对走向成熟。

四、地方政府是灾害性公共危机应对信息畅通的保证者

灾害性公共危机中,及时、准确、全面而客观地了解危机信息是政府与相关各部门正确决策、采取行动的前提条件,是确保民众在次生危机中免遭生命威胁的必要条件,是避免民众由于危机信息不对称而过度恐慌并引发社会动乱的保证。

地方政府作为灾害性公共危机的应对主体,是危机中信息畅通的保证者。第一,地方政府是本辖区内危机事件的报送主体。《突发事件应对法》第三十八条第一款规定:“县级以上人民政府及其有关部门、专业机构应当通过多种途径收集突发事件信息。”第七条第二、三款规定:“突发事件发生后,发生地县级人民政府应当立即采取措施控制事态发展,组织开展应急救援和处置工作,并立即向上一级人民政府报告,必要时可以越级报告。突发事件发生地县级人民政府不能消除或者不能有效控制突发事件引起的严重社会危害的,应当及时向上级人民政府报告。上级人民政府应当及时采取措施,统一领导应急处置工作。”因此,灾害性公共危机发生时,属地政府不仅要及时处置,而且要及时、准确、持续向上级人民政府报送危机事件发生的时间、地点、事件的起因与性质、基本过程、波及范围、可能造成的损失、处理的情况、采取的措施以及事态发展趋势等。对于重大、特别重大的灾害性公共危机事件,事发地省级人民政府要及时、准确向国务院报送。第二,地方政府是危机信息发布的主体。全面了解危机信息是民众提前预防、做好准备、减少损失的前提。地方政府通过政府公报、新闻发布会、新闻通稿、政府网站、宣传单以及手机短信等统

一、真实、及时、连续地向民众发布监测预警、减缓、准备、应对和恢复阶段的具体信息，以公众的知情需求为导向，正确引导民众应对灾害性公共危机。第三，地方政府是实现信息共享的主体。《突发事件应对法》第三十七条规定："国务院建立全国统一的突发事件信息系统。县级以上地方各级人民政府应当建立或者确定本地区统一的突发事件信息系统，汇集、储存、分析、传输有关突发事件的信息，并与上级人民政府及其有关部门、下级人民政府及其有关部门、专业机构和监测网点的突发事件信息系统实现互联互通，加强跨部门、跨地区的信息交流与情报合作。"①灾害性公共危机的动态发展性要求地方政府整合不同渠道信息，避免危机事件中的"信息孤岛"问题，联合相关部门建立信息会商与通报制度，建立跨区域、跨部门的信息共享机制，拓展信息沟通渠道，促进危机信息跨部门流动，从而加强灾害性公共危机应对中地方政府与部队、跨国组织、社会团体以及公民等的有效沟通。

总之，地方政府只有在危机的诸阶段尽职尽责，做灾害性公共危机中信息通畅的保证者，才能准确决策，消除谣言，引导社会舆情，维持社会秩序，避免次生危机发生。

---

① 《突发事件应对法》，http://www.gov.cn/ziliao/flfg/2007-08/30/content_732593.htm。

第四章 灾害性公共危机地方政府应对现状

“一个好的制度可以让坏人变成好人”,同样一个好的危机应对机制可以缓解风险、提高效率、降低危害。我国根据自身特点已建立从中央到地方的危机治理体制、机制,取得了重大进步。但是,地方政府对各类危机的应对方式、应对能力与取得的成效与广大人民群众的现实需求相比仍存在差距。因此,本章着重探讨地方政府应对灾害性公共危机取得的成就以及存在的问题,通过清晰勾勒、分析问题,客观揭示影响地方政府危机治理的复杂原因,这有利于进一步完善灾害性公共危机的地方政府应对机制,为我国公共危机治理指明了方向。

第一节 灾害性公共危机地方政府应对取得的成就

纵观近几年的灾害性公共危机治理情况,中央政府高度重视,地方政府积极作为,全力应对,通过不断努力逐步形成了中央、省、市、县“四位一体”的应急预案体系、应急组织体系,政府各部门以及相关职能部门在危机应对中的分工、责任逐步清晰明确,预防、监测预警、应急处置、灾后恢复等机制逐步完善,人本理念、协同理念等危机治理理念逐步提升,危机治理法律法规体系日益完善。

一、初步形成应急预案体系

我国已初步形成宏观层面的“总体预案—专项预案—部门预案—重大活动应急预案”预案体系，形成“横向到边、纵向到底”的预案格局。中央政府制定《国家突发公共事件总体应急预案》《国家突发环境事件应急预案》《全国高致病性禽流感应急预案》《国家自然灾害救助应急预案》《国家大面积停电事件应急预案》《国家地震应急预案》《铁路防洪应急预案》《重大气象灾害应急预案》《城市供气系统重大事故应急预案》等各类预案，预案对编制目的、编制依据、适用范围、工作原则做了充分说明，充分明确了组织体系、运行机制、应急保障以及监督管理等，在一定程度上规定了各级政府以及各个部门的职责。地方各级政府以国家宏观层面的战略级预案为纲，编制涵盖各类危机事件的地方应急预案，规定各部门的职责、任务以及横向与纵向之间的配合与协调。大幅增长的预案数量、逐步提高的预案质量以及不断优化的预案结构串联起广泛行动者，在加强应急准备和有效应对突发事件中发挥了不可替代的作用。① 各级政府逐步树立了危机意识，采取桌面推演、实战演练、情景模拟等方式进行预案演练，通过演练测评效果，适时修改完善预案，使之在危机发生时，各级政府能够启动相应预案，尽其所能保障人民群众生命与财产安全。

二、应急组织体系逐步形成

应急组织体系保障应急工作顺利开展，我国各地区已经逐步形成包含政府、私营部门、社会非政府公共部门的应急组织体系，其中以政府部门为主体。省、市、县等各级政府已经形成包括领导机构、办事机构、工作机构、市州县区机构、专家组的组织体系（图 4-1 是江苏省突发公共事件应急组织体系总体示意图），明确了应急管理的领导主体与各级政府及相关部门的工作任务。以 X 市的应急组织体系为例②，X 市应急组织体系由领导机构、办事机构、专

① 参见陶鹏：《应急预案体现了府际差异性吗？——以北京市 M 区为例的研究》，《中国行政管理》2018 年第 3 期。

② 参见 X 市的应急预案及相关制度规定。

项指挥机构、工作县(区)机构、专家委员会(组)六大部分组成。各机构的主要职责及相互关系为:X 市的市政府是全市应急工作的最高行政领导机构,成立市突发公共事件应急委员会,这是全市突发公共事件应急工作的领导、议事和协调机构,其职能是审定、修订、组织实施全市各类突发事件应急预案,根据实际需要参与应急救援工作,向上级政府部门及时报告应急工作情况。市应急委员会的常设办事机构是市政府办公室,承担市政府应急值守、信息汇总、综合协调等应急日常管理工作。市政府以突发事件的类型设立 47 个专项应急指挥部,负责单一突发事件的应急工作。市政府设有不同的工作机构,其职责有:一是负责预案的起草、实施;二是充分落实应急工作中上级部门的相关决定事项;三是承担各专项突发公共事件应急指挥部办公室的工作;四是危机事件发生时,向市政府及时报告并提出相关建议,在政府的指导下与政府共同应对危机,做好善后恢复工作;五是做好各应急部门的信息沟通与职责协调工作。市应急委员会下设专家委员会,聘请各领域的专家学者成立专业人才库并组建专家组,为应急管理提供有益政策建议。

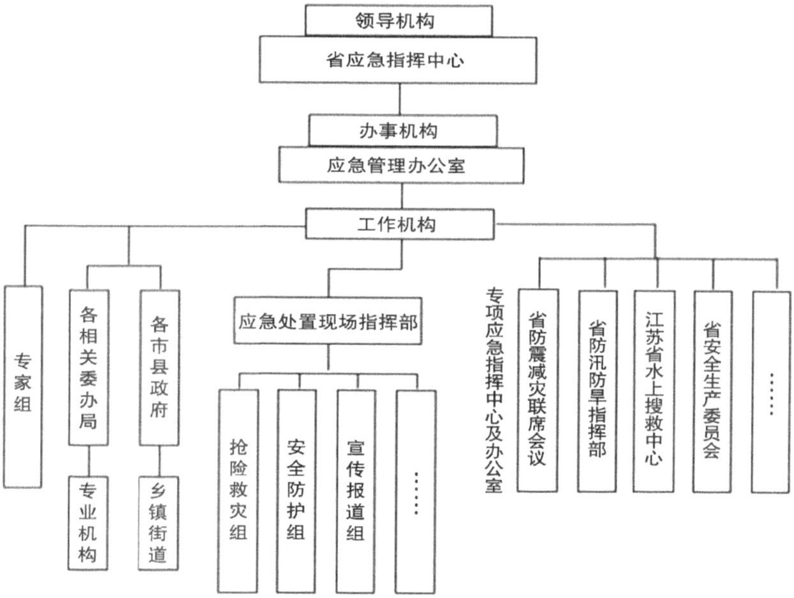

图 4-1　江苏省突发公共事件应急组织体系总体示意图

三、地方政府应急管理机制逐步完善

各级地方政府已逐步建立灾害性公共危机应对的监测预警机制、应急处置机制、应急保障机制与社会参与机制。监测预警机制是危机治理的重要环节，各地政府坚持早发现、早报告、早处置的方针建立预警级别与预警系统，依据危机事件的发生、发展、演化规律与发展态势分析危害程度与紧急程度，及时向社会通过广播、电视、报刊、网络信息等方式作出预警。全国各省区加大了对应急报警、接警系统的建设力度，新增、扩建项目逐年增多，各部门独立应急报警和应急接警系统逐步建立。① 应急处置机制是危机治理的关键，各地政府在应急指挥协调、信息报告、应急响应、扩大应急方面形成了一定的制度规范，明确了各部门的工作职责。如《广东省突发事件总体应急预案》规定较大以上突发事件发生后，事发地地级以上市、省直管县（市、区）人民政府要在两小时内将突发事件信息上报省人民政府，并向相关市人民政府通报。省人民政府加强与毗邻省、自治区人民政府以及香港、澳门特别行政区政府的应急管理交流合作，不断完善粤港、粤澳、泛珠三角区域内地9省（区）应急管理联动机制，为应对区域性突发事件提供合作与联动保障。② 近年来，从中央到地方都在不断探索应急处置中的应急联动机制，这不仅打通了部门、层级间的屏障，而且把握危机应对的最佳时间，增强了危机治理效果。如2008年汶川地震后，青海西藏两省建立地震应急救援的联动机制，第一时间分享震情、灾情信息，协同解决灾中运输问题。应急保障机制包括人力、财力、物资、基本生活、医疗卫生、交通运输、治安维护、市场秩序、人员防护、通信和广播电视、公共设施以及科技支撑等。以物资保障为例，民政部在北京、天津、沈阳、哈尔滨、合肥、福州、郑州、武汉、长沙、南宁、重庆、成都、昆明、拉萨、渭南、兰州、格尔木、乌鲁木齐、喀什等地设立19个中央救灾物资储备库，各省（自治区、直辖市）和多灾易灾的地市和县（区）设立了本级救灾物资储备库，“中央—

① 参见刘宏杰：《边疆民族地区突发事件应急机制研究》，中央民族大学博士学位论文，2010年。

② 参见《广东省突发事件总体应急预案》。

省—市—县”四级储备体系基本建立。① 目前,全国救灾物资储备网络已经形成,发达地区正在建立现代化救灾物资储备库,2017 年 5 月 6 日上海首个省级现代化救灾物资储备库揭牌启用。现代化储备库运用 RFID 射频、二维码辨识,以及自动控制系统总线等先进技术,初步实现了救灾物资的储备实体化、管理信息化和调拨战备化。实践中,社会参与机制的逐步完善在灾害救援中弥补了政府的不足之处,充分发挥了企业、非政府组织、志愿者、公民个体等社会各方力量的合力。1998 年抗洪救灾、2003 年抗击“非典”、2008 年抗击南方雪灾、2012 年汶川地震等救灾过程中,社会各界为灾区提供人力、财力、物力、技术等支持,积极参与灾害救治工作,灾后开展有效的心理救助工作。据统计,四川汶川特大地震发生后,我国公众、企业和社会组织参与紧急救援、深入灾区的国内外志愿者队伍达 300 万人以上,后方参与抗震救灾的志愿者人数达 1000 万人以上。② 充分彰显了一方有难、八方支援的中华民族传统美德。

四、地方政府危机治理理念逐步提升

地方政府灾害性公共危机应对中治理理念不断提升,主要表现在以下几个方面:第一,地方政府危机意识逐步增强,加大对于识灾、防灾与灾害应对技能的宣传教育力度。作为危机预警的心理基础,危机意识是有效应对危机的充分必要条件。近年来,各级地方政府普遍注重危机知识的宣传普及,让广大人民群众在危机中沉着应对,有效自我救助与互助。比如 2017 年甘肃省陇南文县政府以“5・12”地震九周年为主题在全县中小学校普遍开展防震减灾演练、地震科普知识讲座、地震知识竞赛、防灾减灾图片展等活动;8 月 19 日,由省地震局应急救援处、甘肃蓝天救援队、县委宣传部、武警中队、县消防大队、县地震局组成的文县地震应急科普宣传队,在祁连山水泥厂、石鸡坝村、城关镇鹄衣坝村、文县一中建设工地进行了地震应急科普知识宣传,科普知识宣传

① 参见 http://www.chinanews.com/gn/2015/09-10/7515416.shtml。

② 参见钟开斌:《中外政府应急管理比较》,国家行政学院出版社 2012 年版,第 288 页。

活动期间共发放地震科普知识宣传资料 4000 余册。以开展“世界水日”“中国水周”等活动为契机，利用县电视台、文县网等多种新闻媒体，采取群众喜闻乐见、易于接受的形式广泛宣传《防洪法》《山洪灾害防御措施》等涉水法律法规知识，同时还印发了《山洪灾害防御常识宣传手册》《文县防汛应急处置山洪灾害防御措施》等宣传资料 3 万册（张），通过发防汛知识宣传短信 5000 多条、悬挂横幅 50 条等措施进行广泛宣传。通过深入广泛宣传教育，进一步增强了全县民众防震减灾、气象灾害防御意识，提高了全县广大人民群众抗震防震和防御气象灾害的知识水平。第二，地方政府在灾害性公共危机应对中充分彰显人本理念。现代政府管理理念的出发点与归宿是以人为本，执政为民，责任是保护人民生命与财产安全。《国家突发公共事件总体应急预案》中对于工作原则强调的第一条就是以人为本，减少危害，强调政府要把保障公众健康和生命财产安全作为首要任务。实践中，从 1998 年的抗洪救灾、2008 年的南方雪灾和汶川地震到 2015 年天津港爆炸事件，地方政府都秉持“生命至上、人民至上”的理念，奉行“人命关天”的原则，竭尽全力保障人民群众的生命安全并给予灾区物资上的支持。第三，地方政府灾害应对中不断增强协同理念。“不谋全局者，不足谋一域。”邓小平同志曾说：“有些事从局部看可行，从大局看不可行；有些事从局部看不可行，从大局看可行。归根到底要顾全大局。”灾害性公共危机的破坏性、紧急性与不确定性需要各方救援人员的力量。从实践来看，灾害性公共危机发生后，灾区地方各级政府能够以全局发展和服务的理念、以真诚的态度、开放的胸怀协同基层单位人员、邻省（市区）、非政府组织、社会团体、社会各企业、新闻传媒、拥有专业救援技能的人才、志愿者等力量共同应对危机。地方政府协同理念的增强一方面激发了其他群体组织参与灾害救助的热情，提升了社会组织的社会责任感，另一方面为灾害应对提供了大量人力、物力与财力，弥补了政府能力的不足，提升了危机应对效果。

五、危机治理法治框架已经建成

自 1954 年首次规定戒严制度至今，我国颁布了一系列处理危机事件的法律法规,各地也颁布了一系列与本地情况相适宜的地方性法规。2003年后,我国遵循现代管理理念与现代法治理念,初步建立了从中央到地方的危机应对法律法规体系,形成了应急管理法治框架。我国的危机应对法律法规体系主要包括:一般的紧急情况法律规范,如《戒严法》《对外合作开采海洋石油资源条例》;战争状态法律规范,如《国防交通条例》《人民防空法》等;地震、洪灾、环境灾害等自然灾害类危机事件的法律规范,如《中华人民共和国防震减灾法》《中华人民共和国防洪法》《中华人民共和国环境保护法》;公共卫生类危机事件法律法规,如《中华人民共和国食品安全法》《中华人民共和国药品管理法》《中华人民共和国传染病防治法》《重大动物疫情应急条例》;社会安全类危机事件法律法规,如《中华人民共和国枪支管理法》《中华人民共和国消防法》《中华人民共和国治安管理处罚法》;事故灾难类法律法规,如《中华人民共和国安全生产法》《中华人民共和国矿山安全法》;以及公民权利救济法律规范等。①

2007年《中华人民共和国突发事件应对法》这部综合性的法律的出台是危机治理迈向法制化的重要的一步。总体来看,我国已形成了以宪法为依据,以突发事件应对法为核心,以相关法律法规以及具体的实施细则、条例、规章规定为配套的危机治理法治体系。

第二节 灾害性公共危机地方政府应对机制存在问题及原因分析

分析发现,灾害性公共危机地方政府应对机制存在问题及原因主要包括以下几个方面。

一、思想不够开放,危机意识不足

优良的社会文化环境与充足的社会安全意识是灾害性公共危机有效应对

① 参见朱陆民、董琳:《我国应急管理的法制建设探析》,《行政管理改革》2011年第6期。

的充分必要条件。调查表明,灾害性公共危机治理中,政府工作人员与普通民众思想不够开放,危机意识不足,这严重制约灾害性公共危机的有效应对。

第一,某些地方政府危机管理理念与意识不足。地方政府管理者局限于政治、国防、外交等方面的传统安全观的影响,缺乏与现代化相适应的正确的危机治理理念与意识。首先,我国政府正经历从“管理型政府”向“服务型政府”的转变,某些地方政府并未彻底转变执政理念,并未对其服务角色有充分认识。其次,公共服务的商品化趋势使个别地方政府盲目追求商品利益,缺乏应对危机事件的心理准备与能力。改革开放以来,随着市场经济的不断发展,人民追求个人利益的意识逐渐加强,个别政府官员利用公共权力为自己谋私利,腐败事件偶有发生,一些地方为追求 GDP 的增长盲目扩建,滥用行政职权,损害群众利益,损害政府形象,无形激发新的社会矛盾与社会危机,为危机事件的发生滋生温床。最后,一些地方政府官员存在侥幸心理。由于作为非常规事件的灾害性公共危机事件发生概率相对较小,有些地方政府官员在日常的行为中疏于防范,甚或为了搞“形象工程”为危机埋下隐患,一旦危机爆发,只能被动应对,增加了危机事件的破坏面与人财损失程度。

第二,有些地方政府管理人员思想解放不够,危机防范意识不足。灾害性公共危机应对包括预防与准备、监测与预警、应急处置与救援、恢复与重建四个阶段。我国有些地方政府危机防范意识不足,危机防范工作和应急能力建设存在不足,有时存在“兵来将挡,水来土掩”的心理,没有将危机应对的四个阶段视为完整的应急处置过程,而是倾向于“灾中”的应急处置与救援、“灾后”的恢复与重建两个阶段。在“灾前”的预防与准备、监测与预警阶段,个别地方政府对各自职能部门和管辖范围内的自然环境、地理位置、经济结构以及人口分布等薄弱环节并未严格进行定期检查与调研,对易诱发危机的危险源没有高度重视,这导致公共危机的风险评估存在信息误差,容易导致预案、预警出现漏洞,对极易发生的危机事件不能采取事先防范措施,缺乏应有的心理准备。另外,某些灾害性公共危机虽然引起地方政府一定的重视,也让地方政府在一定程度上对灾害有了更清晰的认识,但个别地方政府并未将对灾害的认识转移到对灾害的有效预防与预警,有些应急工作者更是未将危机预防作为常规性工作,即便开展若干预防工作,也是缺乏针对性,随意应付上级检查,这种滞后的危机防范意识是灾害性公共危机频发的重要原因之一。

第三,危机教育与宣传意识不足。公共危机存在于任何社会形态之中,社会主义国家也不例外。我国虽然自古讲“居安思危”,但对公共危机预防意识存在不足,教育、宣传与现实危机应对要求存在差距。就公共危机教育而言,我国中小学生尚没有专门化、体系化的危机教育课程,平时虽然开展危机教育,但并未形成常态化模式,并未完全让受教育者认识到危机教育的关键性,使教育客体参加防灾演习时缺乏认真、投入的态度,以致危机发生时茫然不知所措。就公共危机宣传而言,我国目前有诸如火灾、地震等的防灾宣传日,活动日宣传人员会向普通大众免费讲解危机知识,比如各种危机的特征、危机发生时的征兆、危机预防需要准备的物品与采取的相应措施、危机发生时的自救、他救方式以及邻里之间如何建立灾难互助计划等。然而,这种短期性、随机性、非常态化的宣传模式并未引起民众的高度重视,极少有受众会主动了解、思考这些应急知识,对发放的应急手册也是随意弃之。危机发生时,严重匮乏的危机意识使民众无从应对,只能“听天由命”。还有一些民众普遍存在侥幸心理,认为诸如灾害这样小概率的事件不会降临到自己头上,对于突如其来的危机事件由于缺乏应有的心理准备而不能有效应对。总之,危机教育与宣传意识的淡薄使广大人民群众不能科学认识危机,不能有效预防危机,更不能科学应对危机。这使得一些地方政府应对危机事件时由于缺乏民众的鼎力支持与配合而效率不高,不能在第一时间减少损失,维持社会秩序,确保当地生产、生活有序进行。

二、地方政府危机治理结构有待提升

灾害性公共危机影响灾区广大人民群众共同的利益与价值,保护公民的人身权与利益,维持社会基本价值是地方政府的基本职能与责任。但是,灾害性公共危机的破坏性、突发性、复杂性、动态性以及地方政府危机治理机构的非常设性与非系统性决定政府作为唯一的、单一的治理主体不能有效、快速、全面挽回灾区损失、保障灾区人民群众的生命安全与财产安全、实现灾后灾区的全面重建。地方政府需要全力整合社会各方力量，建立权责相匹配的社会风险防范机制，形成包容性、参与性同时具备的网络化治理结构。

第一，灾害性公共危机治理权力结构有待优化。我国“分类管理、分级负责、属地管理”的灾害性公共危机应对体制使其难以形成对抗灾害性公共危机的合力。从纵向权力分配来看，从中央到地方各层级政府经济社会发展的程度、拥有资源数量不同，因而危机治理的目标定位、职能设计、职责排序、机构分工、权责边界不同，易导致某些危机发生时，当地政府由于缺乏应对的财力、物力而不能有效应对，但又由于危机没有达到启动高一级应急响应的标准，无法向上级政府寻求资助，耽误了危机治理的效率。就横向权力分配来看，部门合理有效整合资源的能力有待提升。灾害性公共危机治理涉及民政、卫生、信息、公安、铁道、交通、环保、生产运输等多部门，需要各部门协调、共同应对，而现实中各部门在权责配置上存在“分段治理”的特征，即将一个规制对象根据流程进行切割分段，而由多个部门共同管理，每个部门各管其中一段。① “段”与“段”之间的流程复杂性不仅增加协调成本，而且它们之间模糊的责任认定导致出现“多家负责，无人负责”的现象。另外，各部门存在“利益封锁”问题，即不同的部门都从本部门利益出发作决策，而很难从全局出发考虑问题，这导致危机治理中中央与地方、不同部门、不同地区间在信息、物质、人才等资源方面不能充分协商，不能实现资源共享，有可能因监管不力、协作沟通不到位而错失危机预防的时机，延误处置危机的最佳时期。

第二，灾害性公共危机治理主体结构失衡。我国作为社会主义国家，深受马列主义思想的影响，深受“市场”为私、“政府”为公的二元框架的影响，广大人民群众普遍认为各级政府是公共利益的代表者，是公共物品与公共服务的提供者。灾害性公共危机破坏公共设施，损害公共物品，剥夺公民生命，损害公民财产，而保护人民的生命权，为人民提供公共物品与公共服务是政府的首要职责。因此，广大人民群众理所应当地认为治理灾害性公共危机是政府的“天职”。正是因为如此，人民群众过于倚重政府，使得政府在灾害性公共危

① 参见张翔:《中国政府部门间协调机制研究》，南开大学博士学位论文，2013 年。

机应对中保持着绝对的主体地位，而企业、公民、非营利组织、社区、国际组织等多元主体不能在灾害性公共危机治理中有效发挥作用，即便参与也是被动地配合，局限于现场的抢险与捐款。长期以往，这些多元主体丧失了参与的热情，使政府成为单中心的治理主体。然而，政府能力有限，一方面，灾害性公共危机的复杂性与严重破坏性使其单纯依赖政府的力量无法在有限的时间内完全应对。另一方面，危机治理中偶尔会出现信息不对称、公共产品供给不足、政府官员贪污腐败等政府失灵现象，而非政府组织、企业、公民以及社区、国际组织等恰恰能在一定程度上弥补政府不足，能够通过发挥专业优势充分整合资源，提供援助。因此，灾害性公共危机治理中，为了减少政府成本，减少资源浪费，有力应对瞬息万变的危机，实现危机治理的高效、快捷，需要建立多元主体协调联动的平台，重塑多元主体结构关系，形成上下应对、网络化治理的良好局面，形成公共危机治理中决断权力战时统一、组织权力平时分解和临境应急协同的统分结合的彼此依赖、权力共享的整体性网络治理主体结构，以有效应对各种公共危机。①

第三，灾害性公共危机治理资源结构不够平衡。我国灾害性公共危机治理责任单位自上而下分为国家级、省（直辖市、自治区）级、市级和县（区）级应急管理责任单位及其应急管理办事机构，以及参与应急响应工作的各级政府相关职能部门。② 各部门都需具备治理灾害性公共危机的人、财、物、政策等各类资源。然而，我国各级政府及相关部门灾害性公共危机治理资源结构存在不平衡，一方面，灾害性公共危机往往不是发生在某个特定行政区域，而是形成跨域公共危机，跨域公共危机治理的组织资源在面对跨区域、跨部门、跨行业的公共危机时，变成了一个个单一的拥有自我棱角的无法实现整合并共同应对跨域公共危机治理的个体，具有较强的分散性和分离化，无法使跨域公共危机治理的组织资源在有效整合的基础上发挥出高于各单一跨域公共危机

① 参见韦彬：《跨域公共危机治理结构：碎片化与整体性治理》，《经济研究参考》2014 年第 29 期。

② 参见唐攀、周坚：《非常规突发事件应急响应组织结构及运行模式》，《北京理工大学学报》2013 年第 2 期。

治理的组织资源之和的整体性力量，从而彰显出跨域公共危机治理的组织资源的结构碎片化态势。① 另一方面，不同地区经济社会发展不同，拥有的公共危机治理的资源必然不同，经济社会发达的地区拥有的资源较多，经济社会发展滞后的地区拥有的资源相对较少，而灾害性公共危机的发生频率、发生规模并不是和发生地资源的拥有量成正比。以人才资源为例，灾害性公共危机治理需要制定危机防范、应对、控制目标、计划，在危机中出谋划策、决策指挥，掌握核心技术，确保社会和谐稳定，由政治精英组成的高层次人才负责，需要以负责任的态度协助工作，及时公布信息，塑造良好政府形象，由危机执行者、公关人员和信息人员组成的中等层次人才负责，需要为危机治理提供后勤保障，由低层次人才负责。发生危机的某一特定区域无法保障三类人才同时具备，而且相对发达的地区人才储备充足，发展滞后的地区人才资源严重不足。人才资源的分布现象在其他的物力、财力等资源方面也同时存在，资源结构的失衡影响危机治理中充分发挥整体资源的优势，影响了危机治理效果。

三、社会转型期经济社会发展不平衡

改革开放以来，中国社会从农业社会走向工业社会，从自给半自给的产品经济社会走向社会主义市场经济社会，从伦理社会走向法治社会，从单一性质社会走向多元性质社会，从对社会的统治、管理逐步迈向治理。社会转型带来社会的整体结构、功能、资源、组织、社会身份等诸方面翻天覆地的变化，带来社会利益分配、社会沟通、社会保障等社会诸机制的变化，带来人们价值观念的不断变化。社会诸方面变化打破原有社会结构，重塑新的社会结构。社会结构的重塑导致社会运行趋于动态，引发一系列新的问题与新的矛盾。

第一，社会转型期，社会结构改变，利益格局调整，社会矛盾凸显。随着改革不断深化，社会的整体结构、功能、资源、组织、社会身份、区域结构等诸方面

---

① 参见韦彬：《跨域公共危机治理结构：碎片化与整体性治理》，《经济研究参考》2014 年第 29 期。

发生翻天覆地的变化，这使社会从单一性质走向多元性质。多元社会的多元利益主体在有限的资源下不断竞争，全社会引发阶级阶层利益关系、城乡利益关系、地区利益关系、行业利益关系、劳资利益关系等纵向与横向的利益关系失衡现象。利益关系失衡导致不同利益主体间的矛盾性、对抗性不断增强，导致不同群体趋于接受不同的价值观念，多元的价值观易引发价值体系紊乱，从而诱发层出不穷的新的社会问题与社会矛盾。

第二，经济与社会发展不同步，社会事业发展未能充分体现。社会每一领域都有自己的运行机理，有自己的核心价值。我国对经济发展的高度重视使市场经济法则至各领域，客观上导致对社会事业重视不够，投资不足，一些公共领域的发展，比如社会保障、公共卫生体系、社会风险防范等的投入与付出无法以经济回报来度量，因而缺乏资金支持，发展远远滞后于社会需求。经济理性主宰地位的凸显使经济与社会发展不同步，社会事业被扭曲，这无形增加社会风险因素，徒增危机发生的可能性。SARS 危机的发生充分说明对公共事业投入不足，医疗卫生事业严重滞后于工业化、城市化步伐，医疗卫生体系建设投入匮乏。因此，需要加强对公共事业的投入，保持经济与社会全面、可持续发展，减少危机发生的可能性。

四、技术落后，设备更新速度缓慢

随着经济社会不断发展，灾害性公共危机诸如化学污染、爆炸、辐射、毒气泄漏等不断增加，这对救援方式、救援技术、救援设备以及救援能力等提出挑战。实践证明，只有运用先进的科学技术与救援设备才能提高救援效果，减少灾害损失。但是，当前我国各级政府应用于灾害性公共危机治理的技术相对落后，救援设备老化，这与新时期新型危机需要的救援设备相距甚远。

第一，基础性和应用型的应急技术薄弱。总体来看，我国一些地方政府的防灾科技水平相对落后，技术单一，缺乏综合性，对一些重要的灾害缺乏有效的防灾措施，技术水平进步缓慢。欧美发达国家的城市综合防灾体系中，大多建立多级抗灾遥感计算机网络和抗灾救灾决策系统；欧盟国家已将卫星遥感应用到灾害形成过程、预警、减灾、灾害评估和管理中；澳大利亚的灾害遥感系统已经在国家的防灾规划及管理中发挥重大作用。① 我国在遥感技术、卫星、自动传输技术、生物技术、立体监测技术以及地理信息等新技术应用方面同发达国家相比差距较大,由于国家缺乏保障和促进地方政府防灾科技发展的有效机制,关于综合防灾的科研资金投入不足,研究薄弱,使应急技术缺乏基础理论支撑。若干地区应急技术标准制定不完善,甚或处于刚刚起步阶段。

第二,缺乏先进的应急装备。与国际先进应急装备相比,我国一些地方政府缺乏先进的应急装备,普遍存在装备老化的问题。我们通常采用较为简单的机械救援工具,救援中的生命探测仪、担架、警犬以及医疗设备等远远滞后于应急需求。以救援搜救仪器为例,国际通常使用的高端搜救仪为光学生命探测仪(俗称"蛇眼"),声波生命探测仪和雷达生命探测仪,我国也试图与国际接轨,将高端设备用于灾害救援。然而,国内一些高端设备并未完全发挥百分之百的功效,在汶川地震搜救过程中,生命探测仪在平时训练中可以隔五层楼板确定生者的位置,但在搜救现场,消防员探测到幸存者后打开楼板却发现只有一个沙发。高科技产品在实践中并未凸显"高"的含量,这与我国产品"国外化"有很大关系,我国生产民用应急救援设备产品的企业较少,有几家做国外代理,产品的起步晚与技术支撑不够拉大了与发达国家之间的距离。因此,突破产品的"国外化",实现自我研发道路才能实现应急装备的先进化。

第三,后勤保障设备严重滞后。灾害性公共危机治理中,物资调用等依赖于有力的后勤保障,后勤保障是否有序进行直接影响灾害性公共危机治理效果。我国地方政府的后勤保障设备层次不齐,经济社会发展态势良好的地方较发展滞后的地方后勤保障设备更好。以后勤保障设备中的交通设施为例,经济社会发展滞后的地区应急交通设施不足,道路阻塞使灾害性公共危机发生后无法顺利将所需救援人员、救援物资等运到现场,无法在灾后第一时间进行救援,造成了更大的损失与次生灾害。例如 2008 年的玉树地震,玉树处于西藏与四川的接合部,地广人稀,地形狭窄,运输能力薄弱,只有 214 国道通往

① 参见尚春明:《城市综合防灾理论与实践》,中国建筑工业出版社 2006 年版,第 191 页。

灾区，狭窄的道路紧急时刻只能单行，进入灾区的运输车辆严重拥堵。另外，玉树地震震中结古镇位于高原，4000 米以上的海拔使空气中的含氧量减少。救援人员不适应巨大的昼夜温差与多变的气候，严重缺氧，加之帐篷等后勤保障物资的缺乏使救援工作无法及时、有效开展。

第五章　灾害性公共危机中的地方政府应对

——国外地方政府实践

地方政府在灾害性公共危机治理体系中的作用是十分重要的,因为它是灾害性公共危机发生后需要最先做出反应的行为体。一些学者甚至提出,地方政府灾害应对机制的完备与否已成为判断一国灾害脆弱性程度的核心因素。① 而对于建设优良的地方政府灾害应对机制来说如下两个方面的建设至关重要:一是在中央政府与地方政府的灾害应对机制间形成一种合理分权、良性互动、有效协调的上下级关系;二是在地方政府与企业、社会组织以及民众等非国家行为体间形成一种信息沟通、相互交流、共同决策的搭档关系。

由于各国地方政府在应对灾害性公共危机中所扮演角色的不同,同时由于它们各自在本国政治与社会结构中所拥有的资源、所处的地位也不尽相同,从而使得各国地方政府形成了各种各样的灾害应对机制。本章主要通过案例分析的方法,以中央政府/地方政府、地方政府/非国家行为体两对关系的分析为切入点,对那些具有代表性的国外地方政府在应对灾害性公共危机中的行为及其运行机制进行分析和探讨,旨在归纳出各国地方政府应对灾害性公共危机中的各类优秀经验。

---

① Anderson, M., 1995, "Vulnerability to disaster and sustainable development: A general framework for assessing vulnerability", in M.Mohan & C.Clarke (eds.), *Disaster prevention for sustainable development: Economic and policy issues*, pp.41–59, World Bank, Washington, D.C.

第一节　发达国家地方政府应对灾害性公共危机的实践

经过数百年资本主义的发展，发达国家大都集聚了大量的物质财富，政府也往往具有较强的行动能力。面对灾害性公共危机，发达国家的地方政府经常凭借丰厚的资金和较为健全的政府机制在防灾减灾过程中表现良好。同时，发达国家的地方政府与诸种当地企业团体、社会力量以及国际组织有着较为固定的互动，通过这些互动，使其往往能够借助于这些力量进行灾害性公共危机的应对，从而进一步助益了地方政府的灾害治理行动。因之，在本节中笔者主要分析一些发达国家地方政府应对灾害性公共危机的诸种实践，意图为完善我国地方政府灾害治理能力和治理体系的现代化提供高度现代化地区的经验借鉴。

一、美国地方政府的实践

美国加州圣路易斯市很早就将防灾减灾纳入政府工作的核心内容之中，在资金、机制建设、政策宣传等方面都投入了较大的精力。他们认为，通过有效的灾害治理措施，可以将灾害予以消除。例如为进一步完善灾害治理机制，近年来圣路易斯市政府向公众开展了广泛的宣传，意在能够增加财政预算和机构扩充。他们宣传道："自然灾害是不存在的。洪水、地震、山体滑坡等自然现象之所以变成灾难是因为人类的应对能力薄弱、保护措施不力等造成的。这些问题可以通过有力的政策、果断的行动以及各个利益相关方的积极参与来解决。减灾是一项永不后悔的投资，因为它你能保护生命和财产，保障人们的生活质量。"①总体来看，圣路易斯市政府灾害治理机制的核心内容主要包括以下几点。

一是将灾害治理和社会发展的各项目标予以有机结合。圣路易斯市政府

① 周舟：《美国加州防灾：从纵向层级到平行划分》，《中国报道》2008 年第 8 期。

提出,要把提高抗灾能力作为他们的政治和可持续发展工作的首要任务。他们认为,重视灾害防护可以改善环境、社会和经济状况,增强应对气候变化的能力,并使社区更加繁荣和安全。为此圣路易斯市政府采取了诸种宣传措施,向各种行为体宣传和介绍各个组织之间工作和任务的密切相关性,从而把各种各样的利益相关网络有效地融入到灾害治理的机制中来。这些宣传措施主要宣传这样的思想:灾害治理有利于社会的整体性发展,有利于所有的利益相关者。例如就圣路易斯市政府来说,有效的灾害治理可以增强本地政治体制和政府机构的可信度和权威性,避免政府决策过于集中,同时还能优化资源配置并与国际标准和措施接轨;就社区和公民来说,有效的灾害治理可以最大限度保护生命和财产安全,大幅度减少死伤人数,还可以调动当地公民的参与意识,为当地的发展提供互动性平台。① 就圣路易斯市地区经济发展来说,有效的灾害治理措施可以保证投资者受到最小的灾害影响,引导其在房产等其他基础设施方面增加投资,同时还可以增加纳税基数,创造商业机会,刺激经济增长。

二是鼓励社会公众积极参与灾害治理。圣路易斯市政府认为,社区的参与为自己提供了最新的当地消息,从而保证了政府对于社区政策的针对性和直接性。为了使政策发挥效应,政府应该首先解决社区的紧迫问题,向人们显示政府的诚意,然后实施切实的、低成本的,但又是非常重要的措施来支持公民的行动。要制定鼓励更多人参与的政策,这样才能调动公众的积极性,提出符合当地情况的创造性建议,真正增强抗灾能力。其中最重要的方面就是在地方政府和最容易受到灾害影响的公民之间建立良好的关系,对社区的困难作出明确直接的反应。在这种认知之下,圣路易斯市政府制定了一系列旨在鼓励社会公众积极参与灾害治理的措施。例如,圣路易斯市政府每年都为志愿者应急服务处和社区宣传行动提供行动预算,这些预算包括应急反应车辆和设备费、新灾害评估软件使用费等诸多方面。②

---

① 参见王浩、闫超:《地震灾害保险的特征与作用分析》,《中国减灾》2013 年第 8 期。

② 参见 Virgina Kimbal:《美国加州社区如何预防次生灾害》,《联合国国际减轻自然灾害十年论文精选本论文集》2004 年 6 月。

三是不断完善灾害预警系统，提高灾害应急管理能力。圣路易斯市政府认为，有效的应急准备和反应计划不仅能挽救生命和财产损失，而且能够加快灾后重建的进程。准备工作和早期预警系统保证了受到自然或其他灾害威胁的城市、社区和个人能有充足的反应时间，降低人员伤亡和财产损失或环境破坏的程度。正是在这种认知之下，圣路易斯市政府将完善城市早期预警系统，提高灾害应急管理能力作为政府灾害应对能力建设的重要方面。具体的工作包括，建立相应的灾害应对立法机制，保证灾害应急工作是整个地方政府所有部门和组织的政策和行动的一部分，起草、评估并完善地方政府各个组织机构之间的组织准备和反应计划，保证计划切合实际；把当地灾害分析结果纳入通信和灾害准备战略设计当中，保证政府准备计划能够提供快速救援和生存物资供应的有效实施；建立包括保护措施和清晰撤退路线的早期预警和通信系统，避免过分依赖外来资源，鼓励参与并分享知识，同时模拟紧急情况检验灾害管理应急反应和公共信息公布的时效性。

二、日本地方政府的实践

2004 年日本西条市遭遇台风袭击，引发洪水和山体滑坡，造成了较为严重的人员伤亡和财产损失。灾害过后，西条市政府于第二年便开展了一项旨在提高公众灾害意识的项目，意在通过该项目培养公众的灾害应对能力。经过长期而持续的培训，西条市居民的灾害应对能力得到显著提升。这种长期投资的价值在 2011 年 3 月日本东部发生地震和海啸时得到充分显现，由于西条市政府、专业组织以及居民在灾害中的有效配合，使得受灾人员和财产损失降到了最小。① 具体来说，西条市政府所开展的提高灾害意识的培训项目主要通过如下几方面活动展开。

首先，确定提高灾害意识培训的核心工作。西条市政府认为要想提高公众的灾害应对能力，最为重要的是培养公众负责任的集体参与活动。而要想

---

① 参见 S.V.R.K.Prabhakar et al.，“Climate change implications for disaster risk management in Japan：A case study on perceptions of risk management personnel and communities in Saijo city”，*Environmental Hazards*，Vol.11，No.1，2012，pp.16-37。

做好充分准备并采取行动应对潜在的灾害风险，整个社区必须知道他们所面临的灾害和风险。动员公众负责任的集体参与减灾活动的关键是在地方政府制定的减灾方案中要将提高公众的灾害意识、强化教育和公众应对灾害的能力作为重点内容。只有这样才能使公众做好更充分的准备，并对当地的早期预警做出正确的反应。正是在这种认知之下，西条市政府于2005年之后在每年的减灾预算中都专门划拨出一项资金用于防灾减灾培训，并将提高公众的灾害意识、强化教育和公众应对灾害的能力作为政府开展防灾减灾活动的重点工作之一。例如在环境保护与自然灾害间的关系上，通过防灾减灾培训人们已经开始认识到，生态系统是自然灾害的天然屏障。良好的生态环境可以提高人们的生活水平，为人们提供高质量的饮用水、食品和其他天然资源，从而增强西条市的抗灾能力。保持人类行为和生态系统之间的平衡是减灾的良好策略，可以增强西条市的抗灾能力和可持续性。市民环境保护意识的提高有利于西条市防灾减灾行动能力的提升，一方面由于市民的支持，西条市的减灾预算能够得到很大社会力量的支持；另一方面，西条市的灾害治理政策也能够有效运行。

其次，开展具有针对性的防灾减灾培训。根据国际减灾经验，提高公众的灾害意识，一方面需要启动提高公众安全和减灾意识行动，告知公众当地所面临的风险和采取的减灾措施和步骤，包括潜在的气候变化的影响；另一方面需要鼓励当地社会力量、学校、公共传媒和私营部门通过宣传这些信息来加入并支持防灾减灾活动。西条市政府在认同上述普遍经验的基础上，又根据当地实际制定了更具针对性的防灾减灾培训。西条市政府面对的现实状况是，近年来随着大批年轻人的工作地变为东京等大城市，西条市的人口平均年龄已超过本来就已经不平衡的国家平均年龄。由于年轻人在社区互助和应急准备上的不足，老人和儿童已处于灾害危险的前沿。为应对这种状况，提高学生的灾害意识便成为西条市公众灾害培训的重点。在这种状况之下，西条市政府出台了把防灾减灾纳入正式的教育内容当中的政策，一方面政府与当地教育部门、教师、学生以及各种宣传机构合作，把减灾教育纳入学校各个年级的课程表内，以及所有的公司部门的工作范畴之内；另一方面政府积极从相关的组织和机构获取必要的课程编制技术支持，主张在总结并从过去的经验中学习的方式提高学生的灾害意识。

最后，以公众灾害意识培训为突破口，开展了一系列的配套性培训。西条市政府明确地认识到，虽然提高公众灾害意识可以降低灾害对公众的损害，但防灾减灾的关键主体不可能是公众而应是政府以及其他专业组织，只有提高这些行为体的防灾减灾能力，才能将灾害的影响降到最小。因此，近年来西条市政府以公众灾害意识培训为突破口，开展了一系列的配套性培训。这些培训包括，一是建立可持续的、永久性的培训计划，对地方政府的领导和职员、社区合作伙伴和各类社会经济领域专业人士以及当地和国家专门机构人员进行培训。二是与当地机构如红十字会、学校、非政府组织以及其他社会人员建立紧密的合作网络。三是对市政部门和应急管理部门、消防救援部门、医疗应急小组和执法人员、专业工程师、水源和卫生管理人员、勘察和规划人员、环境健康和通信部门、当地媒体、社区领导、教育工作者等首要培训对象开展重点培训，对这些重点培训对象定期下发灾害应对手册和其他指导材料，并提供短期培训和持续培训。

三、法国地方政府的实践

法国卢瓦尔河流域是洪水等自然灾害的多发区。流域内共有六个行政区（Auvergne, Bourgogne, Centre, Languedoc Roussillon, Limousin, Pays de la Loire），常住人口 40 多万人。近年来，为应对洪水灾害，这六个行政区的地方政府采取了一系列防范措施。然而与地方政府较完善的灾害应对机制相对照的是，该地区民众的灾害防范意识和灾害处理能力则较弱。为提升该地区民众的灾害防范意识和灾害处理能力，六个行政区的地方政府联合组织了一场被称为“灾害备忘录”（Memo’Risks）的活动，该活动始于 2008 年 2 月结束于 2009 年 8 月，历时 18 个月。①

① 参见“United Nations secretariat of the International Strategy for Disaster Reduction”，*Local Governments and Disaster Risk Reduction*，2010，pp.18-21，http://www.preventionweb.net/english/professional/publications/v.php? id=13627。

六个行政区的地方政府联合发动组织区域内的1000名中学生进行一项关于“区域内居民对特定自然灾害(如洪水)知识了解情况”的调查。该调查活动涉及16个政府部门,18个城市,11个辛迪加跨区域企业,几乎覆盖了Loire河流域的所有人口。活动期间,多家当地媒体在地方政府的调动下对其进行了跟踪报道,共发布新闻稿30多条。该调查活动强调对地方性和日常性灾害经验和知识的统计和记录,为了使中学生能更好地介入进来,调查活动还要求他们记录自身的相关灾害经验与知识。调查方式也是多种多样的:可以是统计当地居民对灾害知识和灾害应对能力的掌握情况,也可以记录老人对于灾害的历史经历、记忆以及他们的建议,也可以是对当地商业机构对于灾害影响他们工作程度的分析,等等。换句话说,该活动要求学生们实行的是一项可以感知的、可参与的灾害信息调查。而对于这些调查结果,地方政府可以借鉴并进行下一步的灾害分析、定位和灾害信息发布内容设计等活动。

在调查活动中,地方政府通过提供灾害信息知识指导、问卷内容设计与问卷经费划拨等方式来帮助学生。可以说,灾害备忘录活动将地方政府和学校联合起来,共同向民众宣传关于灾害预防和应对的各种知识。对于地方政府来说,这件事使地方政府明白如何主动改变民众的意识,从而使其能对地方政府的灾害应对机制的进一步完善提供社会支持。Etablissement Public(EP)参与了这一项活动,该组织主要负责Loire河流域的水务管理工作,具体包括洪灾防治、水文线测绘、水域环境保护、水上旅游管理等。作为灾害备忘录的合作者,EP的工作性质使其能够与多种地方行为体关系紧密,而且提高了地方政府和学校间合作的密度。此外非政府组织Prevention2000也参与了这一活动。

总体来看,灾害备忘录活动成功地提高了公众的灾害防范和应对意识,同时也很好地教育了调查者自身。特别是学生们的调查活动为地方政府提供了绝好的机会,可以使其与公众通过新闻媒介沟通关于灾害的各种问题。学生们在此过程中扮演了重要角色,他们收集了公众对于灾害知识的掌握情况以及预防经验,他们成了媒体津津乐道的话题。在这一活动中有着重大象征意义的一步是,学生们将他们的调查报告递交给市长,从而将该区域内的人尽可能多地纳入到该活动之中。可以说灾害备忘录活动是一箭三雕的成功实践：它可以把学生和社区居民结合起来，共同增加他们对于灾害的认识；而调查的结果可以为地方政府所使用，作为进一步教育和灾害应对的参考资料；它还是一种参与式的活动，可以使灾害预防和应对知识得到有效的普及和宣传。

四、德国地方政府的实践

自20世纪70年代以来，德国各级地方政府便开始进行灾害监测的制度化建设，到90年代初，就已经建立了较为完备的灾害监测和预警体系。目前德国各州和地方政府部门都设有灾害监控中心，可以对发生在各自区域内的诸种灾害进行全天候、缜密的监测和预测。① 总体来看，德国地方政府的灾害监测和预警体系主要包括：在地方政府支持下所建立的民间灾害预警体系、地方政府机构内部的预警体系、地方政府和企业联合组成的预警体系。

在地方政府鼓励下所建立的民间灾害预警体系的出现可以追溯到冷战初期，为了应对战争，两德各自在其境内建立了诸多民间预警点，负责向民众告知紧急事件，预警点通常由所在地居民志愿担任。冷战结束后，这些预警点并未解散，而变成了对自然灾害的预警和监测机构。目前，德国全境共有16个民间灾害警报点，各个警报点都设在冷战时所构筑的地下掩体内。除少数正式工作人员外，大多数工作都由志愿者承担，每个警报点大约有200名的志愿者。一旦当地发生灾害，他们会用警报器向总警报局发出警报，并由总警报局向他们发布政府的灾害应对命令，他们然后将这些命令迅速通知当地居民使其做好准备。目前，全国共架设了近10万个电动警报器，200多个高音警报器，它们共同组成德国的民间警报网，而在企事业单位也有相关设施与这些警报器相连。②

针对不同类型的自然灾害，德国地方政府机构内部也建立了诸多警报机制，目前已形成较为完善的预警体系。例如在应对雪灾方面，德国各级地方政

---

① 参见钟开斌：《中外政府应急管理比较》，国家行政学院出版社2012年版，第80—92页。

② 参见李艳艳：《德国灾害管理系统》，《消防科学与技术》2013年第6期。

府都组建了专门的雪灾防治中心，由各级行政机构的电力、气象、交通等部门共同组成，对雪灾进行监测。而在应对洪灾方面，各州也设立了专门的洪水预报中心，采取四级警报体系，及时向民众预报实时状况，同时还不定期深入社区向居民培训四级预警体系知识和其他的防灾防洪知识。而在全国的各个流域，也都分别建立了洪水预警系统，借助于地理信息系统、遥感系统等先进技术对流域内水流状况进行监测和预报。

德国地方政府与广播电视、卫星通信等企业联合组成预警体系。借助于广播电视，地方政府可以向区域内民众发布灾害警报信息。目前，通过广播电视可以向公众发出诸种灾害官方公报，在电视上，警报内容可以在正常广播电视内容中插入，也可以与正常内容同时在电视中出现。借助于卫星通信，地方政府可以及时将灾害区信息通报给中央政府，也可以在正常通信中断或受干扰的情况下，借助于特殊通道与中央政府和其他行为体进行沟通，当然也可以通过手机等通信手段将灾害信息和应对措施发送给当地民众。

德国地方政府还与安全服务企业进行合作。近年来，德国地方政府在灾害治理的建设中面临着一个问题，即由于民众灾害意识的提升意味着政府需要大幅度提高灾害公共物品数量的供给，但因其所能动员的资源有限，从而使地方政府将有可能面临严重的财政危机。与此不同，安全服务企业在灾害治理中则不大可能遇到这些问题，作为消费者，民众认为安全服务企业治理灾害的措施应是即时性、个体性的；而作为公民，民众则要求政府对诸种灾害进行长期性、集体性的治理。换句话说，除非是已向其付费，否则消费者不会认为私人安全服务企业有向自己提供灾害治理服务的义务；但与此不同，无论政府财政状况如何，公民则始终认为政府向其提供广泛的灾害治理公共物品是它们的应尽之责。正是在这种情况下，德国地方政府还与安全服务企业进行了多方面的合作，积极鼓励安全服务企业向本地区民众提供灾害治理服务。如今，安全服务企业提供的灾害预警服务包括灾害识别和灾害评估这样两种，灾害识别主要对特定消费者可能面临的潜在灾害及该灾害未来走势的分析；灾害评估则主要估算这些灾害对特定消费者所造成的影响程度，并确定治理灾害时的优先处理事项。

第二节　发展中国家地方政府应对灾害性公共危机的实践

由于历史和现实两方面的原因,大多数发展中国家地方政府的机制往往存在着不同程度的缺陷,地方政府的灾害治理能力也较为低下。面对突如其来的大型自然灾害,发展中国家的地方政府往往应对不力。然而与此种状况相并行的是,由于受到诸种自然灾害的频繁侵袭,发展中国家的地方政府也积累了大量灾害治理的实际经验和教训。通过对正反两方面经验的总结,许多国家的地方政府往往会以完善某一具体环节的灾害应对为突破口对其灾害治理能力和治理体系进行修复和完善,进而形成具有发展中国家特色的地方政府灾害治理模式。显然,这样一种在曲折式发展过程中形成的灾害性公共危机的应对经验对于同样是发展中国家的中国有着重大的借鉴意义。

一、孟加拉国地方政府的实践

孟加拉国位于印度次大陆,该国大部分地区属亚热带季风气候,是热带飓风和洪水等自然灾害的多发区。长期以来,由于灾害应对机制落后,加之可使用的公共资源有限,使得孟加拉国地方政府在灾害性公共危机的应对过程中的表现并不尽如人意。然而自 2003 年的全面灾害管理工程(The Comprehensive Disaster Management Programme)实施以来,孟加拉国地方政府的灾害应对机制得到很大程度的优化,灾害应对能力也相应得以提升。

全面灾害管理工程由孟加拉国食品与灾害管理部(the Bangladesh Government's Ministry of Food and Disaster Management)发起,参与者包括中央政府、地方政府、各种社会力量以及企业团体等。该工程旨在提升孟加拉国地方政府的灾害应对能力,包括风险评估能力、灾害管理能力、资金汲取和有效使用能力等诸多方面。而具体目标则包括:一是吸引和鼓励地方政府,使其全身心投入到灾害治理工作中来;二是增加地方社会力量参与应对灾害活动的频度和力度;三是创立标准化的灾害评估程序,使其能够适用于各种灾害环境;

四是使中央和地方政府成为应对灾害的主导力量。① 需要说明的是,虽然全面灾害管理工程的提升对象是地方政府,但其主要针对基层地方政府,即村落联盟(Union)。在下文中笔者重点介绍两个实施情况较好的地方,潘瑞沙德村落联盟(Union Parishads)和希里拉村落联盟(Sreeula Union)的灾害性公共危机应对机制的提升过程。

（一）潘瑞沙德村落联盟的实践

潘瑞沙德村落联盟归乌帕孜拉市镇(the sub-district of Upazila)管辖。潘瑞沙德村落联盟属于自治区域,其管理机构通过当地几个村落的共同选举来推出(每个村落大约有27000人),联盟的主席和成员的每届任期均为五年。在全面灾害管理工程的实施过程中,首先由孟加拉国中央政府指导,在潘瑞沙德村落联盟内建立了一个联盟灾害管理委员会(Union Disaster Management Committees),该委员会由孟加拉国中央政府托管。接着便提出一个标准化的地方灾害评估指导方案,借助于此来帮助联盟灾害管理委员会提升灾害评估的能力。有400多名NGO人员也参与到了这一工程中来。他们主要负责灾害评估的标准化工作,即主要通过科学手段来确认、分析和评估当地的各种灾害及其所产生的破坏性,接着把科学数据、科学预测与当地的实际状况、灾害历史记录相结合,最终形成了包括当地可能发生的所有灾害及具体分布区域、各种灾害可能产生的诸种破坏后果的力度等内容的标准化灾害评估报告。

基于标准化灾害评估报告,联盟灾害管理委员会便形成了一项灾害应对行动方案,主要包括应当防范的灾害的先后次序及行动秩序。该行动方案保存在联盟灾害管理委员会,用来指导下一步行动。在灾害应对行动方案的指导下,确立由地方灾害应急资金提供支持的优先资助工程。这些工程主要用来建设应对灾害的基础设施和减少弱势群体(妇女、儿童、老人、残疾人等)的灾害脆弱性,例如建设灾害应急物资的储备室、购买应急通信设备、弱势群体

---

① 参见"United Nations secretariat of the International Strategy for Disaster Reduction", *Local Governments and Disaster Risk Reduction*, 2010, p. 2, http://www.preventionweb.net/english/professional/publications/v.php? id=13627。

灾害应急通道建设、居民房屋的改造和搬迁等等。为保证工程实施的透明度，在联盟灾害管理委员会的组织下成立了工程实施监督委员会，它的成员由联盟灾害管理委员会成员、学校教师、社会组织成员、村民代表等多方人士共同组成。工程实施监督委员会主要负责监督这些工程的具体实施过程。通过这些措施，潘瑞沙德村落联盟的灾害性公共危机应对机制得以完善。自 2008 年工程完成以来，潘瑞沙德地区在飓风和洪水中受到的经济损失显著下降，人员伤亡数量锐减。

（二）希里拉村落联盟的实践

希里拉村落联盟位于孟加拉国的西南部，属于撒克汉纳地区（the district of Satkhira）管辖，人口约 5 万人。由于地理位置滨海，希里拉村落联盟属于洪水泛滥区，同时近年来由于大量使用化肥和取消休耕期而正饱受土地盐碱化的困扰。

与潘瑞沙德村落联盟一样，在全面灾害管理工程的实施过程中，首先由孟加拉国中央政府指导，在希里拉村落联盟内建立了一个联盟灾害管理委员会。委员会建立后，便由管理委员会牵头开始设计灾害应对行动方案（The Risk Reduction Action Plan）。行动方案的设计主要由两方面的内容组成，一方面是关于灾害的科学数据的提供，另一方面则是关于灾害应对工程项目的设立。灾害的科学数据主要由地区发展组织（ADO）这样一个专业组织提供，待数据提供后，便在联盟灾害管理委员会领导下举行利益相关者座谈会，参加者包括妇女代表、老人代表、拥有土地的村民、渔民、生活无力者以及无地村民。通过座谈会，联盟灾害管理委员会广泛听取各方的意见，并最终制定出灾害应对方案。该方案的内容丰富，包括详细的人口分布统计表、各种灾害发生地区的预测图等。此处引用该报告的摘要部分：

我们认为，本地最显著的灾害包括洪水、水涝、海岸侵蚀、飓风和快速增长的土地盐碱化。由于这些灾害，区域内 90%的家庭在灾害中可能出现安全饮水的威胁，121 公顷的农作物将会受到严重损害。基于此，短期内应实行数十种灾害治理措施，但最迫切的则包括：（1）建立抵御不同灾害的意识，发展耐碱性农作物的方法和生活状况的选择；（2）发展一种新的农作物日历，从而避开季节性灾害;(3)推广水田收割机器和池塘砂石过滤器;(4)提高区域内对潮汐和飓风的预警系统;(5)兴建和维修飓风避难棚。①

借助于灾害应对行动方案,在联盟灾害管理委员会的领导下,潘瑞沙德村落联盟开始实施上述工程,从而增强了该地区的抗灾害能力。在这一过程中,联盟灾害管理委员会是核心的推动者和领导者,虽然它的搭档地区发展组织扮演了服务商的角色,尤其是在利益相关者座谈会上提供了核心的科学数据。但灾害管理委员会却参与了项目的所有环节:在应对方案的设计过程中,是委员会确定了座谈会的议程与核心议题,同时还组成了监督委员会;在实施环节,委员会负责资金的使用和管理,用最小的投入做了最大的事。

二、南非地方政府的实践

南非开普省下辖的奥文斯坦德市(Overstrand Municipality)是一个海岸城市,该地风光秀丽,旅游业较为发达。然而随着季节性人口的快速增长,使得该地的需水量大幅度增长,从1960年的200万立方米增加到2000年的1500万立方米,而到2006年则进一步上升到2500万立方米。与需水量急剧上升相矛盾的是,该地水资源的供给主要靠水坝,年均蓄水量仅为1300万立方米左右。这种对水资源的超负荷使用导致近年来该地出现了大量自然灾害,其中最为严重的就是由于降水量急剧下降导致的干旱以及持续高温。

面对这种状况,奥文斯坦德市开展了一系列的灾害应对活动,以减缓干旱和高温对当地所造成的影响。在实践过程中,奥文斯坦德市形成了一项以加强用水管理、开发新水源为核心目标的综合性、长期性的灾害管理工程。随着该工程的实施,近年来该市辖区内的水资源紧张状况明显改善,而区域内的干旱和高温状况也得到一定程度的缓解。

奥文斯坦德市开展的灾害管理工程始于2004年,该工程以南非国家水务和森林部搭建的国家平台为指导,结合当地实际情况而最终设立。该工程的

① 参见"United Nations secretariat of the International Strategy for Disaster Reduction",*Local Governments and Disaster Risk Reduction*, 2010, p. 6, http://www. preventionweb. net/english/professional/publications/v.php? id=13627。

管理者由奥文斯坦德市政府承担，主要资金也由市政府负责。除奥文斯坦德市政府外，其他参与者还包括南非国家水务和森林部（主要承担国家政策法规实施的监督工作），开普省生物多样性研究中心（主要负责提供环境保持和水资源循环等方面的技术指导），昂路河（The Onrus River）管理委员会（主要负责监督工程实施过程中的水资源污染问题）。① 该工程所采取的具体措施主要包括以下几个方面：

首先，以清除侵略性外来植物为灾害管理工程的切入口。通过多方面的调研和分析，人们发现造成当地水资源紧张的原因除了居民需水量大幅度增长以外，大量侵略性外来植物的广泛生长也十分关键，而区域内出现的自然灾害也与侵略性外来植物的蔓延关系紧密。“侵入性外来植物对于当地生物多样性、水资源利用、自然生态系统以及土地使用都有很大的影响。他们增加了火灾的可能性，吸收了大量的水资源。”在此认识之下，奥文斯坦德市政府通过发动当地居民开展了一场旨在清除侵略性植物的工程，该工程主要通过使用割除、烧毁，使用安全性除草剂等措施实现。在侵略性外来植物被清除以后，奥文斯坦德市政府又通过鼓励、补贴等方式促使当今居民种植那些需水量较小的本土性蔬菜和庄稼，从而进一步巩固成果。如今本土性蔬菜和庄稼的种植范围已基本覆盖区域内的所有土地。

其次，以实现节约用水为灾害管理工程的重点措施。奥文斯坦德市政府面临的最直接问题是区域内的用水短缺，为解决这一问题，市政府开展了一系列的节约用水工程。该工程由宣传、奖惩并行、任务转向方面组成。就宣传来说，市政府开展了多方面的节约用水宣传，通过在学校、社区等地方张贴节水宣传条幅等方式，向民众宣传节约用水的重要性，例如鼓励居民安装低需水量淋浴喷头和卫生设备等。就奖惩并行而言，市政府出台了多项节水性政策，例如改变了水费的收取方式，新政策规定每月用水少于 6 立方米的家庭当月水费全免，而对于超过 30 立方米的家庭加收超额水费。就任务转向而言，通过

① 参见 Mary R.Tomlinson，“Managing the risk in housing delivery：Local government in South Africa”，*Habitat International*，No.3，Vol.35，2011，pp.419-425。

与开普省生物多样性研究中心、昂路河管理委员会等机构的沟通与协调，市政府出台了多项旨在提升水资源再利用的政策。例如新政策规定可以用处理过的污水灌溉高尔夫球场或其他体育场地，以前这些处理过的污水被直接注入昂路河，而使用饮用水来灌溉高尔夫球场和其他体育场地。同时对于市政府来说，由于处理过的污水费用低于饮用水，污水的再利用也使得奥文斯坦德市增加了新的财政来源。

再次，以开发新水源为灾害管理工程的长期目标。通过战略性分析，奥文斯坦德市得出这样的结论，即旅游人数的快速增长是导致区域内水资源短缺的重要原因，然而同时旅游业的发展也为当地经济发展作出了巨大贡献。因此，在解决水资源供需矛盾时需要从供给方面着手，而不能期望需求的大幅度减少。在这一认知之下，奥文斯坦德市将开发新水源作为可持续性发展的核心，并将其纳入灾害管理工程的长期性规划。通过考察，市政府认为可以通过开采地下水来实现替代性水源的开发。然而在实际工作中市政府却面临着两方面的挑战，一方面，开普省生物多样性研究中心和当地居民都对开采地下水持怀疑态度，他们认为地下水的开采有可能破坏当地的生态系统，最终导致更大规模自然灾害的出现；另一方面，通过检验，发现地下水中含有过量的铁元素，需要经过过滤等措施才能为人民所使用。面对这两方面的挑战，奥文斯坦德市采取了两方面的措施予以应对，一是成立地下水监测委员会，该委员会由政府部门、科研机构以及当地居民的代表三方组成，主要职责是对地下水开采进行全程监控，并以三方讨论得出的开采量为地下水开采量的上限；二是通过将各种私人企业引入水务管理机制中，以容许这些企业开办地下水过滤工厂的方式激发他们参与灾害管理的热情。通过采取上述两种措施，奥文斯坦德市的地下水开采工程得以顺利进行。

三、马来西亚地方政府的实践

马来西亚的吉隆坡市地处地震板块的活跃区，加之年降水量极为丰富，从而使得当地常年受到地震、洪灾、山体滑坡等自然灾害的困扰。为应对上述灾害，当地政府经过长期实践最终形成了以公共基础设施加固为重点的防灾减灾措施。吉隆坡地方政府认为，预防措施可以避免灾害对供应网络、电网和基础设施的破坏，造成严重的社会和经济损失。例如倒塌的大楼往往是地震中造成人员伤亡的最大原因。糟糕的道路规划和无效的排水系统则会导致山体滑坡的危害度骤升。生命供给线如公路、桥梁和机场、电力以及通信设施、医院、能源、供水系统等都应是在应对灾害时予以特别保障的。在上述认知之下，吉隆坡地方政府于2004年开始筹资20亿马币对当地的基础设施进行加固和维修，工程历时三年多时间，自2007年投入使用以来共成功化解了至少七次洪灾和地震危害，避免了数十亿马币的潜在损失。① 具体来说，吉隆坡地方政府的活动主要包括如下几个方面。

首先，着力加强已有基础设施的保护。吉隆坡市政府面临的一个重大问题是，当地已有的基础设施已经有很多年头，一旦灾害出现，这些基础设施根本无法抵御相应的破坏。面对这种状况，吉隆坡市政府将着力加强已有基础设施维护和维修提到了政府灾害治理工作的首要行动中。具体的活动有，一是出台地方性的政策、制定管理策略和规划，应对地理、气候和其他灾害或极端气候现象，特别是把结构性和非结构性结合起来共同加强基础设施保护；二是评估各个系统的风险，鉴定各个系统的运作、效率和功能，并制定计划重新设计或改善这些系统，保证他们的正常运转；三是确认可能潜在改变洪水形态的环境变化，考虑气候变化的影响，如暴雨增多、降雨量增加等，同时建立早期预警和监测系统，随时注意灾害是否已经接近标准值；四是充分考虑道路和场地的规划，使其在紧急状态下实现无障碍通行，包括地震发生时的疏散通道，保证所有的公共建筑都满足抗震要求，随时监督开发商或建筑商是否遵守相关规范。

其次，积极建设具有抗灾能力的新型基础设施。在着力加强已有基础设施建设的基础上，吉隆坡市政府还将建设新型基础设施作为应对灾害的重要工作，每年都从政府财政预算中拿出一定份额的资金开展该项活动。其中核

---

①　参见张平等:《基于防灾视角下地下道路开发利用:以马来西亚吉隆坡地下道路为例》,《地下空间与工程学报》2012年第12期。

心的工作有，一是建立抗灾和安全防护的最低标准，并作为城市规划不可分割的一部分；二是在正确的位置进行投资、计划并建设新的可持续基础设施，以保证达到高抗灾标准和高适应气候变化的能力；三是评估维修和保养工作的重点，翻新、重新设计或拆除了一批破损和年久失修的建筑；四是采取预防性措施，保护那些受到破坏、弃之不用的建筑，不让人居住在这些房子里，以防止对人身安全造成威胁。①

最后，将多种社会力量纳入到基础设施的重建和维修过程中。吉隆坡市政府认识到，基础设施的重建和维修需要动用多种组织机构的力量，只凭借政府的力量很难在短期完全实现。一个规划良好、参与众多的重建过程可以使城市自身重新获得恢复的能力，恢复其经济增长的能力，使市民有能力重建他们的生活、房屋和提高生活质量。具体的工作包括，一是与社会力量合作与对话，实现对自然和文化资源和遗产的有效保护；二是推动多方共同参与评估基础设施的重建和维修计划，确保把脆弱性最大的地区作为首要的目标；三是加强合作伙伴和网络的建设，找出强化这种多元参与网络的新途径，充分吸收社会力量所具有的技术和科学，将其应用到基础设施的重建和维修过程中。

四、巴基斯坦地方政府的实践

2005 年 10 月 8 日的大地震可以说是巴基斯坦历史上最严重的一次。地震造成了 73000 人死亡，128000 人受伤，280 万人无家可归。地震发生后，巴基斯坦政府反应迅速，政府组建了联邦救灾委员会（National Agencies for Relief and Reconstruction）和地震安置和重建机构（the Earthquake Reconstruction and Rehabilitation Authority）。其中地震安置和重建机构主要负责灾后重建工作，实施了多项针对灾害地区的灾害管理工程。

自成立以来，地震安置和重建机构就一直致力于培养地方政府的灾害应对和管理能力。从 2007 年 2 月开始，在地震安置和重建机构的推动下，一项旨在提升灾区地方政府灾害应对和管理能力的规划开始实施，联合国灾害治

① 参见臧克：《马来西亚培训有感》，《中国减灾》2009 年第 8 期。

理委员会(UNISDR)也被邀请参与。经过多次调研和磋商,地震安置和重建机构最终提出,该活动的重点目标在于提高地方政府对于灾害的预防和应对能力,以及对变化性灾害的适应能力。

活动开始后,首先建立了灾害管理联席委员会(Union Council Disaster Management Committees),管理委员会由地震安置和重建机构的官员和灾区省级政府的官员共同组成。灾害管理联席委员会成立后的第一项工作是绘制灾区灾害指数图(hazard index maps)。由于地震之后灾区所面临的最大风险就是山体滑坡和泥石流等次生灾害,因此在指数图中需要明确标出气候和环境变化对区域内山体滑坡、泥石流等灾害的影响程度和影响区域,此外还在地图上标出历史上重大灾害的发生地。在绘图的过程中,联合国灾害治理委员会被邀请提供技术咨询和指导。灾害指数图绘制成功后,灾害管理联席委员会将指数图分发给各级地方政府,并责成各级地方政府制定灾后重建工作的规划和行动方案。①

这些行动方案主要包括以下几方面的内容。一是依照灾害管理联席委员会的模型在各个层次建立地方灾害管理联席委员会,主要负责各级灾害应对工作的指导和监督;二是以灾害指数图为指导,设计出针对各种地区的灾害应对指南;三是针对各级地方政府工作人员的培训计划,主要培训政府工作人员灾害预防和应对技能,特别是阅读灾害指数地图及其相关材料、灾害评估和设计应对方案等内容;四是在各个层次建立灾害应对材料储备库,主要储备帐篷、毛毯、铁锹、备用电池等储备物资;五是招募应对灾害的社会志愿者,并对其进行灾害指示图识别、搜寻和营救、公共信息获取等灾害应对能力的培训。依照上述行动方案,各级地方政府在后期的灾害处理工作中表现良好,地方政府对于灾害的预防和应对能力,以及对变化性灾害的适应能力得到显著提升。

五、秘鲁地方政府的实践

2007 年 8 月 15 日,在秘鲁的中海岸地区发生里氏 8.0 级的大地震。据

---

① 参见 Andrew Wilder,"Aid and stability in Pakistan: lessons from the 2005 earthquake response", *Disasters*, No.3, Vol.34, 2010, pp.406-426。

秘鲁官方报道，此次地震共造成500多人死亡，1300多人受伤，受损房屋13000多间。尽管采取了许多应急措施，但早期救灾活动显得依然非常混乱、缺少协调，外界无法知晓受灾的确切情况。这主要由于地方政府灾害应对能力的低下以及地方政府和中央政府的政治争吵所造成的。地震发生后不久，地方灾害应对系统就很快崩溃了。最初的反应是一团糟：电力和通信的中断妨碍了有效的沟通，而且许多市长自己也受伤，或者自己的家属受伤或死亡，从而使地方领导权缺失。责任也没有明确，地方政府觉得中央政府应该担任更大的领导权，但中央政府的官员则认为地方政府应采取首先行动。这主要由两方面的原因组成，一是由于巨大的灾害超出了地方政府的应对能力，二是许多地方政府尚未建立应急委员会，或者即使建立也缺少资金支持。

同时，由于地方政府的领导人应该是灾害管理委员会的领导，但这些领导自身也没有受到必要的训练而缺乏应对灾害的能力。这主要是由于2007年正是秘鲁地方政府的换届年，许多领导执掌政府刚刚几个月，同时由于民选原因，这些领导往往只在意他的政治支持者和联盟，从而造成的结果是制度建设和能力建设缺乏。而在一些区域则由于原任领导的连任，则在一定程度上缓解了这种压力。变动的政府使得投资和发展灾害应对系统并不成为首要选择，从而导致资源短缺。许多地方政府领导抱怨，灾害应急措施应该获取更多的资金支持。但在实际中，其他的事项如就业、教育、卫生、住房、公共基础设施建设则成为了首选。在许多情况下，灾害应对系统建设成了一种基于团结一致的自愿行为，并没有强烈的责任感去做这件事，更没有强烈的责任感去监督是否有一个负责任的应对机制建立起来。

灾害发生后，在秘鲁中央政府和联合国灾害治理委员会的共同发起下，一项旨在提高地方政府灾害应对能力的活动开始实施。这项活动首先对地方政府在灾害治理中的角色进行清晰定位，尤其是对其在灾后重建中的重要性予以了特别注意，因为只有地方政府才会在其他灾害救援者离开之后继续工作。而在具体行动中则主要侧重于地方政府在受地震影响的区域进行协调的能力，从而可以使以发展为导向的灾害重建计划得以执行，同时也注重培养地方政府对灾害治理发展计划的自主更新和补充能力。① 其中一些可以借鉴的具体措施包括：一是把灾害重建的领导权下放到地方政府，因为只有他们是在这块土地上最适合从事发展和重建工作的行为体；二是对地方政府的工作人员进行灾后重建培训，内容包括设计、执行和监督灾害重建和发展工程，还包括如何将灾害重建纳入到经济发展的规划之中；三是在灾害不易发生的地方进行居民定居点建设，同时按照联合国灾害治理委员会提供的最新技术去进行定居点重建。通过上述行动，秘鲁地方政府的灾害应对能力得到较大程度的提升，例如2010年联合国灾害治理委员会的评估报告就认为提升秘鲁地方政府灾害应对能力的活动取得了较为显著的成果，预期计划基本完成。

小　结

地方政府在灾害治理中的作用十分重要，如果没有地方政府的全力行动，中央和社会层次的灾害治理行动将会受到严重限制，一方面，虽然中央政府在灾害治理中可以提供强大的财力支持，并能有效动员全国力量应对某一地区的灾害，但具体性和长期性的工作却只能依赖于地方政府；另一方面，社会层次的灾害治理行动也需要地方政府提供多种的基础设施和服务框架，并需要它的引导性和协调性能力。分析上述案例，我们认为要实现地方政府灾害性公共危机治理能力和治理体系的现代化，就需要地方政府扮演好灾害治理的中心性角色，需要加强地方政府自身的制度化水平，同时还需在整合社会力量、总结灾害治理经验和技术的创新等方面有所作为。

首先，在地区灾害治理中地方政府应扮演中心性角色，进行协调和维持多中心、多层灾害治理体系。在拥有诸多行为体和多层面的灾害治理平台中，地方政府的积极性和领导性角色是至关重要的。从许多案例中可以看到，完备的灾害治理措施的实行需要较长的时间，从而使得地方政府在此过程中需要

---

① 参见 Frances Miley and Andrew Read，“After the quake：The complex dance of local government，national government and accounting”，*Accounting History*，No.4，Vol.18，2013，pp.447-471。

扮演领导性角色，从而保障实施的动力。地方政府可以在灾害区域进行协调，从而使以发展为导向的恢复计划得以执行。它们同时也对它们自己的灾害治理发展计划进行更新，它会在其他灾害救援者离开之后继续工作。作为预警系统的主要行动者，地方政府提供了重要的政治和技术支持。在与其他行为体的合作中，地方政府的领导和协调作用至关重要，因为这些行为体之间经常会在资源和责任方面出现重叠，而在灾害治理中又亟须分清责权。

其次，加强地方政府自身的灾害治理制度化水平和灾害应对能力。就像中央政府对长期规划及其有效性负责一样，地方政府则需要对其在具体灾害治理中的活动进行制度化，包括发展计划、土地使用管理、公共服务和设施的提供等。例如巴基斯坦的地震迁移和重建委员会帮助在2005年地震中受到影响的省级和地区级政府提高减灾和灾害风险管理的能力。受此干预，地区层次的政府也开始建立灾害管理委员会和紧急状况处理委员会。而在马来西亚洪水频繁的地区，省级政府开始将灾害管理纳入地方发展规划，开始把减灾和发展社会力量纳入到省级发展规划之中。

再次，应尽力将社会力量纳入灾害救援行动中，同时还需让这些行为体认同政府在其中的优先地位。受到非政府组织集团和其他捐助者的支持，使得社会力量在灾害预防和灾害缓解等方面力量突出。甚至可以说，社会力量的灾害治理活动在某些情况下与投入不菲的公共减灾系统发挥了同样重要的作用，如果社会力量没能够有效地动员起来，良性的灾害治理系统就不会正常运行。由于地方政府是最直接的公共服务提供者，其与公民的接触最多，从而使得地方政府成为唤起社会力量并与它们实现有效沟通的最佳行为体。因此，地方政府应在训练和动员社会力量时扮演核心性角色，让地方政府和地方社会力量建立良好关系，从而使其成为灾害治理工程可持续的核心支撑力量。

最后，设计和使用灵活的灾害治理技术。由于地方政府具有规模较小、灵活性较高等特征，使其较之于中央政府更适合于试验多种多样的灾害治理新型工具和技术。例如在日本的西条市的灾害治理中，就试用了一种针对学生和社区的灾害预警计划，分别在该城市的几个地方进行了试验。由于该计划具有的直接性和参与性，使得参与其中的学生和市民的兴趣得以激发，促进了他们学习灾害预防的效果。同样在法国 Loire 河道管理委员会会同沿河的地方政府，推出了提高防范洪水意识的规划，在这一规划中，通过让当地学生去进行社区的问卷调查来提高学生们的防范意识。此种活动与上述的日本的活动较为类似，社会调查本身的创新性加之年轻人的参与，使得其成为一个绝好的让学生提高灾害防范和应对意识的方式。

第六章　优化灾害性公共危机中地方政府应对机制

第一节　优化灾害性公共危机中地方政府预防准备机制

古人云:“有不尽者,亦宜防微杜渐而禁于未然。”“安而不忘危,存而不忘亡,治而不忘乱。”危机预防与准备是灾害性公共危机治理的基础性工作,是以不变应万变的万全之策。只有充分重视预防与准备工作并将其作为基础性、经常性的工作,才能培育应急准备文化,形成政府、民众、社会共同应对危机的合力,才能为危机处置行为提供指南,节省成本,提高效率,增强地方政府应对危机的能力,实现标本兼治、平战结合,防患于未然。

预防与准备是危机应对的基础性、关键性的工作,因此,地方政府要积极优化完善公共危机的预防与准备机制,实现公共危机的常态化管理。公共危机预防与应急准备机制是指地方政府为有效应对灾害性公共危机而事先采取的预案准备、队伍建设、培训演练以及人力、财力、物力、通信、科技、场所保障等各种准备措施的总称。从预防与准备工作的内容看,灾害性公共危机中地方政府需要优化的预防与准备的机制包括预案准备机制、队伍建设机制、风险防范机制、宣教演练机制、应急保障机制和政府问责机制六个层面的二级机制。

一、预案准备机制

应急预案是指依据国家与地方法律、法规和各项规章制度，综合历史经验、实践积累以及本地特殊的地域、政治、民族风情，通过脆弱性分析，针对突发事件的类型、发生的可能性、造成的危害性预先制定的一套切实可行的行动法案。[①] 内涵预防与应对两层含义，所谓预防是指通过危险辨识与风险分析，编制预案，开展培训，落实应急保障措施，采取一定的技术手段控制、减轻、消除危机事件；应对指危机事件发生后，预案明确规定采取的措施、步骤、技术、物资、人员以及指挥与协调等，规定相关人员的职责，为迅速、有序、有效地开展应急管理工作提供依据。《中华人民共和国突发事件应对法》明确要求，全国要建立突发事件应急预案体系。可见，应急预案是地方政府应急管理工作的抓手，是应急管理体系建设的“龙头”。[②] 总体来看，预案准备工作包含预案编制与预案动态管理两方面内容。

第一，预案编制。预案编制的目的在于严格落实应急资源、职责、响应级别、保障措施以便危机事件发生后能够合理、科学、及时应对，最大限度减小危机带来的损失与负面影响。实现预案编制的这项目标必须坚持以人为本、因地制宜、科学规范、统一领导、分级响应、属地管理、平战结合以及多元协同的原则，以情景、功能与能力三者相结合为编制路径（见图 6-1），并采用模板、比照等多元化的方法，结合本国、本地实际情况，不断借鉴国外有益经验，充分发挥我国的政治优势。预案编制的过程分为风险分析、确定职责、分析资源、确定响应程序和行动、完成预案文本五个步骤。其中需要注意的事项有：一是风险分析，需要识别可能发生的风险，确定破坏程度最大的风险以及一般风险发生的频率、级别与影响等。二是完善应急组织架构，明确机构和部门职责。构建由领导机构做领导决策层，专家机构、应急指挥部和联动机构做指挥协调

---

① 参见钟开斌、张佳：《论应急预案的编制与管理》，《甘肃省社会科学》2006 年第 3 期。

② 参见王宏伟：《突发事件应急管理：预防、处置与恢复重建》，中国广播电视大学出版社 2009 年版，第 107 页。

层,工作机构做处置实施层的应急组织架构(见图6-2)。① 明确各机构应急响应的责任人,并以任务的形式划清各机构的职责界限。三是分析资源。根据各机构的职责任务、可能出现的危机事件确定资源的满足情况,对紧缺资源采取一定的措施与手段及时补足差额并检查落实资源是否到位。四是确定响应程序和行动。应急响应程序和行动是应急预案最关键的环节,需要分析突发危机事件的规律,结合本地人文、环境、灾害应对能力的现实情况设计灾害响应程序,制定应急响应流程图,确保政府及相关部门充分发挥应有的职能。

第二,预案动态管理。预案的公布实施并不能一劳永逸解决危机应对的一切问题,而应该实现预案的持续性、动态性管理。首先,预案要坚持与国家法律法规、地方规章制度保持一致,当法律法规、规章制度有任何变化的时候,计划也要同时跟进修改。其次,中央及地方政府制定定期修订预案的方案,在固定周期内实现预案修订。再次,各级部门要定期组织应急预案演练,根据演练情况评估总结,修改预案漏洞。最后,及时总结预案在危机发生时启动、响应机制等层面的问题,及时补充修订。

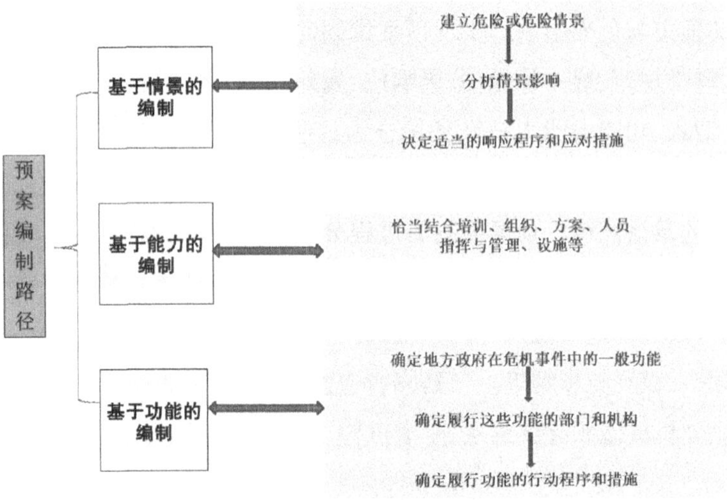

图6-1 预案编制路径

① 参见丁伟、雷长群、聂锐:《美国金县综合应急预案对我国城镇应急预案的启示》,《工业安全与环保》2018年第4期。

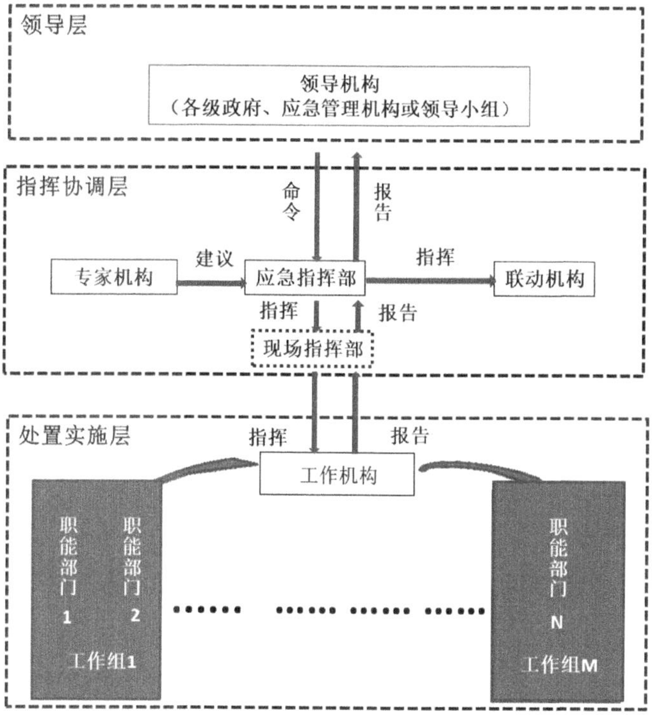

图 6-2　应急组织架构

二、队伍建设机制

应急队伍是地方政府应对灾害性公共危机的主体与关键，是重要的人力资源保障，一支有力的队伍决定地方政府应对公共危机的成效。在我国，应急队伍包含骨干与突击力量（主要指中国人民解放军和中国人民武装警察部队）、专业队伍与骨干力量（主要指工程抢险救援队伍）、志愿者等各种社会力量（主要指社会组织、乡镇社区、非政府组织、企事业单位职工等）为主的三支重要力量，他们在中国共产党的统一领导下，齐心协力，共同战胜危机。①

提高灾害性公共危机地方政府的应对能力，需要实现应急救援队伍的科学化、规范化与常态化管理，建立适宜应急队伍建设发展的长效机制。一是要

① 参见闪淳昌、薛澜：《应急管理概论——理论与实践》，高等教育出版社 2012 年版，第 195 页。

完善军地协同、有效合作的应急处置救援机制。军地协同机制秉承统一联合、科学依法原则，以双拥共建为方式，建立以日常联络机制、联合训练机制、联合指挥机制、教育培训机制、快速反应机制为平台，充分整合军队与地方力量，共同抗击灾害、施展救援。二是组建应急管理专家队伍。设立专家委员会，吸收事故灾难、公共卫生、社会安全、自然灾害以及综合治理等相关领域的专家学者为危机治理建言献策，提供智力支持。建立专家通讯录，让应急管理专家能够在危机发生第一时间参与危机应对，形成应急管理专家和应急管理人员有效结合的决策机制，提高决策的正确性与科学性。以学术活动为载体，将自然科学、人文历史等诸领域的专家学者吸纳到应急专家队伍行列，定期开展座谈会、研讨交流会，形成固定机制，通过总结国内外灾害性公共危机事件发生规律与经验教训，形成有益于危机工作科学开展、顺利开展的会议报告。三是建立健全应急专业救援队伍。以"专兼结合、一专多能、一队多用"为原则，建立气象灾害、地震灾害、山林防火、环境污染、医疗、消防、通信、抢险、公安以及急救等专业应急队伍。其一，建立通讯录，确保应急人员危机后第一时间赶往现场开展工作，制定危机情况下的工作手册，确保工作有序开展。其二，对应急专业救援人员进行定期的培训演练，使其充分掌握专业技术、专业装备的使用。其三，建立专业设备的存储制度，定期检查、保养设备，以便危机发生时专业装备能立即使用。其四，建立应急专业救援的考核制度，通过外界约束使专业救援人员熟练掌握技术，提高应急能力。四是加强基层应急队伍建设。基层应急队伍建设坚持立足实际、统筹规划、按需发展、专业化与社会化相结合，实现"一专多能"，实现基层应急队伍的全面性与覆盖性。五是加强志愿者队伍建设。其一，制定志愿者应急管理办法，最大限度发挥行业协会、机关、企事业单位、非政府组织等社会力量的作用。其二，建立志愿者应急管理常态化制度，实现志愿者的招募选拔、培训演练。其三，建立志愿者应急准备制度，保证危机后第一时间投入救援工作。其四，建立志愿者支援制度，对志愿者需求的保险、物资、经费给予充分保障。六是加强应急信息队伍建设。加强信息员阵地建设，在基层单位确定专兼职应急信息员，及时、准确汇报危机事件。以多层次、多方式、多内容对应急信息员进行业务、技能、知识等方面的培训，提高信息捕捉、信息分析、信息筛选能力。规范信息报送程序，坚持信息报送的安全保密、实事求是、逐级上报、有情必报的原则，及时、准确、迅速向相关部门报送危机事件的发展态势。

三、风险防范机制

风险防范机制能够提高应对危机事件的预见能力与救治能力，最大限度减小或者避免突发事件造成的损失。因此，优化良好的风险防范机制是应急管理工作的关键节点，只有具备完善的风险防范机制才能实现危机管理的预防为主、关口前移。

优化良好的风险防范机制，一是要坚持系统性原则，运用系统分析的方法通盘考虑风险发生的可能性，合理划分风险单元，以网络化、全覆盖的方式查找风险源。二是要坚持综合性原则，充分考虑风险的耦合性与叠加性，综合分析某一种风险可能引发的次生危害。三是要坚持专业性原则，不同领域的风险类别决定需要具有专业素养的人员参与风险查找、风险分析与风险评估，因此需要以现代科技为载体，充分依托科研机构发挥专家学者的力量。四是要坚持实用性原则，风险防范机制的目的决定风险管理必须简便易行，各行各业需要科学制定通俗易懂的《风险点查找指导手册》并定期开展风险查找与风险评估工作，编制风险清单，完善防范措施。五是要坚持科学性原则，采取统筹规划、分级负责、协同管理、动静结合的方式，最大限度实现关口前移，减少损失。

风险防范机制包含制定风险管理计划、风险识别、风险分析、风险评价、风险控制五个环节。制定风险管理计划是风险防范的基础，能够在一定程度上保证风险防范的有效性。不同部门需要根据自身情况，分析内外部面临的优势、劣势、机会与威胁，量身制定风险管理工作方案，建立风险评估标准，准备风险管理工作所需的人、财、物等诸方面的保障资源。风险识别指系统归类各种潜在的风险，分析不同地区可能出现的风险、发生风险的原因、影响因素、风险源的作用机理以及风险将可能影响的范围与人群等。风险分析是通过定性、定量的方式确定风险的概率、级别。风险评价是根据风险分析的结果，进一步确定风险的可能性、严重程度、风险值、风险级别，对各种风险进行综合排序，为风险控制提供行动方案。风险控制是依据风险等级、危害程度制定风险控制计划，确定风险管理的处置措施。一般而言，风险处置策略有风险减缓、风险规避、风险保留与风险转移（见图6-3）。[①] 对于风险小、损失微不足道并可以自行承担的采取风险保留方式，对通过某些方式、手段可以避免卷入的风险采取规避方式，对能够通过预防减免损失的风险采取风险减缓方式，对可以通过各种途径而转移或者转嫁的风险采取风险转移方式。这五个环节层层递进，循环往复，并将风险沟通与咨询、风险监测、审查与更新贯穿始终，形成完整的风险管理流程图（见图6-4）。

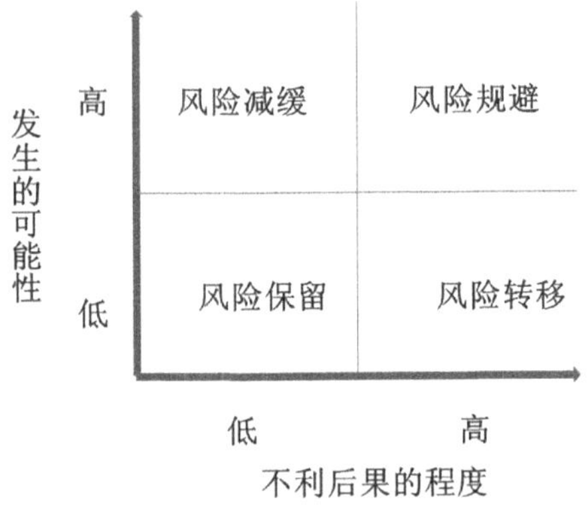

图6-3　风险处置策略

四、宣教演练机制

面对突如其来的危机，公众能否做到临危不惧、沉着应对，这在很大程度上取决于公众是否具备丰富的危机知识，是否具备自救与互救的危机技能。因此，宣教演练机制是灾害性公共危机地方政府应对的重要机制之一，只有系统、全面开展公共安全教育，才能培养公众的危机意识，增强忧患意识，培养良好的心理素质，提升风险认知能力与判断能力，提高自救、互救的能力，减少危

① 参见闪淳昌、薛澜：《应急管理概论——理论与实践》，高等教育出版社2012年版，第188页。

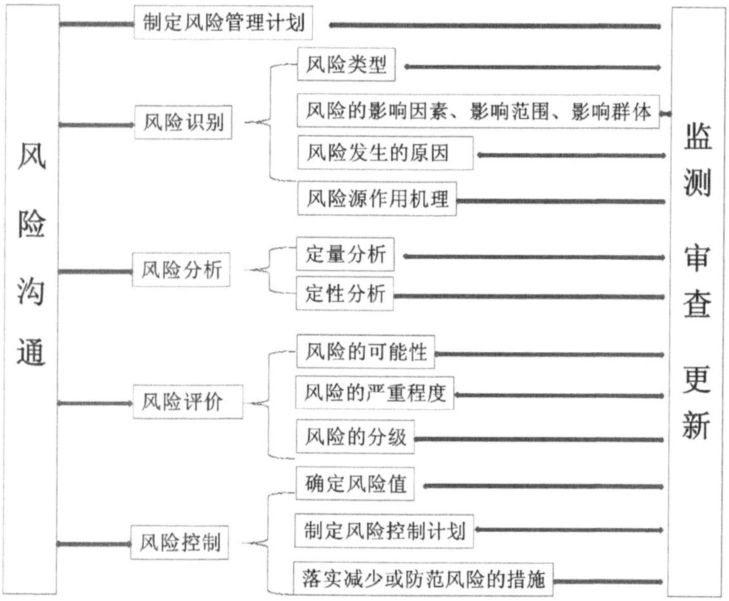

图 6-4　风险管理流程

机带来的损失。

公共危机管理的宣教演练机制是指相关主体（主要指政府、媒体、学校、单位、企业）有计划、有组织地系统而全面地向社会大众普及危机知识、传授危机应对技能，使广大人民群众树立良好的危机意识，掌握必要的应急技能，面临危机事件能够果断采取措施，最大限度保护自己与身边群众的生命、财产安全。具体来看，宣教演练机制包含以下几个方面：

一是建立全面系统的公共危机教育体系。与轰动的作秀行为、空洞的说教行为形成鲜明对比的是，公共危机教育是人命关天的大事，需要以制度化、常态化的机制确保公共危机意识的不断内化与渗入。要充分发挥幼儿园、小学、中学、各类高校以及远程教育培训平台的作用，将危机教育纳入常规教学体系，进行全面、系统、有针对性的危机教育。各级学校教育主体需要依据教育目标、教育对象整体规划教育内容、教育模式，开发适宜不同群体的危机教育课程，编制通俗易懂的公共安全教育手册，使公共安全教育贯穿于学校教育的各个环节。

二是培育公共危机教育的多元主体机制。公共危机教育的成效在一定程度上取决于教育主体的能动性的发挥，因此，要充分发挥各层教育主体的作用。发挥各级学校的作用，使各级学校承担安全教育的主要责任；发挥各级政府的作用，建立应急宣教基地，充分解读、宣传预案，普及应急知识，提升公民的应急意识与社会责任感；发挥各类媒体的作用，以多种形式普及应急知识与技能；发挥基层企事业单位、社区的作用，以宣传栏、竞赛、专题活动、发放应急手册等不同的形式为载体全面提升大众应急知识与应急能力。

三是完善常态化的公共危机宣传、演练机制。其一，各部门制定合理的宣传、培训计划，形成有序的工作格局。其二，各部门依据不同的受训对象与危机事件类型，制定不同的宣教演练方式，充分体现全面覆盖与分层分类相结合的特色。其三，各部门需要与时俱进丰富培训内容，创新培训载体，科学评价培训效果，实现公共危机的有效预防与准备。

四是建立紧急救助人员的资格认证机制。新的时期，随着社会发展，危机事件不断呈现新的类型与新的特点，这对紧急救助人员的要求不断提高。因此，需要推广国家新型职业——紧急救助员的职业培训、考试与资格认证，通过资格认证机制全面提高救济救助员的应急技能。①

五、应急保障机制

有效的应急保障机制是危机应对工作顺利开展的前提条件。具体来看，灾害性公共危机地方政府应急保障机制包含以下几个方面：

第一，应急政策保障。合理的政策是危机工作顺利开展的前提保障与依据，地方政府需要不断调研，因地制宜，适时、适当制定有利于推动地方危机治理的政策，确保危机工作无障碍开展。

第二，应急立法保障。依法治国是我国政府治理的基本理念，依法应急是塑造法制政府、责任政府的重要途径。我国已经在国家层面出台《突发事件

① 参见王宏伟：《突发事件应急管理：预防、处置与恢复重建》，中央广播电视大学出版社2009年版，第118页。

应对法》,也同时出台若干单一灾种的法律法规,应急管理法律体系初步形成。然而,当前危机事件的频发、危机类型的多元化使《突发事件应对法》落到实处,仍需地方政府出台相应的配套的制度与法规。因此,各级地方政府需要根据当地实情,充分调研,依法定程序加紧制定适合本地危机治理的内涵预案管理、物资保障、政策支持、队伍建设、民众救助等方面的地方性法律法规与政策性配套文件。

第三,应急资金保障。“在日本,每年防灾预算占国民收入的10%左右,美国应急管理的资金更是达到每年几十亿美元。”①应对危机事件需要一定的财力支撑,我国危机资金主要来源于政府财政拨款与社会捐赠、保险融资与金融融资。构建危机资金保障机制首先要合理安排政府预备费作为应急储备资金,各级政府预算需要按照本级预算支出的1%—3%预留应急资金。其次,地方政府需要建立健全应急资金拨付制度、应急专项转移支付制度、应急资金保障投入机制等。再次,借助市场化手段筹措资金,政府需要大力发展灾害保险事业、以市场机制分担突发事件的风险。最后,充分调动企业与社会的积极性,以大量的捐助减轻财政负担。因此,危机资金的保障需要充分发挥政府、市场、社会三方合力,而且要接纳国际的救灾捐款,实现资金来源的多元化(见图6-5)。

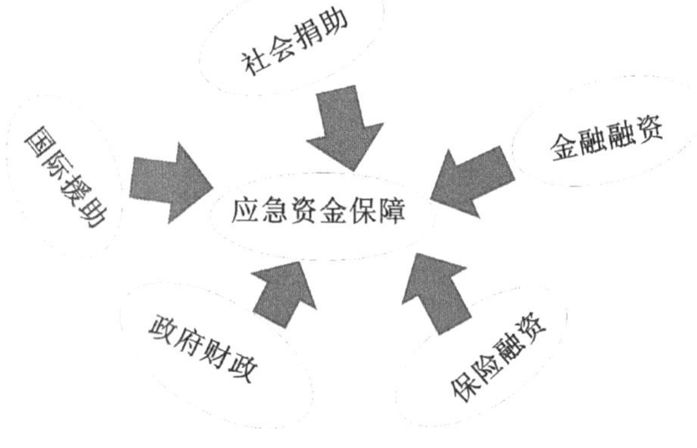

图6-5 应急资金保障

---

① 刘玉雁:《西方国家公共危机的预防与应急准备对我国的启示》,《沈阳师范大学学报(社会科学版)》2009年第5期。

第四,应急通信保障。通信是应急管理工作的桥梁,扮演“千里眼”“顺风耳”角色。危机治理中,需要整合资源,建立跨部门通信网络,建立微波、卫星相结合,有线无线相结合的应用通信系统。在灾害发生时,重灾区通过建立信息通信基站等小型应急基站改善网络结构,提高信号覆盖率,确保应急工作的通信畅通。

第五,应急物资保障。应急物资是应急管理工作的物质基础,它可以分为实物储备、资金储备、生产能力储备与社会储备。随着经济社会发展,我国物资储备需要进一步健全完善,首先,分析本地危机事件、灾种与物资需求情况,确定适合本地区的生产、储存、调拨体系与方案,并建立应急救援物资目录。其次,建立物资供应渠道信息库与跨区域、跨部门的物资储备协调互动机制,实现物资储备动态统一化管理。再次,发挥市场、企业优势,实现物资储备的多元化。最后,各地根据风险评估建立物资储备规划体系,明确本地区中长期的物资储备计划,坚持科学布点、方便配送原则建立应急物资储备库。

第六,应急避难场所保障。应急避难场所建设需要坚持平战结合原则,在城乡规划设计时根据实际情况统筹规划,充分考虑防灾减灾要求。避难场所的建立要远离危险源,体现安全性,要就近,体现方便。另外,对于严重影响城市、地区生活的灾害,要高度关注,重点监督,定期排查。

第七,应急治安保障。突发事件的多部门的协调性、影响范围的广泛性导致现场秩序混乱,因此,保障安全、维护秩序是应急工作的基础。良好的应急治安保障能够阻止危机蔓延,打击违法犯罪活动,为危机治理创造有利环境。突发事件治安保障在本质上是一种非常态的治安管理,管理的对象涉及人、地、物、事、信息等要素。① 加强应急治安保障首先要安全疏散,让群众有序撤离危险区域。其次,设立警戒区和警戒哨,为顺利开展救治工作,将现场划分为核心区、缓冲区与处置区。再次,封堵、隔离、冷却、阻断危险物品与违禁物

① 参见寇丽平:《论重大突发事件应急中的治安保障?——以“马航事件”为例》,《行政管理改革》2014 年第 7 期。

品。最后，确保信息公开，防止不利舆论带来恐慌与信任危机。

第八，应急交通保障。顺畅的道路设施与运行秩序是应急处置工作顺利开展的基础保障。因此，城市道路规划需要考虑紧急通行需要，重要的交通线路需要有紧急抢救措施和装备。灾害发生后，开设应急“绿色通道”，抢救受损道路设施，开通多元化运输通道，调运多种类交通设施装备。①

第九，应急科研保障。积极发挥科研的重要作用，坚持引进吸收、自主创新相结合，建立公共安全科技支撑体系，扶持公共安全重点企业，培养公共安全科技人才，开发公共安全产品，形成公共安全科技创新机制。大中专院校、各级党校（行政学院）、科研院所需要充分发挥各自优势，成立公共安全研究中心，整合有关资源，充分吸引多学科交叉的力量，通过中西对比分析，吸收借鉴国外先进的危机治理机制，积极研制、开发公共安全技术、装备，创新我国地方政府灾害性公共危机治理机制，提升危机应对能力。

六、政府问责机制

将危机预防与准备工作落到实处，需要加强地方政府的责任追究机制。首先，中央政府、地方政府以及各应急管理部门要充分认识危机预防与准备的重大意义，强化责任意识，制定危机管理计划，明确其在危机预防准备中的具体责任与义务，增强危机应对的前瞻性，把握危机应对的主动权。其次，明确责任归属。政府部门建构适合本地的风险识别框架与预防方案，确定不同风险点的具体负责人，清晰划分职责，明确责任承担方式，定期开展急准备能力评估，为应急准备的某些方面制定标准或规范，②建立问责标准体系，并对不达标者进行严惩。最后，完善问责制度，鼓励公民参与问责，为公民开辟问责渠道，提高问责质量。

① 参见董瑞华、董幼鸿：《上海市政府应急机制和管理结构研究》，《上海行政学院学报》2005 年第 5 期。

② 参见李湖生、刘铁民：《突发事件应急准备体系研究进展及关键科学问题》，《中国安全科学生产技术》2009 年第 6 期。

第二节　优化灾害性公共危机中地方政府监测预警机制

从MIS系统的角度而言，监测预警指在管理过程中在系统的特定模块中设置触发器，当触发器接触预定触发条件时向外界自动发送预警信息，情报人员将预警信息报送相关负责人，相关负责人根据报送信息研判并作出预警决策。① 灾害性公共危机中，地方政府监测预警机制指地方政府为有效预防和处置灾害性公共危机，完善监测网络，建立监控系统，健全信息数据库，收集、识别、分析风险信息，及时评估各种紧急情况发生的可能性及其危险程度，进行预防和警示，并通过分析和判断各种影响因素综合发挥作用的状况及各要素系统自身运行的情况等，从而制定针对性较强的应对措施的过程（见图6-6）。② 通过动态监测、及时报告，地方政府向公众实时公布危机的紧急程度、发展态势以及可能造成的损失，让大众尽可能做好预防、准备、应急工作，避免造成严重的经济损失与人身伤害。从本质上讲，监测预警机制就是在危机从量变到质变的过程中，通过对历史数据与现实资料分析，保持动态监测抢占质变的零界点并发布预警信息，以便地方政府能够采取相应措施提前布置安排，公众能够提高意识并采取相应应对措施，将危机可能带来的损失降到最低。

《中华人民共和国突发事件应对法》第四十一条与第四十二条明确要求建立健全突发事件监测制度与预警制度。因此，灾害性公共危机中，监测、预警是提醒公众做好准备、规避风险、减少损失的重要工作机制，地方政府理应创新思路，改进工作，积极优化适宜地方特色的灾害性公共危机监测预警机制。从监测与预警的工作内容来看，主要包括监测机制、研判机制、预警机制、信息传播机制与国际交流合作机制五大方面。

---

① 参见林强：《MIS系统中的预警机制》，《计算机工程与应用》2001年第4期。

② 参见钟开斌：《风险治理与政府应急管理流程》，北京大学出版社2011年版，第93页。

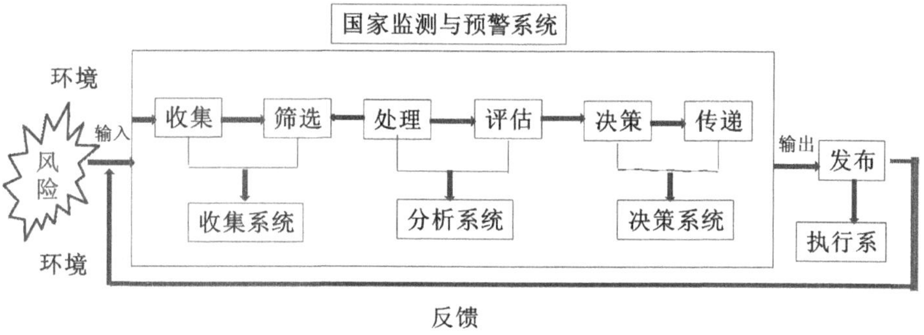

图 6-6　国家监测与预警系统

一、监测机制

监测是指危机管理主体采用先进的监测技术，科学的监测方法，收集重大危险源、危险区域、关键基础设施和重要防护目标等的空间分布、运行状况及社会安全形势等有关信息，对可能引发事件的各种因素进行严密监测，搜集有关风险发生的信息，及时掌握风险和突发事件变化的第一手信息，为科学预警和及时采取有效措施提供重要信息基础。① 监测是一个持续动态的过程，是一项从源头治理灾害的保障性工作。监测机制是以监测活动为中心构建的工作机制。具体而言，监测机制包括以下内容：

第一，完善监测网络。灾害性公共危机监测网络包括自然灾害类、事故灾难类、公共卫生类与社会安全类的专业监测网络与综合性监测网络。根据危机的种类与发生特征，划分监测区域，明确监测项目，提供监测人员与技术设备，建立监测数据库。自 2003 年“非典”后，我国气象、地震、森林防火、卫生等部门分别建立相应的监测机制。比如中国地震局在全国建立了 415 个专业地震台站，20 余个包含近 300 个站（点）的遥测地震台网，560 余个地方、企业观测站（点），1200 余部短波、超短波电台组成的地震数据信息通信网络。2018 年 2 月 2 日下午第一颗观测地震电磁信息的卫星“张衡一号”的成功发

① 参见钟开斌：《日本灾害监测预警的做法与启示》，《行政管理改革》2011 年第 5 期。

射，为未来建立地震监测体系奠定一定技术基础。监测网络建设中，地方政府极力配合中央政府，建立了较为完善的专业监测网络。进一步完善监测网络，需要充分发挥专业监测的同时发挥社会监测，发挥村民委员会、居民委员会的作用，通过多种渠道搜集、汇总、分析、评估信息，实现全面、动态、可持续监测。

第二，建立高效的危机监控系统。危机监控系统是利用现代监测和通信技术，建立一套感应危机的信号，通过对危险源持续动态的监测，及时向组织与个人发出警报，以便响应组织采取措施规避危机。高效的危机监控系统首先需要各级政府与气象、地震、水利等各专业监测部门人性化的设计高效的中枢信息系统，以专业的监测设备，比如气象卫星、地震仪等持续动态监测，对收集的数据进行分析、整理，评估监测的内容与指标，判断危机发生的概率与可能造成的影响。其次，高效的危机监控系统需要建立专业的、综合性的危机监测数据库。在危机数据库中储备当地各类危机的性质、特征、应对措施等基本知识，储备各类危机发生的情况与应对情况，呈现当地的人文、地理、建筑、经济、交通以及城市生命线系统等情况，储备国内外相关的危机案例。最后，当地政府在管辖范围内建立统一的警报服务中心，综合处理危机先期情况并及时向各相关单位报送警情。

第三，做好危机监测信息的备案工作。监测信息的备案一方面用于政府制定应急预案时的参考。一方面用于政府制定城市规划时需要充分考虑潜在的危机。因此，要建立标准化的信息备案管理体系，对录入预警信息库的信息提供测量参数与说明。

第四，对监测系统定期评估。监测系统的定期评估一是需要监测系统内部的复查机制，二是需要政府机构、专业技术机构等专门的部门和人员根据监测系统评估标准与方案定时、定量地进行评估，通过从不同层面诊断检查危机监控系统的运转情况，及时采取有效措施补救薄弱环节，避免监控误差带来损失，提高监控质量。①

① 参见胡税根、翁列恩：《预见性政府治理与社会突发事件的预警机制》，《浙江大学学报（人文社会科学版）》2006 年第 2 期。

第五,对危机监测人员进行培训演练。高质量的监测需要高素质、专业化的监测人员。因此,需要引进专业化的监测人员,通过标准化的培训使其能够熟练操作现代化的监测设备,并对其进行定期考核,使之胜任监测工作。

第六,推进信息报告员队伍建设。信息员队伍是扩大信息来源的重要途径。地方政府应当在居民委员会、村民委员会、企业、学校、基层单位等建立专职、兼职信息报告员队伍,定期培训信息报告员,使其充分利用互联网等现代化媒体资源掌握危机知识,扩宽信息报告渠道,提高报告质量。

二、研判机制

研判机制是指以现代信息技术为基础,多层次、全方位充分捕捉不同类型危机征兆,运用科学的信息评估方法将危机信息转化为特定的指标体系,将其和危机预警的零界点进行对比分析,及时发现苗头性问题,快速决策并发出预警措施。研判的内容包括信息采集、信息整理、信息甄别、信息转化,判断危机事件是否发生,发生后的影响范围,是否产生次生、衍生危机等。具体而言,包括以下几方面内容:

第一,建立长效的信息采集机制。灾害的信息采集是研判的基础,必须建立长效的信息采集机制。这要求中央及地方各级政府建立危机管理信息门户网站,将通过实地监测网络、信息报告员、卫星遥感、航空遥感等数据采集系统获得的数据及时呈现于网站,形成灾害性公共危机多层次、大范围、全社会联动,实现信息共享,提供信息服务;完善相关部门和地区之间的信息会商和评估制度;建立信息互通共享制度;加强对举报投诉、热线受理信息、专家群众来信来访信息以及报刊、互联网等现代化媒体收集信息的力度。

第二,完善灾害信息分析评估机制。灾害信息分析评估是指对采集到的信息进行梳理、分类、甄别与分析,掌握内部与外部环境变化,明确风险源,识别危机诱因,对捕捉到的危机征兆性信号采取相应措施,进行较早的防范。首先,信息梳理与甄别。对采集到的信息以空间、时间、种类等为依据进行分类处理,根据经验、历史文献与信息数据库积极核实信息的准确性,去伪存真。其次,实现信息的有效利用,即信息转化。将梳理甄别的信息储存于信息数据库，通过演练仿真模拟，预测危机发生的可能性。最后，信息评估。对各种信息进行综合处理，通过对比、定性、定量建立评估指标，对突发事件的发生概率、发生时间、持续状况、风险后果、风险不可探程度以及人们接受风险的底线等做出评估。①

第三，加强预测能力机制建设。信息研判中，需要加强预测能力机制建设，预测是科学预警的前提与基础。根据信息评估掌握各类风险，预测风险发生的概率，可能引发的次生、衍生灾害，灾害链之间的关系和影响等，通过对比分析当地自然、地理、人文情况确定风险管理的优先次序，以有限的资源管理最严重的风险。

三、预警机制

灾害性公共危机预警是在信息监测、研判后根据预测情况确定是否存在危机，危机发生的概率，危机可能影响的范围，及时制定预警决策，发布预警级别，发布预警警告，让地方政府及相关部门及时处置，从而达到减缓危机带来的损失（见图6-7）。具体而言，预警机制包含以下工作内容：

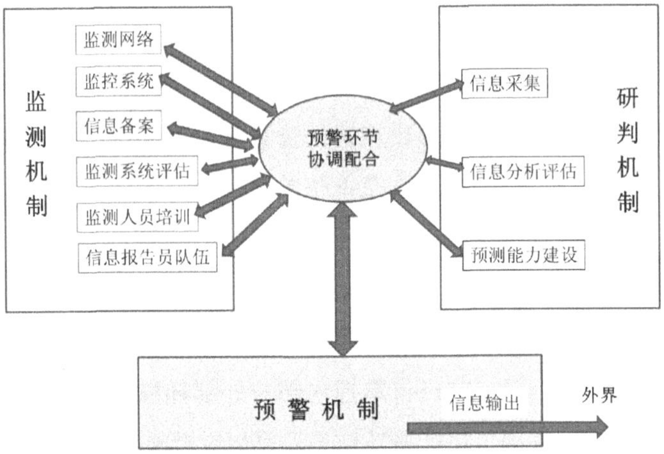

图6-7　预警机制

① 参见张维平：《突发事件预警管理体系的构建及运行》，《中国人民公安大学学报》2009年第1期。

第一,科学决策。社会转型期,灾害性公共危机频发,大量警源涌现,地方政府与应急管理部门必须科学决策,建立健全决策机制。首先,相关部门需要制定科学的决策方案。针对已经发生的灾害性公共危机、社会脆弱性分析、危机事件发生的频率、特征、可能造成的损害等运用头脑风暴法全面、科学地提出各种可行的方案,评估诸项方案在危机应对中的优势与劣势,根据现有的人力、物力、财力资源与先前搜集到的已发危机与潜在危机的资料选择最佳可执行性方案。其次,建立灾害性公共危机预警指标体系。确定预警阈值,判断各项指标是否突破阈值,若接近或者突破阈值,确定以何种方式发出何种警报,以免误警和漏警等情况发生。再次,建立科学决策程序。灾害性公共危机预警决策需要体现及时性、安全性以及可操作性。决策部门要对采集到的信息综合分析,全面研判,实验反馈、修正追踪,根据科学评估情况利用多媒体多渠道发布预警信息,避免引起群众不必要的恐慌。最后,充分发挥"智囊团"的作用,即发挥各领域专家学者、专兼职决策者以及普通大众的合力作用。

第二,预警级别的划分。根据突发事件的紧急程度、发展态势和可能造成的危害,分为一般(Ⅳ级)、较重(Ⅲ级)、严重(Ⅱ级)和特别严重(Ⅰ级)四级预警,分别用红色、橙色、黄色、蓝色标示。根据危机事件的情况完善预警级别的动态调整,规范预警标志,提高预警能力。

第三,统一预警标准术语。伴随社会发展与科技进步,危机事件涉及领域广泛,预警信息与日俱增,预警手段日新月异,预警术语不断专业化,普通群众对专业化的术语难以理解与接收。因此,我国亟须充分结合专业术语与大众习惯用语,建立统一规范的预警标准术语,快速传递预警信息,方便群众感悟并采取行动,达到预警效果。

第四,完善预警信息发布制度。应急管理部门需要进一步明确警报的发布权和授权制度,根据突发事件的类型与特征启动相应的预警信息发布流程。首先,建立多灾种的预警信息发布平台,实现海洋、地震、泥石流、气象等监测系统的自动对接、信息共享与研判,各级地方政府与应急管理部门基于政务云工程,通过网络调用,充分整合,开发国家、省、地市、县级一键式预警信息发布管理平台。[①] 比如福建省晋江市是我国首个法律授权、标准规范的地震预警信息发布平台，包括 9 个市级节点和 66 个县级节点，根据不同用户需求提供不同信息，让用户充分了解危机信息的同时提高了公众的应灾能力。该信息发布系统包括云计算预警服务器、预警信息发布系统、微信信息推送系统、地震实况系统、预警数据接收服务器、预警数据格式化系统、消息文件存储和数据库 8 个模块，其服务对象包括普通民众、重点防灾单位、政府部门和媒体等，可实现秒级大范围快速地震预警信息发布。[②] 其次，拓展预警信息发布手段。预警信息发布可以通过广播、电视、网络、宣传车或者组织人员逐户通知等方式。随着新技术的应用，预警信息发布可以与百度、新浪、腾讯等多媒体合作，开发预警信息与预警产品的网络化服务，开通预警信息手机发送系统，微信公众号发布系统，12379 声讯电话预警信息发布系统，北斗卫星预警信息发布系统，建立街区显示屏等，实现预警信息全覆盖，确保群众第一时间掌握预警信息，采取有效预防措施。再次，建立针对特殊群体的预警发布渠道。针对老、弱、病、残、孕及学校等特殊群体和警报盲区需要采取特殊的、有针对性的公告方式。最后，推进预警信息标准化建设，提高传播能力。预警信息的术语、分类、编码、图形、标识等预警信息基础类标准，发布系统应用、对接，传播手段等发布技术类标准和预警效果评估、教育、培训、演练等应用服务类标准的制定和推广是提高预警传播能力的关键。[③] 因此，必须推进预警信息标准化建设。另外，要确保预警信息发布的连续性。地方各级政府与各应急部门需要第一时间向公众公布灾害信息，随着危机事态发展变化变更预警级别、预警建议，提高危机管理效率。

第五，建立预警信息传播的社会参与机制。预警信息传播的社会参与机制能够有效发挥社会组织的作用，拓展预警信息发布的渠道。这一方面需要

---

① 参见孙健、白静玉：《国家突发事件预警信息发布系统的建设与应用》，《中国应急管理》2016 年第 6 期。

② 参见魏本勇：《中国地震监测预警预报体系现状概述》，《中国减灾》2018 年第 15 期。

③ 参见孙健、白静玉：《国家突发事件预警信息发布系统的建设与应用》，《中国应急管理》2016 年第 6 期。

培训社会志愿者组织，授权其传播预警信息，通过必要的监督措施与法律法规确保社会组织传播预警信息的权威性、真实性。另一方面需要发挥新闻媒体的作用，通过不同形式、不同级别媒体联合的持续报道，专家访谈、典型故事等多种形式报道，增强预警信息传播的强度与广度。

第六，预警信息发布后采取的措施。预警信息发出后，需要采取一定措施确保预警的针对性、科学性、有效性，比如甘肃岷县 2012 年 5 月 10 日发生特大山洪泥石流，作为灾害最严重的茶埠镇接到预警信息后，村主任及时组织人员转移，有效避免重大人员的伤亡。要有针对性对预警措施进行评估监督，根据预警效果完善预警措施，建立预警措施更新调整机制。

第七，建立预警信息反馈机制。地方政府与应急部门向公众发布预警信息的同时，需要接受公众的反馈信息，因此，首先要确定预警信息是否准确传达，规定信息反馈的渠道与程序，设立信息反馈的多方位渠道，比如设立专门型或间接性反馈信息联络工作小组，建立网络信息发布沟通平台等。其次，对公众反馈的信息需要比较、分析、验证，适当对预警信息作出调整，有针对性地再次发布预警。最后，对预警信息反馈工作进行量化考核，建立完善预警信息反馈工作考核制度。充分确保公众接受预警信息的同时也能向相关部门快速反馈信息。

四、信息传播机制

灾害性公共危机事件关乎国家信息传播治理与治理能力现代化的全局问题。信息传播治理和信息的行政治理不同，政府不再是防治的唯一主体，而是集合政府、媒体、社会组织以及企业与公民等诸多力量共同参与治理，因此，需要完善信息公开发布机制、构建舆情研判机制与信息传播监管机制，实现多元对话，化危机为契机。

第一，完善信息公开发布机制。灾害性公共危机事件信息公开中，政府必须选择合适的手段做好信息公开工作，不断健全完善信息公开发布机制。一方面，政府需要健全、优化新闻发布制度，慎重选择新闻发布的主体及发布手段；另一方面，政府相关部门需要做好舆情控制工作，建立相关平台对事件处理情况进行发布,并借助这一平台就民众关注度较高的问题进行互动,通过疑难解答的方式正确引导舆情。

第二,构建舆情研判机制,推动网络舆情和社会舆情良性互动。网络舆情传播对社会舆论的影响日益显著,因此,各级政府及其组成部门亟须把握网络舆情传播特点,形成科学的网络舆情研判机制,提高灾害性公共危机的应对效率和决策水平。从网络舆情的管理程序上,可以将舆情研判机制分为四个操作层面,即搜集—筛选机制、分析—归因机制、报告—决策机制、预测—干预机制。

一是搜集—筛选机制。建立网络舆情的搜集—筛选机制,就是要将所预设的目标舆情或热点舆情及时从网络的信息海洋中提取出来,用于进一步的分析、决策和干预等。首先,从网络信息的可追溯性出发,建立网络目标信息的检索、收集、归类系统。网络信息的可追溯性对政府开展有效的网络舆情研判工作具有十分重要的意义。一方面,找到舆情的发源地为及时判断舆情的性质、背景、走向提供了真实可靠的第一手资料;另一方面,对原始信息的记录也为今后的取证工作乃至样本库的建立提供了可能。其次,在网络舆论的可量化性的基础上,分析政府所关注的网络舆论的态势、倾向和诉求,科学研判舆论性质和走向。最后,要把握网络舆情的相对聚集性,准确筛选具有传播影响、社会动员和危机倾向的舆情。

二是分析—归因机制。在对网络舆情进行筛选后,从政府工作的传播诉求和网络舆论环境建设的目标要求出发,要对有价值的网络舆情进行分析和归因,找出其生成、发展、演进的内在规律,进而把握好其对整个社会的舆论影响,使之向有利于政府执政为民、构建和谐社会的正确方向发展。建立网络舆情的分析—归因机制,就是要对催生某一网络舆情形成、传播和发展的网络生态系统加以具体剖析,找出其信息来源、传播路径、利益诉求和网民参与动因、社会心理、社会结构及对社会舆论、社会秩序的影响等。

三是报告—决策机制。网络舆情报告是一个综合的逻辑思维过程,是对通过搜集和分析获得网络舆情材料的再加工和再创造。由于网上的信息量十分巨大,除了利用现代科技手段对网络舆情采集、筛选、分析、归类外,还要通过富有经验的工作团队对网络舆情进行科学的提炼、归并、整理、汇总，并得出结论、发出预警、提出决策建议，从而为政府的相关决策提供及时、准确的舆情报告。网络舆情报告内容一般应包括相关分析和态势研判两大部分，前者主要是客观、真实、准确地反映网络舆情的现象、本质和特点、阶段；后者则是根据网络舆论传播和舆情发展规律，对其作出趋势性、利害性、预警性等判断。总之，通过建立和完善网络舆情报告—决策机制，就是要帮助政府及时了解、把握和应对网络舆情，科学、准确地开展相关事实处理和舆论引导，在网络传播上立于主动，塑造政府形象，赢得政府声誉。一方面，当网络舆情事件发生时，能及时判断舆情走向，采取必要的措施解决网络舆情事件；另一方面，在网络舆情事件解决后，能对前一阶段应对过程进行总结、反思与建议，对下一阶段网络舆情走向进行研判，从而对政府应对未来的网络舆情事件工作的开展起到指导和借鉴意义。

四是预测—干预机制。首先要做好网络舆情干预的系统统筹。即把网络舆情作为一个整体来考察，从整体态势与部分的主题观点、利益诉求、受众结构等相互关系中把握网络舆情的系统特征和一般规律。其次要进行充分的利益比较，在舆论干预中处理好公共利益与个体利益的关系。再者要在内容分析的基础上恰当选择干预意见的加入，使干预本身成为公共舆论的合理组成部分，有利于社会和谐舆论建设。此外，还要实时量度舆论干预的效果，从定量与定性两个方面作出评价，并反馈到舆论干预过程中来，对不当的舆论干预加以矫正。

第三，构建灾害性公共危机信息传播监管机制。信息需要被监管才能及时掌握信息的发展动态，及时做出调整。一是完善政府传播信息监管，政府相关部门做好舆情监控工作，积极构建和完善舆论引导反映机制，严惩各种对信息传播进行干扰的违法行为，利用舆情监测系统真实掌握网络舆情的实际情况。二是强化媒体信息管控，权威媒体必须扮演合格的新闻把关人，媒体必须确保报道信息的真实性、连续性，正确处理媒体利益与社会公共利益的关系。此外，完善社会化媒体的运行机制，充分发挥意见领袖的作用，控制信息异化现象。三是建立公民信息发布核准制度，用道德与法律对信息传播主体进行约束和限制。

五、国际交流合作机制

有效的国际交流合作机制有利于危机信息管理、科技研发、交流培训以及国际人道主义援助，能够实现一个国家由减灾向区域联合减灾与全球联合减灾发展，充分发挥各国的合力作用，有效避免灾难带来的巨大损失。比如2008年汶川地震后，许多国家领导人、政府、政党、社会团体、联合国有关组织、国际友好人士、外资企业相继向灾区援助，提供资金、医疗、物资等。2009年全球都受影响的甲型H1N1流感发生后，全球各国联合应对，我国更是积极与其他国家合作，共同战胜危机。我国与世界卫生组织密切联系，召开学术研讨会，在信息通报与技术等方面实现全面合作；我国与美国、墨西哥、加拿大等国家加强联系，通过开展外交活动、电视电话会议等实现疫情信息沟通与科技交流，为控制疫情创造条件；同时，我国还向其他国家提供力所能及的帮助。

全球化、信息化时代，危机管理中国际交流合作机制显得更为必要，这需要我们更进一步完善国际交流合作机制。首先，要加强学习交流，通过政府、企业、科研机构、非政府组织等召开研讨会、培训会、科技交流等会议相互学习借鉴、取长补短，全面提高应急管理水平。比如2004年应对禽流感时，中国与东盟加强边境管理部门间合作，定期召开部长联席会议，建立卫生合作机制，建立疫病监测网络，启动"中国—东盟公共卫生基金"，互派专家联合举办疫情应对培训班等。① 其次，国家间加强危机信息的管理与分享，尤其面临重大疫情时能够及时通报、沟通，交流经验。比如中国应对"非典"、禽流感与甲型H1N1流感的时候，都能够与其他国家信息共享、共同学习、共同应对。最后，培育协同应对的意识与精神。面临全球性的重大灾害性公共危机，任一国家只有与他国携手共进，协同应对，才能最大限度减少损失。然而，国际合作的多元主体性、内容复杂性、形式的多样性给合带来一定的困境，全球有必要致力于建立全球危机管理合作体系，充分实现全球灾害性公共危机的准备预防、

① 参见中国网：《中国东盟防治禽流感特别会议在京召开发表联合新闻声明》，http://www.china.com.cn/chinese/2004/Mar/508641.htm。

监测预警与灾害应对，实现灾害性公共危机应对的全球全过程合作。

第三节　优化灾害性公共危机地方政府应急处置与救援机制

危机处置与救援是灾害性公共危机有效应对的关键与核心环节，要求相关决策者在时间紧迫、信息缺乏的情况下快速作出决策，通过采取各项措施抢险救援，防止次生灾害发生，尽可能控制事态发展，努力减轻危机造成的人员伤亡与损失。应急处置与救援是对决策者面临危机的认知能力、快速反应能力、预判能力、决策能力的重大考验，总的来看，主要包括先期处置、快速评估、决策指挥、协调联动、信息沟通、社会动员等次级机制。

一、先期处置机制

先期处置指灾害性公共危机发生的第一时间，相关部门对危机事件未做明确定性的情况下采取的早期应急处置措施，并随时向上级部门报告事态进展情况。先期处置是应急处置与救援的首要环节，快速、合理、科学、高效的先期处置能够为救援赢得时间与机会，有效控制事态蔓延，防止次生灾害发生，减少资源浪费与人员损伤。

先期处置需要坚持边处置、边报告的原则，对把握不准、模棱两可的问题及时向上级单位汇报，当事态发展较快来不及请示汇报时，应当边处置、边报告，尽量减少损失；需要建立应急处置现场指挥员制度，确定先期处置的原则、权限以及越级指挥等，进行必要的领导负责制与责任追求制；要根据危机类型与性质决定先期处置方式，隔离、控制的同时预判危机发展态势，采取相关措施及时应对。

我国应急管理体制坚持“属地管理”的原则，这意味着我国地方政府在危机事件，尤其是先期处置工作中扮演重要角色。具体来看，地方政府先期处置工作主要包含以下几方面内容：

第一，危机发生第一时间采取临时应急控制措施。灾害性公共危机发生后，地方政府坚持属地管理、充分授权、及时决策的原则，对危机事件的发生缘由、蔓延状况、损失情况等立即开展调查，多方收集数据，通过危机事件发生的地点、规模、事因、类型与特点等预判发展趋势，细化先期处置措施，规范相关部门的临时处置权限，开展救援工作的同时注重维护社会稳定并做好和后期增援队伍的衔接工作，尽可能较少损失。

第二，向相关部门报告事态进展情况，明确支援内容与要素。由于地方政府人力、物力与财力资源有限，需要获得上一级政府的强有力的支持。因此，地方政府需要一边及时进行先期处置，一边向上级有关部门报告危机事件的进展情况，向上级部门表明请求支援的条件、方式与内容，并及时做好上级指示的相关工作，实地考察危机现场情况，为后续救援力量的进入路线等做出规划。

第三，充分发挥基层在先期处置中的主要作用。灾害性公共危机发生在基层，事发后基层群众由于熟悉地形能够第一时间赶赴现场，快速行动，为危机应对赢得时间。此外，基层组织与群众可以为上级、外部救援力量做好道路引领、现场取证、后勤保障、维护秩序等工作。可以说，基层组织与群众在危机应对中发挥重要作用，充分发挥基层组织和群众的作用，可以协同外部救援力量实现“自救、互救与公救”，最大限度防止灾害蔓延，减少损失。

第四，先期处置中注重舆论引导。灾害性公共危机发生后，地方政府需要适时开展新闻发布会，以实事求是、相互尊重的态度和媒体及时沟通，自觉接受媒体监督。向群众及时公布危机事件发生的原因、救援进展情况以及公众需要采取的应急措施，主动引导舆论走向，避免群众由于消息闭塞、听信谣言而产生心理恐慌。

二、快速评估机制

快速评估指灾害性公共危机发生后，应急处置与救援的指挥者组织相关专家成立专家组，在较短的时间内通过上报汇总、灾害模型、模拟仿真、遥感、案例法、实地考察、快速调查等方法对危机的影响范围、损失情况、人员伤亡情况、灾区与灾民的需求等通过开展程序化、专业化的快速评估后作出基本形势判断,并在规定时间内向应急指挥机构递交快速评估报告,为非常规决策提供支持。快速评估受到时间、资源的严格约束,因此它采取超理性、非常规、非程序化的思维模式,重视定性的讨论,不可求精确数字,强调估计的范围与概率空间,“盲估”危机事件的相关信息。实际操作中,快速评估需要坚守时效性、宏观性、指导性与交互性原则。具体来看,快速评估主要包含以下几方面的内容:

第一,快速评估受灾范围。危机发生后,结合危机基本情况,采取一定的模型快速评估危机事件影响范围。

第二,快速评估危机事件的损失与影响。通过危机事件信息收集、危机事件影响地区资料收集等,确定危机事件的级别、影响范围、影响区域伤亡情况、直接与间接经济损失、房屋倒塌情况、基础设施损失情况、环境污染情况、影响区域公共服务提供情况以及可能衍生的次生灾害的情况等,为决策指挥提供信息服务。

第三,快速评估危机事件影响区域的灾民的需求。危机事件发生后,灾区民众的正常生活条件遭到破坏,需要获得援助。因此,需要快速评估救援需要的人力、财力、物力需求,评估灾区民众生活(生产)物资需求以及救援的医疗设备等需求,为外部力量的应急救援提供信息服务。

三、决策指挥机制

决策指挥机制内含决策机制与指挥机制两部分,是指危机事件发生后,应急管理机构或者相关决策者依据快速评估情况,科学、有效地采取应急措施,对应急救援的物资、通信设备、参与救援的各种力量、救援的时间空间与程序以及各部门的协调配合等进行安排与调整,目的在于充分发挥应急救援的各方力量,形成危机处置的合力,最大限度减少损失与人员伤亡。具体来看,决策指挥机制主要包含以下内容:

第一,危机后第一时间紧急启动应急预案。灾害性公共危机发生后,确定其级别与类型并依照既定的标准与程序启动应急预案。预案启动得是否及时、准确决定了危机应对的效果,因此,科学完备的应急预案是危机有效应对的前提与保障。应急预案的成功启动,一是取决于地方政府与相关部门宣传教育、培训演练的力度,取决于公众是否树立良好的危机意识,预案涉及人员是否熟悉工作流程与具体责任。二是相关部门是否及时向公众公布预警信息,让公众及时采取规避措施。三是是否严格执行预案启动程序,遇到特殊重大紧急情况能够适度调整、灵活应变。例如玉树地震后,依照玉树的地形、人员分布等以往经验,损失与伤亡应该有限,根据报告情况看没有达到启动国家地震应急预案一级响应的要求,然而,相关部门根据监测数据与当地统计资料,预估损失可能比上报的严重,便按照国家地震应急预案启动一级响应。事实上,此次地震造成2300多人死亡,完全超出一级响应标准,及时地启动预案,调整响应,挽救了大量生命,减少了财产损失。

第二,构建专业化的现场指挥系统。通过标准化的组织结构与运作程序有效整合危机应对需要的各种资源力量,建立动态灵活的现场指挥中心,建立规划部门、操作部门、后勤部门、财政部门等相应的职能部门,并明确各职能部门的目标任务、运作制度、工作流程与组织架构,建立应急救援通用的术语体系,确定应急救援的警戒区域、工作流程与目标任务。总的来看,应急指挥系统的工作主要为通知、激活、动员支持、配置资源、召集人员、配备设施。①

第三,构建专家参与决策机制。灾害性公共危机的突发性、紧迫性、不确定性决定危机决策是非常规性的决策,它不仅需要体现预见性、选择性,还需要体现超前性、快速性与有限理性,决策正确可以化险为夷,决策失误则造成更大损失,因此,决策的质量决定危机应对成效,决策的难度与风险性要求地方政府构建专家参与决策机制,让专家为危机应对提供决策支持,实现不同学科与部门的优势互补,从而提高危机应对成效。构建专家参与决策机制首先要建立专家库,应邀专家参与预案培训演练与修订等活动。其次要充分发挥专家在风险隐患排查、应急宣传教育、应急会商会议等日常危机管理中的作

① 参见张成福、唐钧:《政府危机管理能力评估——知识框架与指标体系研究》,中国人民大学出版社2009年版,第123页。

用。最后,明确专家参与危机应对的方式与程序,听取、吸纳专家危机应对的意见。

第四,资源的调配与征用。危机应对中,决策者需要建立统一的资源地图和资源调配机构,确定调配与征用的条件、程序和方法,根据危机情况,依据法律程序及时调配与征用专业救援队伍、救援物资、救援设备、场地、交通工具以及志愿者等。

第五,临时救助安置。临时救助安置是对危机事件造成的生活困难的家庭的非定期与非定量的临时性生活救助。临时救助安置需要建立救灾工作台账,实行"灾民救助卡"办法,确定临时救助安置的标准、启动条件与工作程序,确保灾区民众能够获得救助、抚慰、抚恤与安置。

四、协调联动机制

灾害性公共危机的突发性与复杂性危及范围广、持续时间长,对社会产生严重影响,应急管理者需要坚持"党委领导、政府负责、军地协同、社会参与"的工作原则,切实形成条块结合、上下联动的多部门合作模式,充分实现资源整合、功能互补、信息共享,形成应急管理的合力。应急管理合力的形成需要建立协调联动机制为保障,通过建立多部门制度化、程序化、规范化的协同方法与措施,让每一个参与危机应对的部门齐心协力、互助合作,共同应对危机。总之,协调联动机制就是形成多部门和多主体共同参与危机应对,协调调度各方机构、人员、物资,实现合作共赢,高效应对危机。协调联动重塑了各方主体间的关系,进一步完善需要从以下几个方面着手:

第一,地方政府建立专门的协调机构。专门的协调机构是实现协调联动的载体,是实现多部门机构、人员、物资协调的统一平台。因此,地方政府需要建立专门的协调机构,为跨部门、跨地区的协调合作、信息共享、工作衔接提供支持,为危机应对中出现的问题提供共商共解、及时修改行动计划以及根据危机应对需要调整所需人力、装备、通信设备等提供商讨平台。

第二,完善政府机构之间的协调联动。政府之间的协调联动体现在上下级政府、跨部门政府以及跨区域政府之间。上下级政府之间的协调由于存在等级权威,带有强制性特点,协调实现通常以组织结构为中心。跨部门政府之间实现良好的协调联动需要建立统一的指挥调度平台,明确各具体部门的职能与责任,采取以功能为中心的协调模式。跨地区政府之间的协调需要利用现代化信息技术建立实现不同地区、不同专业协调的联动机制,协调模式采取以地区为中心。

第三,完善政府与非营利组织的协调联动。非营利组织是危机应对的重要力量,充分发挥非营利组织的力量,地方政府需要做好与志愿者的协调工作。地方政府委派专人协调管理志愿者组织,建立有效的通信渠道,审核志愿者的相关技能并提供必要的技能培训,使志愿者的技能与危机应对需求相符合。此外,还需要配备保障装备等,确保志愿者安全。

第四,完善政府与私人部门的协调联动。灾害性公共危机中,资源紧缺,地方政府需要充分调动私人部门的积极主动性,共同协商合作,应对危机。地方政府可以通过采购、外包等方式让私人部门承担一定的服务和物资供应。

第五,完善政府与媒体组织的协调联动。灾害性公共危机中,地方政府和媒体的协调互动有助于快速发布信息,确保民众的知情权。地方政府与媒体组织的良好互动需要地方政府及时召开新闻发布会,与媒体组织建立密切联系、共同合作的通信渠道,监督媒体关于危机报道的真实性,组织媒体宣传危机应对的相关知识,以此能够缓解群众情绪,维护社会稳定。

第六,完善军队与地方政府的协调联动。人民解放军、武警官兵和民兵预备役部队在灾害性公共危机中发挥着重要作用,是危机应对的骨干与核心力量,历次的灾害性公共危机都体现出军队的临危受命与力挽狂澜。完善地方政府与军队的协调联动需要探讨军地合作机制,打破军地双重领导体制,加大政府扶持力度,推进军民融合式发展,不断完善融合的形式、机制、重点领域和人才等,实现资源互补,完善军地统筹建设运行模式,建立统一领导、资源共享、信息共享机制,形成协调发展、共同应对危机的格局。

五、信息沟通机制

灾害性公共危机中,畅通的信息沟通机制能够充分体现现代政府的透明性与公信力，能够充分满足公众的知情权、表达权、参与权与监督权，能够有效动员、组织群众共同有效地应对危机。因此，构建完善的信息沟通机制尤为必要。构建完善的信息沟通机制需要坚持以人为本、公开透明、开放有序、统筹协调、规范管理，主要包含以下几方面：

第一，建立信息管理机构。信息管理机构包含多个信息中心与参与危机应对的组织、机构及其选派的代表，当危机蔓延至多个地区时能够确保通过一定的程序进行危机信息的多层次、多部门有效沟通，能够充分整合和及时发布官方信息，确保信息发布的及时性、准确性。

第二，优化信息发布渠道。首先，完善组织内部信息沟通渠道，各组织内部需要明确自身目标与职责，充分掌握信息接受者的状况，采取多种方式互通重要信息。其次，建设信息传递协调结构。各部门在明确目标与责任的基础上实行“标杆管理”，设定危机信息通信的统一标准，对已发生纠纷与争执的问题召开会议共同解决，定期检查、维护站点建设，确保信息传递畅通。最后，拓宽信息发布载体。有效的危机信息发布需要充分利用不同传播媒介的特点，在城市与有条件的农村地区，要充分利用广播、电视、互联网传递信息，实现全面覆盖，尤其要发挥网络媒体，如利用微博、微信、公众号等发布信息；在农村地区采用大喇叭、口哨、铜锣等发布信息；对老、幼、病、残等采取针对性的公告方式。

第二，建立多部门、多层次信息公开、协调机制。一是完善信息公开的法律法规，各部门通过制定实施细则确保信息发布的法制化与规范化。二是针对不同类型的灾害确立科学的价值导向，并使之得到全社会的认同与肯定。三是建立政府与媒体的良性互动机制。地方政府需要和权威媒体保持密切联系，利用媒体引导形成正面的强大的“舆论场”，使多媒体引导灾害应对的主流声音，加强对媒体的监督，确保信息发布的真实性和准确性。四是建立公开对话机制。针对灾害应对中出现的各种问题，地方政府与应急管理部门会面临来自社会各界的声音，有正面的回应，也有负面的指责批评，应当以开放和负责任的态度对待任何质疑与不满，坚持提供正确信息，本着对话的精神解决问题，沉着应对危机。

第四，加强信息通信管理。灾害性公共危机对信息通信管理提出更高要求，需要更加快速、高效、有针对性。首先，需要准确评估灾区通信情况。确定受灾地区通信设备受损程度，调动维修人员依照修复计划快速维修，尽快保证通信正常。其次，通信瘫痪的情况下，极力选择可用的危机通信站点，启用无线电、卫星通信设备，调用其他地区通信设备，建构地区战术通信系统。最后，及时跟踪、检查、反馈灾区通信设备，制定后备能源计划，确保通信畅通。

六、社会动员机制

社会动员指灾害性公共危机发生后，地方政府发动社会力量参与救灾的各种活动、手段或方式方法。有效的社会动员能够集中各方资源，弥补政府组织的不足，能够让民众充分了解危机特质与现状，减轻心理压力与恐慌，增强战胜危机的信心。实现有效社会动员需要以人为本，依法、合理、有序、适度动员，需要军地结合、平战结合动员。具体来看，构建社会动员机制主要从以下几方面着手：

第一，从制度建设着手，完善社会动员的法律支撑。加快推进立法活动，从法律层面规定社会动员的对象、手段、方式，规定社会力量参与危机应对的责任、义务与程序，出台社会组织与志愿者等相关法律法规，以制度化、规范化、法制化明确社会组织、志愿者参与危机应对的法律责任与方式方法，确保社会参与者能够有序、合理、依法参与危机应对。

第二，完善社会动员的保障体系。有效的社会动员需要人、财、物、制度建设等诸方面的保障，因此需要完善社会动员的保障体系。首先，建立应急救援队伍，形成专兼结合的救援力量。完善人才储备机制，培养危机应对的各领域的专业人才，尤其是危机监测预警、应急处置救援方面的专业技术人才，做到有的放矢，重点突出，使危机一旦爆发便能够迅速供给有生力量。其次，充实应急救援的物资、财力储备，增加避难场所数量的建设。再次，建立社会动员补偿制度。灾害性公共危机发生后，建立善后补偿专项资金，为参与救灾成员购买必要的灾害保险。最后，建立地方政府、非政府组织、公众的合作机制，协调救灾人员、物资分配，明细不同组织的权责，让各级组织能够有序、合理、合法地参与危机治理。

第三，完善社会动员的常态化宣教体系。常态化的宣教体系是危机中社会动员的基础性工作，社会动员的程度和宣教体系的常态化、制度化程度成正比。因此，要改变过去“点缀式”宣教方法，借用新媒体采取新方法、新手段、新载体，以公众喜闻乐见、通俗易懂的方式宣传危机知识。通过常态化的应急演练，让普通大众树立危机意识，掌握应急技能，积极参与危机治理。加强对领导干部与公务员的应急能力培训，使其面临危机从大局出发，能够科学决策、迅速决策，有效应对危机。

第四，积极培育专业化社会组织。专业化的社会组织能够在危机中积极参与，勇于承担责任。培育专业化的社会组织首先要优化社会组织发展的社会环境，为社会组织提供人才发展、资金扶持等政策。其次，采取激励机制加强志愿者队伍建设，对每个人的善行义举记录在册，建立“志愿者积分平台”，并对其进行一定程度的物质、精神奖励。最后，创新志愿者服务平台，为不同类型的志愿者比如党员、技术工人、环保健康守护者、青少年志愿者等提供能够使其充分发挥作用的不同的服务平台。

第四节　优化灾害性公共危机地方政府恢复重建机制

灾害性公共危机应急处置之后，灾害性公共危机管理进入了最后一个新阶段——恢复重建阶段。灾害性公共危机事件会带来各种各样的社会后遗症，各类致灾因子并未完全消失，需要采取一定的灾后重建措施恢复社会秩序，使灾害受影响区域的群众的生产、生活恢复正常。因此，优化恢复重建机制是地方政府的要务，地方政府需要采取各种灾后措施，矫正治疗各类灾害后遗症，使受影响区域和受影响群众的生产、生活恢复到正常状态，使民众的心理与生理恢复常态。在此基础上，认真总结此次灾害性公共危机管理中的经验教训，改进灾害应急管理措施，提高灾害性公共危机管理水平。

一、安置重建机制

恢复重建机制是地方政府应对灾害性公共危机的核心机制之一,它是在灾害性公共危机应急处置与救援之后由相关主体围绕受灾区域建立的一套工作流程,包括灾民的过渡安置、受灾区域的调查评估与规划重建、恢复工作的相关监督管理等。"危机爆发造成的损失和影响不可能随着具体问题的解决而立即得以消除,所以政府还应积极做好危机的善后处理工作"①。构建和完善安置重建机制的目标,是恢复受影响区域各类基础设施的正常运行,恢复群众的正常生产、生活,恢复与社会发展所需要的诸项生产要素的正常运行,恢复社会、政治、经济、文化等有序发展,促进社会和谐稳定。恢复重建要遵循以人为本、及时高效、因地制宜、统筹协调、广泛参与等原则,突出重点,着力保障受影响群众的基本生活和治安秩序。

(一)安置重建机制的完善

第一,建设有力的恢复重建组织架构。地方政府有必要根据突发事件灾情状况和恢复重建要求,建立灾后恢复工作体系,进一步统筹协调各方力量。各级地方政府需要在受灾害性公共危机影响的地域范围内成立和应急指挥机构相承接的恢复重建工作委员会,弥补组织架构上的衔接不足,完成有效转换。

第二,做好灾情调查和损失评估。灾情调查和损失评估是保证恢复重建工作有序进行的基础性工作。通过有效的调查评估获得灾区恢复重建所需人力、物力、财力等各项需求的准确信息,为制定科学、有效的恢复重建计划提供依据。

第三,制定科学、有效的恢复重建规划。科学、合理的恢复重建规划是确保受灾害性公共危机影响地区尽快恢复正常的生产、生活,确保社会有序运行的前提保证条件,尤其是对于重大及以上级别的灾害性公共危机更为重要。

① 刘智勇、张志泽:《论政府公共危机治理能力的缺失与再造》,《电子科技大学学报(社科版)》2004 年第 3 期。

灾害性公共危机发生后,在充分的调查评估的基础上由各级政府依据相关法律法规与预案的规定分别制定包括灾后重建目标、重建职责分工、重建资源分配以及监督检查等内容的长期、短期恢复重建规划。

第四,及时有效地恢复社会秩序。在任何性质的危机中,在危机演化的任何阶段,政府都必须及时、有效、全面地干预、维护社会秩序。[①] 灾害性公共危机事件极大地损伤人民的生命与财产,极度破坏人们正常的生产、生活状态,扰乱了社会有序运行,更容易引发社会治安问题,诸如群体性事件与违法犯罪活动等。这些情况可能发生在应急处置与恢复重建等各个阶段,因此,尤其在恢复重建阶段必须根据灾害性公共危机影响的实际情况由公安部门及其相关部门做好治安保卫工作,确保灾后重建物资安全,杜绝哄抬物价、散布谣言、盗窃抢劫等违法犯罪行为的发生。对于任何破坏与犯罪活动,需要及时组织力量,依法予以打击和处罚,迅速稳定灾区的社会安全和正常的生活、生产秩序。[②]

第五,优先恢复基础性公共设施。在恢复重建工作中,要恢复各类公共设施,尤其是优先恢复诸如交通、通信、供水、排水、供电、供热、学校、医院等基础设施的良性运行。其中,水、电、气、热等与灾区民众日常生活密切相关的公共基础设施,应优先有效地恢复供给,集中力量首先开展对供水、排污、垃圾处理设施进行整修;学校和医院尤其是公立的学校和医院的正常运行对于安定灾区人心,增强受影响民众的信心至关重要,所以也要尽一切努力及时恢复正常运行。

第六,着力恢复正常的生产和经济活动。从救灾进入恢复重建阶段后,如果没有基础性的社会生产和经济活动的恢复,社会就无法转向常态化的良性运行。因此,各级地方政府必须要把生产和经济恢复置于重要的位置,一切从恢复社会正常运行的角度出发调动一切力量迅速恢复社会正常的生产活动,确保人们获得正常的收入维持生活,促进社会有序和谐发展。

(二)安置重建机制的要点

恢复重建是解决突发事件所造成的人员财产损失所必需的工作,是灾害

---

① 参见丁烈云:《危机管理中的社会秩序恢复与重建》,《华中师范大学学报(人文社会科学版)》2008 年第 5 期。

② 参见张小明:《公共危机事后恢复重建的内容与措施研究》,《北京科技大学学报(社会科学版)》2013 年第 2 期。

性公共危机治理的重要环节，但是，由于恢复重建机制与应急管理机制的区别，地方政府灾害性公共危机的恢复重建机制还需要注意以下几点：

第一，做好恢复重建与应急处置之间的衔接工作。在危机治理的现实工作中，应急处置工作与恢复重建工作二者相互交叠，并不能清晰划分彼此的界限。然而二者又是由不同的组织架构负责，所以前后之间的交接与过渡工作顺利是确保恢复重建顺利进行的保障。因此，构建恢复重建机制并确保其顺畅运行的关键是确保应急处置与恢复重建之间的无缝隙衔接。

第二，依法进行恢复重建的跟踪工作。与一般的建设性工作不同，灾后恢复重建工作的特殊性与复杂性使相关部门为了确保恢复重建工作的顺利、有序进行而制定了具体而有针对性的关于恢复重建的特定的法规和政策。因此，恢复重建工作必须将合法性置于首位，遵守一般性的法律法规的同时更要遵守特定的法规与政策。

第三，充分重视恢复重建规划与现实实施之间的配合。任何规划都追求完美，存在理想的成分，而任何规划的实施却又面临现实实施的困境。恢复重建工作的周期较短，而重建涉及政治、经济、文化、社会等诸方面，薄弱的基础与资源的不充足增大恢复重建工作的难度，甚或在一定程度上阻碍恢复重建工作的有效开展。因此，恢复重建工作的特殊性更需要使其基于受影响区域的现实情况充分考虑规划与实施之间存在的现实矛盾，充分解决二者的配合问题。

二、救助补偿机制

救助补偿就是通过各种方式，对在灾害中受到生存影响的社会成员提供衣、食、住、行、医疗等基本生活资料以维持其基本生活水平，并且利用公共财政资金、必要的行政手段和市场行为等工具，对灾害造成的损失进行补偿的机制，尽量把突发事件的影响和损失降到最低。救助补偿的目标，就是将灾区群众的影响与损失降到最低。救助补偿理应提供多种方案，充分考虑灾害的性质、造成的损害程度与波及范围，最大限度保护群众的各项权益，制定与公民需求相适应的可供多种选择的救助补偿计划。

救助补偿应遵循以下工作原则：一是坚持以重点受灾对象救助为主，兼顾受益面，既减轻受灾最严重的对象的负担（受益程度），又兼顾所有救助对象获得基本的救助服务。二是科学测算救助补偿比例和程度，按照国家规定和实际需要来确定救助补偿的标准。三是坚持逐步调整，保障适度的补偿原则，防止出现补偿比例过高造成透支或者补偿比例过低而补偿不足的现象。四是坚持专项管理、科学管理、定期审计、民主监督、严格补偿救助资金和物质的使用范围，防止资金和物资的滥用。

（一）完善救助补偿内容

《突发事件应对法》第六十一条第二款规定：受突发事件影响地区的人民政府应当根据本地区遭受损失的情况，制定救助、补偿、抚慰、抚恤、安置等善后工作计划并组织实施。

救助。对受突发事件影响的群众实施救助措施，地方政府应该及时制定这方面的安置计划，提供最基本的生活条件，以尽快满足灾区群众最基本的生活需求。对受突发事件影响的“孤儿、孤老和孤残”人员进行积极的救助。各级单位应当鼓励公民参加应急救援工作，确保职工参加救援工作期间的工资与福利待遇。地方政府应对没有单位的参加救援工作的公民给予一定的生活补贴，依法对伤亡人员进行抚恤。突发事件发生后，各级地方政府必须将紧急救援置于首位，然后和保险监督管理机构、保险服务机构及时沟通突发事件的损失情况，及时做好保险理赔工作。当涉及侵权赔偿的突发事件时，地方政府也需先行救助，而后考虑赔偿的具体事宜。如三聚氰胺案损失发生后，政府实施的及时救助，包括对近30万受害儿童的调查。地震等自然灾害发生后实施的救助，包括发放食物、救济款和其他物质救助。针对突发事件造成的危害，凡有保险的，保险公司应及时理赔。①

补偿。建立完善应急资源征收、征用补偿制度，解决基层群众和综合应急队伍的实际困难和后顾之忧。地方政府需要按照有关国家法律规定对公民及其企事业单位由于突发事件造成的损失予以补偿，对于没有明确法律规定的，

① 参见刘士国：《突发事件的损失救助、补偿和赔偿研究》，《中国法学》2012年第2期。

地方政府需要结合实际情况，暂时制定补偿标准和补偿办法，完善补偿程序，建立补偿评估机制，召开有受损者参加的听证会，确定补偿方式、补偿标准和补偿数额，并进行公示。对补偿物资和资金的安排、拨付和使用，审计、监察等部门应当进行监督。

（二）建立救助补偿的多元主体

政府在救助补偿方面起到主导作用，但是这并不意味着政府是唯一的救助补偿主体，一个有效和充分的救助补偿机制需要多元的参与主体。一是要发挥社会组织的作用。汶川大地震发生以后，除了政府以外，各种社会组织也迅速行动起来。除了募集资金和物资方面，很多社会组织也深入一线，参与对灾区民众的救助，对保障灾民生活、稳定灾民情绪和保持社会稳定等发挥了积极的作用。二是要发挥企业的作用，在发生重大灾害性公共危机事件时，对灾区民众的表现是衡量一个企业社会责任感的重要指标，对灾区民众的关怀，体现出一个企业的高度的社会责任感，因此，企业也是救助补偿不可或缺的主体。三是要发挥市场和金融机构的作用。金融机构尤其在补偿方面发挥着重要作用。1995年日本阪神地震发生后，金融机构出台了一系列救助政策，如临时缓缴按揭贷款、减少贷款利息、延长贷款期限等。美国由于民众投保的比例高，灾害造成的损失，很大一部分由保险公司理赔，从而减轻了政府的负担。

因此，建立多元的救助补偿主体，让政府、社会、企业和市场都参与进来，才能建立一套强有力、网络化的多维救助补偿的机制。具体来说，以政府紧急救助为基础，以政策性保险与商业保险为主体，以社会捐赠为补充。① 这种多维组合式灾害损失补偿机制的最大优势，是能够充分调动各方面的积极性与各种资源，共同分担灾害造成的损失，从而是一种可持续的灾害损失补偿机制。

（三）救助补偿的法制化

由于在突发事件以后，救助与补偿具有紧迫性、应急性和强制性等特点，并且政府在救助补偿中具有特殊性，必须通过立法的形式来保障。我国2010

① 参见许飞琼：《中国新型灾害损失补偿制度的合理取向——从政府包办救灾走向以保险为主体的多维救灾机制》，《华中师范大学学报（人文社会科学版）》2011年第4期。

年颁布了《自然灾害救助条例》，其中规定“自然灾害救助工作实行各级人民政府行政领导负责制。国家减灾委员会负责组织、领导全国的自然灾害救助工作，协调开展重大自然灾害救助工作”。“县级以上人民政府应当将自然灾害救助工作纳入国民经济和社会发展规划，建立健全与自然灾害救助需求相适应的资金、物资保障机制，将人民政府安排的自然灾害救助资金和自然灾害救助工作经费纳入财政预算。同时，国家鼓励和引导单位和个人参与自然灾害救助捐赠、志愿服务等活动。”

三、调查评估机制

灾害性公共危机治理的调查评估机制，意即为了增强灾害性公共危机治理能力，了解突发事件发生原因和损失情况，而按照一定的流程、依据一定的指标体系，遵循相关法律法规，进行数据收集、信息获取及情况调查等活动，进而根据相关要求对突发事件的性质、危机管理能力的高低、事件处理的经验教训以及其他需要评估的问题作出结论。调查评估机制是灾害性公共危机管理工作的重要机制之一，对灾害性公共危机管理的完善和提升具有重要的促进作用。

（一）完善调查评估内容

第一，灾害性公共危机管理能力调查评估。管理能力的调查评估主要针对地方政府及相关部门开展危机治理工作的情况，主要目的是监督、考核相关机关应急工作的开展与应急能力的提升。

第二，灾害性公共危机事件的调查评估。这一类评估的对象直接与突发事件相关，包括突发事件发生的原因、发生的过程、波及的范围、造成的人员伤亡与经济损失等，也包括突发事件各个阶段相关部门的应急处置情况。其中，一方面要以事件的定性、责任认定、损失补偿为目的，加强对突发事件本身的调查评估，一个方面，要完善对应急处置的调查评估，完善预案设计、组织架构、监测预警、应急处置以及恢复重建等工作流程。

第三，其他相关工作的评估。这涉及与应急管理工作相关的各类评估，其对象多样，如风险、危险源或突发事件造成的社会影响和环境损害等。这一类评估的目的是为了配合、完善、改进特定的应急管理工作。

以上几类调查评估在灾害性公共危机应急管理实践中存在着紧密的联系，从不同层面体现出一定的价值与意义，最终指向是通过调查评估充分发现问题，增加应急管理工作中的薄弱环节，进而完善应急管理体系建设。

（二）坚持调查评估原则

第一，坚持独立性原则。为提供详细有益的有别于常规的信息渠道，调查评估需要不断地梳理、挖掘信息，因此，地方政府在调查评估中必须坚持独立性原则。这种独立性主要表现在以下几个方面：不应受到执行部门态度的影响；不应受到部门利益的影响；不应受社会公众和媒体压力的影响。保证评估的独立性主要依靠调查评估机制的设计，例如由高一级政府组织评估或者引入第三方评估机制。

第二，坚持客观性原则。客观性原则要求相关主体坚持既有的客观条件，诸如既有的知识、信息、技术等条件，客观评价应急管理体制、机制的运行效果，客观评价灾害应急管理是否高效、科学，总结灾害管理经验和教训，提出新的预案修正意见。

第三，坚持科学性原则。在调查评估过程中杜绝主观臆断，坚持科学性原则，采取科学的工具和方法梳理、挖掘与灾害性公共危机相关的信息，结合客观事实科学论证、判断。

第四，坚持规范性原则。为了获得独立性和客观性原则，调查评估必须遵循一定的规范，需要对评估主体、评估程序、评估费用的使用、评估结果的使用和公开等内容都作出明确详细的规定。

第五，坚持公众参与原则。在灾害性公共危机应对过程中，处于基层和一线的群体往往更能深刻地感受到日常应急管理工作中存在的问题，对解决已有问题也较有发言权。因此，无论哪一类评估，都必须注重公众参与，最大限度通过多种渠道将公众引入调查评估中来。

（三）优化调查评估流程

灾害性公共危机管理调查评估流程优化，主要是应急管理工作能力评估和突发事件评估的优化。

1. 应急管理能力调查评估的流程

应急管理能力评估应作为一种常规性的应急管理工作,周期性举行。内部调查评估可每1—2年实施一次;按地方政府、专项突发事件应急指挥部以及应急管理相关委办局三类轮流进行评估;也可以每年收取一定部门组织内部评估。外部调查评估人员因为人员、经费及时间等方面的约束更多一些,可采用较长的实施周期,如每3—5年实施一次,也可对不同部门轮流进行评估,或者每年随机抽取数个部门进行评估;还可以根据内部评估的结果,选择数个部门进行外部评估。

第一,内部调查评估流程(见图6-8)。按照既定计划,通常为行政年度即将结束时,已经确定开展内部调查评估的地方政府、专项突发事件应急指挥部以及应急管理相关委办局,应根据计划要求和实际需求,确定内部评估负责领导,拨付评估工作费用和提供其他必要条件,开始内部评估工作。内部评估工作周期一般为1—3周,最终完成并向上级应急管理领导机构提交一份内部评估报告,内容主要是应急管理能力调查评估过程及评估结果,并应给出一个总的结论,包括改进措施和工作建议。应急管理能力内部评估报告用于部门内部工作完善和改进的依据,也可作为应急管理办事机构对不同部门横向比较、评优考核以及政策制定的依据。在适当时机,应急管理能力内部评估报告可由应急管理领导机构向社会公布。

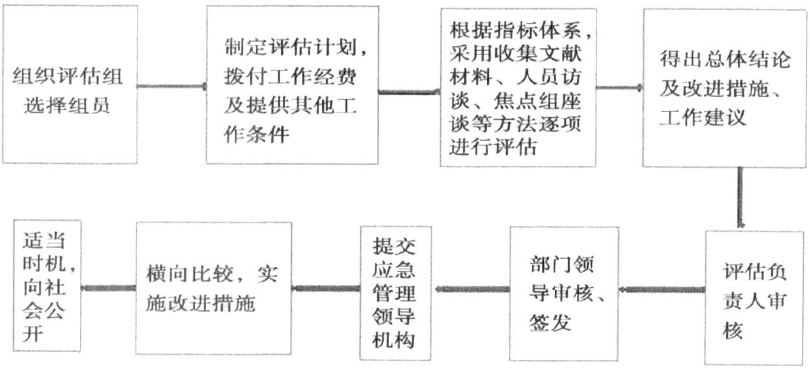

图6-8　内部调查评估工作流程

第二,外部调查评估流程(见图6-9)。根据外部调查评估实施计划,应急管理领导机构确定负责外部评估的领导和需要进行外部评估的部门,并根据外部评估的规模和实际需要,拨付赔付工作经费和提供其他必要的工作条件,开展外部评估。外部评估的工作周期由具体评估部门数量和评估开展方式确定,通常每个部门外部评估工作的周期为2—3周。外部评估的一种方式是在评估组之下分为数个小组,分别负责不同的被评估部门,如需要评估的部门不多,也可由评估组轮流对其进行评估。评估组最终应向应急管理领导机构提交一份评估报告,内容主要是外部调查评估过程和评估结果,并应给出一个总的结论以及改进措施和工作建议。应急管理领导机构应对应急管理能力工作外部评估报告予以适当回应,特别是报告所提出的改进措施和工作建议。应急管理办事机构应把外部调查评估报告作为自身工作和政策制定的重要依据。在适当的时机,应急管理领导机构向社会公布外部调查评估报告。

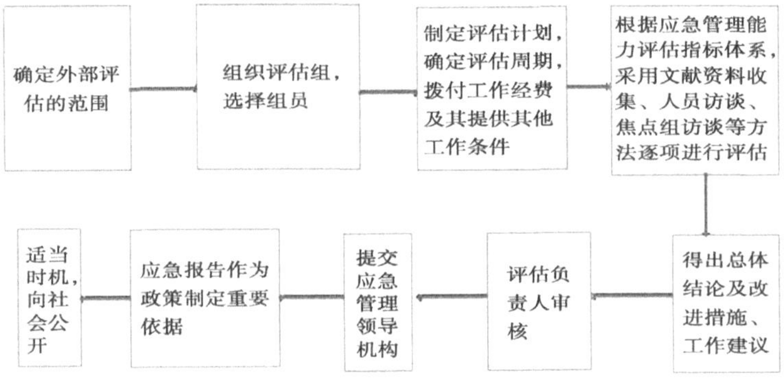

图6-9　外部调查评估工作流程

2. 突发事件调查评估的流程

突发事件调查评估工作,应在不影响事件应急处置的前提下尽快开展。理想状态下,调查评估工作组应在突发事件发生后立即全过程参与事件应急处置,以保证第一手资料的获得。但通常情况下,突发事件调查评估工作在突发事件处置结束后才组织开展。

突发事件调查评估工作的组织者应根据突发事件的性质、规模等因素,确定合适人选担任评估工作组组长，并确定工作组的组员。同时，应根据评估工作组组长制定的调查评估工作方案、计划和经费预算，提供相关工作经费和其他条件。

调查评估报告完成后，应提交给突发事件评估的组织者，以作为相关决策和问责的主要依据。同级应急管理领导机构和办事机构应把评估报告纳入奖惩考评等绩效考核体系中，同时应采取适当方式对评估报告提出的各项改进措施和工作建议给予回应，并对其中有参考价值的部分适时开展后续的可行性研究和政策执行工作。

突发事件评估组织者应当将评估报告递交给上级人民政府，并应当以适当的形式向同级人民代表大会（或其常委会）进行报告。如果突发事件的级别较高，或者受到社会公众广泛关注，可以适时以适当的方式向社会公布评估报告。

突发事件调查评估的流程如图 6-10 所示：

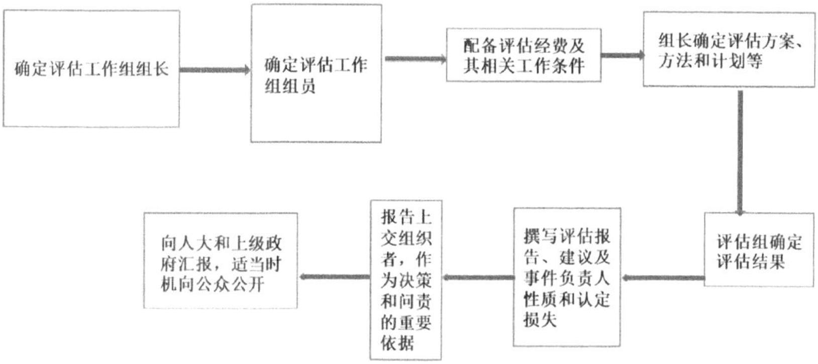

图 6-10　突发事件调查评估流程

四、责任追究机制

责任追究机制是依据一定的法律法规与道德责任对相关工作人员的失误与错误追究相应的责任的工作。灾害性公共危机管理的责任追究机制是指在危机治理过程中，围绕相关人员的工作职责，以法律法规为依据，建立的一套决定、公布以及执行责任追究措施的工作流程。责任追究的目的，不仅是为了追究责任,更是为了通过责任追究形成对领导干部和工作人员的负向激励,预防他们出现不应有的失误和错误,以真正提高应急管理的能力和水平。在具体工作实践中,责任追究应该遵循实事求是、依法有序、权责一致、公开透明、惩教结合的原则。

(一)责任追究的工作内容

第一,责任追究的内容、范围和对象、主体。责任追究工作一方面要确定责任追究的内容主体、范围和对象等要素。这些要素一定程度上与突发事件的类型、等级和特点相关。另一方面,这些要素的确定也需要遵循相关的法律、法规、行业标准以及规章制度等规范文件的规定。

第二,责任追究的情形、方式及适用。责任追究工作进一步需要确定责任追究情形、责任追究方式以及适用条件等。

第三,责任追究后的复出程序。根据我国实际情况,有必要建立与中国责任追究制度相配套的"复出"机制,做到被追责官员复出、晋升的制度化、规范化和透明化。

(二)责任追究的程序

1. 启动责任追究工作。责任追究主体根据领导的指示和批示,上级的通报,人大代表和政协委员提出的议案、提案和建议、批评、意见,公民、法人和其他组织的检举控告,新闻媒体的报道,有关部门和人员提出的意见,巡视、工作检查或者工作目标考核中发现的问题,或通过其他渠道发现的应该追究责任的情形,由纪检监察机关或者其他法律规定的责任追究部门进行初步核实,视需要按程序启动责任追究。

2. 启动调查工作。责任追究程序启动后,事实基本清楚的,责任追究主体组成相关部门人员参加责任追究调查组,对事实进行调查核实,并形成责任追究调查报告。

3. 决定环节。实施责任追究的单位和部门接到调查报告后,在规定时间内由领导班子集体研究,作出追究责任或不予追究责任的决定,追究责任的,决定责任追究的方式。

4. 申诉。被追究责任的对象对责任追究决定不服的,可自收到决定书之日起在规定时间内向作出责任追究决定的机关和部门或者上级机关和部门提出申诉。

5. 复议、复查。责任追究主体收到被追究责任人的申诉后，应及时组织进行复议、复查，在规定时间内作出决定。申诉、复查期间，原责任追究决定不停止执行。

第七章 地方政府灾害性公共危机治理能力提升路径

习近平总书记在2018年10月10日召开的中央财经委员会第三次会议上发表重要讲话强调，加强自然灾害防治关系国计民生，要建立高效科学的自然灾害防治体系，提高全社会自然灾害防治能力，为保护人民群众生命财产安全和国家安全提供有力保障。① 新中国成立以来，党和政府高度重视灾害性公共危机的治理工作，有效发挥了我们的制度优势，应对灾害性公共危机的能力也取得了长足的进步。但是，同时我们也要认识到，我国地方政府的灾害性公共危机治理能力总体还有较大的提升空间。提高地方政府的灾害性公共危机治理能力，关系广大人民群众的生命与财产安全，关系社会和谐稳定发展、关系各级地方政府的公信力，也是对我们党执政能力的重大考验。

第一节 地方政府灾害性公共危机决策能力提升

灾害性公共危机紧迫的时间压力与高度的不确定性要求地方政府快速作出决策，而地方政府危机决策的科学性与有效性能够最大限度减少危机造成的伤亡与损失。因此，决策能力是检验地方政府应急管理能力的重要指标之一，也是摆在各级地方政府面前的一项重要课题。各级地方政府需要在坚持以人为本、及时性、科学性、有效性、法治化的原则的指导下，将危机决策能力

① 参见 http://www.gov.cn/xinwen/2018-10/10/content_5329292.htm。

的提升作为公共危机治理能力提升的重要维度，从思想上高度重视公共危机决策能力建设，充分改善地方政府灾害性公共危机治理效果。

一、地方政府灾害性公共危机决策能力提升的重要性

灾害性公共危机决策，指以政府为核心的公共管理系统，在灾害性公共危机爆发时，为迅速遏制事态和化解危机而作出的一系列决策的总和。灾害性公共危机的突发性、紧迫性、发展态势的不确定性需要属地政府快速决策，使危机决策在危机治理中处于核心地位。正如著名的政策科学家叶海卡·德罗尔所说："危机决策对许多国家都具有极大的现实重要性，对所有国家则具有潜在的至关重要性，危机越是普遍或致命，有效的危机应对就越显得关键。危机中做出的决策非常重要，而且不可逆转。"①

（一）灾害性公共危机决策的特征

灾害性公共危机决策除具有一般决策的基本特点外，由于其是受到当时环境与条件的制约的抉择活动，相对于常规决策，由于时间紧迫、信息有限、人力资源短缺等条件，存在着一些特殊之处。

第一，灾害性公共危机决策的紧迫性。针对重大灾害性公共危机的应急决策，决策的主要目标是把灾害性公共危机控制在一定范围内，最大限度地保护人民的生命财产。由于灾害性公共危机的突发性、紧迫性，地方政府按部就班地走常规决策程序，寻求最优政策方案很可能会推迟决策过程并导致灾难性的后果。决策主体只能在不违背目标的前提下，以快捷的程序，适当凭决策者的社会经验和智慧，找到引发危机事件的直接原因以及可能导致局势恶化的因素，权衡利弊，简化程序，提高决策效率。相比之下，常规决策必须建立在广泛的民主基础上并遵循规范程序（包括头脑风暴、民意调查和投票）。该决策者必须在充分民主协商后作出最终决定。

第二，灾害性公共危机决策的及时性。灾害性公共危机中，地方政府决策

---

① ［以］叶海卡·德罗尔：《逆境中的政策制定》，王满传、尹保虎等译，上海远东出版社1996年版，第17页。

者往往需要在有限的时间和条件下搜集、分析、运用相关信息并作出应急决策。但危机决策信息往往具有信息不完全、信息不及时、信息不准确等信息有限性问题。① 灾害性公共危机发生后,为避免造成危机升级扩散,地方政府需要在信息有限性的约束条件下快速决策,采取相应措施应对危机,以免造成更多的人员伤亡与财产损失。以2007年7月19日云南腾冲县暴发的泥石流灾害为例,尽管声称夺去29人生命的重大自然灾害主要是持续的强降雨诱发的,但地方政府果断决策不足也是导致危机进一步扩大的重要原因。在事故发生之前,当地政府并未及时果断作出决策,发布预警信息,也未能阻止相关人员的撤离,从而导致悲剧的发生。② 因此,当灾害性公共危机出现征兆时,地方政府决策机构和决策者需要抓紧危机应对的黄金时间,果断作出决策,科学有效地应对。

第三,灾害性公共危机决策的风险性。在许多情况下,灾害性公共危机情况变化如此迅速,很难预测事件或可能的结果。这种危机情况在几天、几小时甚至几分钟内会出现动态的变化。这种不可预测性、不确定性和变化,是公共危机事件的动态特征。在时间、资源的约束下以及不确定性极高的情境下,不论采取何种解决问题的方案,都会承担一定的风险,有时候甚至连决策风险的大小也难以把握,所以决策者在最大限度降低风险的同时,要有承担风险的思想和物质准备。

第四,灾害性公共危机决策的人格化。灾害性公共危机的决策效果往往与决策者个人的认知和素质密切相关,需要公共决策者拥有敏捷的思维能力与临危不惧的应变能力。在灾害性公共危机决策中,决策质量会受到决策者个人特质的影响,从而体现出灾害性公共危机决策有着人格化的特征。应对灾害性公共危机事件时,在时间、信息等资源的约束条件下,要选择较好的政策方案,作出比较科学理性的决策,要求决策者个人具备较高的能力。综合分

① 参见薛澜、张强、钟开斌:《危机管理:转型期中国面临的挑战》,清华大学出版社2003年版,第167页。

② 参见全球案例发现系统:公共管理案例素材库,http://www.chinacases.cn/KW/Views/Index.aspx。

析，除了政治素质、业务素质、智力素质、心理素质和身体素质几方面，还包括公共决策者对危机事件的认识、判断、分析、应变和协调能力，对危机信息的获取能力以及对应急知识的应用能力等。

（二）灾害性公共危机决策能力的重要性

灾害性公共危机决策贯穿于危机管理过程的始终，决策的正确与否直接关系到危机治理的效果，因此，灾害性公共危机决策能力是衡量地方政府危机治理能力的重要指标。综合来看，地方政府灾害性公共危机的决策能力主要指面临灾害性公共危机的不同阶段，公共决策者能够充分克服时间、信息、人力与资源等的限制，能够根据当前危机情形快速识别、分析、研判并作出决策，采取有效措施积极应对危机并尽最大可能消除危机的能力。公共危机管理实践表明，在灾害性公共危机预防、处置和恢复的过程中，地方政府的危机决策能力尤为重要。一方面，危机决策是灾害性公共危机治理机制运转的逻辑起点，危机决策能力是治理机制有效运转的动力，并决定灾害性公共危机治理机制的运作效率。另一方面，危机决策水平决定着地方政府应对灾害性公共危机的成败。灾害性公共危机的破坏性、突发性、紧迫性等特征使公共决策者的决策能力在危机应对的任何阶段都显得尤为重要，公共危机决策者的决策能力影响着危机应对的效果。因此，提升地方政府公共决策者的决策能力是提升地方政府灾害性公共危机治理能力的关键。

二、地方政府灾害性公共危机决策能力提升的基本原则

（一）以人为本原则

自然灾害、事故灾难、公共卫生等灾害性公共危机严重威胁人民的共同利益和生产生活秩序。灾害性公共危机中，地方政府决策的首要价值目标应该是保障人民群众的生命和财产安全。因此，危机决策者决策能力的提升应当以保障人民群众的根本利益为最终的出发点与落脚点。灾害性危机事件发生后，将会对受灾群众的生命财产造成很大的威胁，灾区正常的生产生活秩序将受到干扰。这要求作为公共决策者的地方政府以保障人民群众的生命安全、财产安全为目标，最大限度维护群众利益为基础。倘若决策者忽视群众利益，

追求个人利益,将会造成群众不满,引发灾害性公共危机事件中的政府信任危机。各类公共危机事件证明,地方政府灾害性公共危机决策中必须坚持"以人为本"的原则,最大限度保障人民的利益,才能充分彰显现代化政府的良好形象。例如,2008 年 1 月,广东遭遇了几十年不遇的严重低温雨雪冰冻灾害。在这场灾害性公共危机中,广东省各级政府立足广大人民群众的利益,及时出台相关政策控制危机升级,减少灾害带给群众的损失。广东省"外来人员留粤过年"政策的成功实施,保障了外来务工人员的合法权益,使外来务工人员过好春节。①

(二)及时性原则

灾害性公共危机决策的时效性至关重要,灾害公共危机的突发性、紧迫性与快速蔓延性需要地方政府在危机发生后第一时间快速调查危机发生的原因,迅速作出决策,采取相应措施应对,否则后果不堪设想。美国佛罗里达州紧急救援前指挥官乔·迈尔斯曾说过:"如果 72 小时内看不到救援人员的身影,灾区将会陷入混乱。"反之,如果地方政府在灾害性公共危机发生后没有迅速决策并采取行动,而是封锁消息,意图以捂盖子的方式来维护地方政府个别领导者的形象,这必然造成更大的危机。例如,2008 年"三鹿奶粉事件"中,由于石家庄市政府没有及时决策,导致事态不断扩大,使食品安全陷入窘境,引发广大群众的不满与恐慌,这严重破坏了政府形象,影响了政府公信力。总之,灾害性公共危机发生后,地方政府必须以及时性原则为遵循,第一时间作出决策,采取应对措施,尽其所能挽救陷入危机中的群众及其财产安全,有效遏制危机的蔓延与恶化。

(三)法治化原则

灾害性公共危机决策属于地方政府决策的重要内容,也必须坚持法治化原则。公共危机法治化原则指地方政府危机决策中需要坚持合法性原则,以法律法规为准则快速决策,采取必要措施应对危机。如果说传统公共危机管

---

① 参见广州大学思想芦苇课题组:《应急管理中的公共政策运行过程研究》,《中国应急管理》2009 年第 2 期。

理具有较强的人治特征，那么，灾害性公共危机治理的现代化则要求危机治理的法治化。公共危机发生后，地方政府坚持法治化原则应对危机需要注意以下几方面：一是危机决策主体需要具有决策的法律资格；二是地方政府决策者需要坚持法律法规，在法律法规的框架内行使职权；三是地方政府决策者的任何行为都需要有法律支撑，即决策者的行为要合法；四是地方政府决策者必须合法地引用政策文件，也就是要坚持依据合法，不能违背上级的方针政策。

（四）权变性原则

灾害性公共危机应对中，地方政府需要坚持权变性原则，即公共危机决策者在决策中不能盲目坚持，而要根据危机变化的形势及时调整应对方案，尽量避免由于危机升级扩散而造成更大损失。地方政府坚持权变性原则在灾害性公共危机决策中十分必要。这是因为，灾害性公共危机本身具有很强的随机性、不确定性与迅速扩散性，决策面对的未来环境和条件具有多种可能，有时甚至不能预测，加之危机信息的传输并不是畅通无阻，信息的迟滞不能充分反映危机的演化状况，这就需要地方政府根据不断变化的形势在有限的时间内根据掌握的最新信息快速做出正常选择，不断完善决策。倘若危机决策者在危机治理中缺乏权变性，则会造成决策失误，导致危机不断升级而无法控制，无形增大了危机的破坏性。

三、地方政府灾害性公共危机决策能力提升的路径

灾害性公共危机决策能力的提升需要将危机决策看成一个有机的系统，从灾害性公共危机决策枢纽系统、信息系统、咨询系统几个方面着力提升优化，有效利用现代化和高科技的决策工具，健全危机决策的监控问责制，这几个维度正是灾害性公共危机决策中的关键要素。

（一）优化灾害性公共危机决策枢纽系统

枢纽是事物相互联系的核心环节，危机决策枢纽系统即危机决策系统的关键、核心，是指导、组织整个灾害性公共危机决策活动和最终从事抉择方案的领导核心。灾害性公共危机决策枢纽系统组织领导整个决策过程，确定决

策目标，选择决策方案，监督决策执行。灾害性公共危机决策枢纽系统的权威性尤为重要，能够保证决策果断，是整个灾害性公共危机治理成效的前提和基础，具有非常重要的作用。优化灾害性公共危机枢纽系统可以从以下几方面展开：

1. 加快危机决策核心机构的建设

灾害性公共危机的诱因与后果呈现综合性的特点。因而，传统的体制与灾害性公共危机治理的现实需求存在很大差距。作为灾害性公共危机决策的核心环节，危机决策枢纽系统需要与信息系统、咨询系统等联合发力，科学分析评估决策备选方案，同等条件下作出最优抉择。

第一，健全常设性的灾害性公共危机决策核心指挥机构。灾害性公共危机决策核心指挥机构意味着灾害性公共危机决策有了权威性核心机构。灾害性公共危机决策核心指挥机构需要在危机发生前与危机发生时同时发挥作用。危机发生前，危机决策核心指挥机构的职责是预判可能出现的隐患与威胁，在充分研究分析的基础上制定可行应对方案，并将应对方案细化为各职能部门能够贯彻实施的具体的政策措施。危机发生时，危机决策核心指挥机构需要快速启动应急预案，协商制定应对危机的可行措施并协同相关部门聚集合力共同应对危机。灾害性公共危机决策核心指挥机构能够克服传统的条块分割限制，整合现有的人力、物力与财力，通过集合各部门的合力提升危机应对的整体力量，从整体上提升决策的科学性与有效性。

第二，增强决策枢纽系统的协作配合。灾害性公共危机应对涉及较多部门，部门间和谐的合作能够实现 1+1>2 的效果。因此，需要以人民为中心，以实现最广大人民的利益与国家利益为前提条件，加强各部门间的协调合作，打破体制性障碍和阻隔，整合各部门的优势资源，建成横向和纵向协同运作的系统，提升灾害性公共危机决策的质量。

2. 优化教育培训，提升决策者的综合素质

地方政府公共决策者的综合素质是灾害性公共危机科学、有效决策的前提与保障。公共决策者的心理素质、业务能力与综合技能的提升能够增强其充分认识、辨别不同灾害的类别、性质、危害程度，并根据灾害演化的具体情境

制定相应的应对策略。因此,必须优化教育培训,切实提高危机决策者的综合能力。

当前大多数地方政府开展的危机管理培训活动,在内容上主要聚焦法律法规,而对危机决策者的能力培训重视不够。加强危机决策者的教育培训,要准确把握地方政府决策者对于危机决策教育培训的需要,优化危机决策教育与培训方法,并对危机决策教育与培训效果进行追踪。把握教育培训内容的针对性,需要在开展教育与培训活动的时候,提前通过问卷法、访谈法等各种调研方法,对教育培训的需求做到心中有数。负责灾害性公共危机决策教育与培训的具体机构应该坚持总结经验,在教育培训方式的创新上下功夫。针对灾害性公共危机的特征,非常有必要大量采用"案例分析"和"情景模拟"的教育培训方法。① 决策者通过仿真试验、模拟现场方式,从而使政策制定者从中吸取教训,反思灾害性公共危机所反映的深层次问题根源,促成政策学习。另外,让领导干部与公务员充分掌握危机管理决策知识,通过各种形式的模拟演练充分提高应变能力。同时,各级地方政府必须推动灾害性公共危机管理教育培训活动的负责机构健全,完善相应的规章制度,由专门的负责机构及其人员对灾害性公共危机决策能力的教育培训工作的实际效果,相关决策人员的改进提升情况进行总结,塑造"反思+变革"的决策能力,适时有效解决决策能力教育培训中相应的问题。

(二)优化灾害性公共危机决策信息系统

决策是由信息通过输入—加工—输出—反馈多级循环后转换为行为的过程,充分完备的信息能够减少因信息不对称而造成的失误。可以说,有效的信息是危机决策科学性的先决条件。完整的信息系统至关重要,信息质量、信息数量、信息方式和信息时效等对公共危机决策质量起着决定性作用,②能够确保危机管理者和机构充分正确决策,迅速应对危机并控制或消除危机。从大量的灾害性公共危机管理实践可以看出,个别地方政府灾害性公共危机决策

① 参见李宏:《提升基层应急管理决策能力》,《学习时报》2012 年 5 月 21 日。

② 参见蔡冬松、余小茹、辛立艳:《面向公共危机决策的信息管理机制研究》,《图书情报工作》2014 年第 11 期。

往往会不同程度存在信息缺失、信息超载、信息碎化问题，因此，必须优化灾害性公共危机决策信息系统，构建集中统一的信息平台。集中统一的网络信息平台为信息传输提供畅通渠道，保障信息正确、快速传输，这是实现有效危机决策的前提条件，此外，还必须建立和完善数据库，具体来讲包括以下几个方面：

第一，构建管辖范围内关键设施信息数据库。编制管辖范围内化学物品、生物物品、放射性物品、核物品、爆炸物品等各项物品清单，明确不同种类物品的性质、储藏要求、储藏地点、周围环境特征、交通特征以及危机应对的技术要求等。

第二，建立和完善潜在危机的风险机理信息数据库。任何地区的生产生活中必将存在潜在风险，编制潜在危机的风险信息库是有效应对危机的前提条件。因此，应当对管辖范围内潜在的自然灾害、事故灾难、环境污染、生态环境破坏以及公共卫生安全等风险机理信息编制信息库，详细描述不同风险发生的条件、作用原理、作用过程、引发的危害、危机舒缓的相关知识以及技术要求等。

第三，建立和完善危机事件的历史信息数据库。任何地区都有发生过危机事件的经历，有效避免危机事件再次发生的良药是建立危机事件历史信息数据库，详细描述历次历史事件发生的时间、原因、波及范围、造成的损失、应对方案，充分总结经验教训，并将总结提炼体现在以后的危机应对实践中。

第四，建立和完善现有危机管理计划和项目信息数据库。充分考察现有的危机舒缓计划和项目，在审视的基础上借鉴总结危机评估工作，结合最新经验找出计划和项目在机构设置、财政保障、技术储备、现实实施以及后期评估等要素中的不足。

第五，建立和完善管辖范围内公共安全与危机应对信息数据库。编制公共健康设施信息数据，明确公共健康设施的数量，急救设施、医护人员、服务范围等，对各医疗机构进行定期演练；编制防火设施信息数据库，明确管辖范围内防火设备数量、服务范围、消防人数等；编制警察部门信息数据库，明确警察部门人员职责，建立快速反应部队，通过危机演练提高应对危机的能力；编制危机报警系统信息数据库，保证24小时值班，建立迅速有效的信息传递系统，进行报警演练；编制危机处理中心信息数据库，实现统一协调，集中处理；编制重型装备信息数据库，统计各部门现有数量并编制成册，方便危机中调用。

（三）优化灾害性公共危机决策咨询系统

灾害应对涉及各领域各学科的综合知识，灾害性公共危机决策不仅需要决策者具备危机应对的综合知识与技能，而且需要获得智囊团体与专家学者的广泛支持。任何层级的地方政府决策者只能是某一领域的专家，而绝大多数危机事件却涉及各行各业的知识。而且，决策者在某些特殊环境中将面临更大的内部压力，从而造成集体盲目，严重影响危机决策的质量。为了准确评估危机状况和替代方案，科学地收集和处理危机信息，危机决策者必须充分利用各领域的专家资源，为危机决策提供必要的咨询服务。通过对相关领域专家咨询而作出的决策，不仅可以保证决策的科学性和可靠性，而且也为实现灾害性公共危机决策的优化提供了可能。因此，要建立和完善专家信息库。根据研究领域、技能与知识背景将专家分为不同的类别，详细统计备案并建成资料库。建立公共危机治理的专家信息库是在危机治理中发挥各行各业专家作用的有效途径。

在危机决策中，地方政府要充分利用好三类咨询机构：(1)行政决策信息或咨询机构，隶属于地方政府及其下属部门，专门从事决策信息收集和政策研究；(2)属于官方组织和民间组织之间的半官方政策研究或咨询机构，致力于独立客观地分析公共危机状况；(3)民间政策研究或咨询机构，包括附属的研究机构和某些学术协会，以及隶属于企业或高校的研究机构。

在公共危机的不同阶段，地方政府要充分利用咨询机构和专家的作用。在灾害性公共危机监测预警中，可以充分发挥专家学者与专业技术人员的信息研判作用，及时指导相关部门做好预警工作，从而提高监测预警的效果，充分实现风险关口前移；在灾害性公共危机发生时，可以充分发挥专家学者的决策咨询作用，将专业知识与智力支持贡献于危机应急处置与灾后恢复重建等工作中；在灾害性公共危机善后工作中，智囊团和专家可以就公共危机治理绩效进行评估，提出科学有效的优化建议，并及时将危机事件加入公共危机决策的案例资料库,为进一步提高灾害性公共危机治理奠定基础。此外,地方政府要致力于建立专业性的危机决策研究机构,确保这些机构对灾害性公共危机决策进行持续不断的科学研究工作,模拟危机情境,厘清对策思路,在危机事件发生前做好危机预警的“思想库”储备工作。①

(四)开发和运用高科技产品辅助危机决策

有效决策不仅需要基于对策论、运筹学、规划论等先进的决策方法,也需要人工智能与现代化信息等先进的技术支持。只有先进的决策方法与高新技术才能确保精确定位,全面提高灾害性公共危机决策水平。进入新世纪以来,人类进入大数据时代,科学技术的迅猛发展对优化灾害性公共危机决策起到重要的推动作用。为了提高危机决策的速度,更好地处置危机事件,地方政府在决策时要利用好电子计算机、卫星监控、遥感遥测等现代化的科技手段。GIS(地理信息系统)使危机决策者能够收集、存储、整合、分析、共享和应用地理空间信息,从而有效地评估和管理危机。但是,地理信息系统目前尚未充分发挥灾害管理的潜力。模拟和建模在应急管理方面具有丰富的历史,但到目前为止,它们主要应用于非常复杂的问题,传感器,数据融合和应急通信方面的新技术发展,加上日益复杂和极端的灾害情况,正在导致越来越多的要求。

(五)健全危机决策的监控问责

在灾害性公共危机中,如果地方政府决策失误,就会给群众生命财产安全带来难以弥补的损失。《国家突发公共事件总体应急预案》中明确规定,对于迟报、谎报、瞒报和漏报突发公共事件重要情况,或者应急管理工作中有其他失职、渎职行为的,要依法对有关责任人给予行政处分,构成犯罪的,依法追究刑事责任。因此,应加大对灾害性公共危机中地方政府失误决策或者不作为的惩罚力度,完善危机决策的责任追究制度,对灾害性公共危机中的地方政府决策进行监督和问责。一般来说,灾害性公共危机中,地方政府的决策失误往往在政策执行阶段才显现出来。为减少决策失误,降低人民财产损失,需要建

① 参见郭鸿炜、高斌:《提高我国政府危机决策能力路径分析》,《山东行政学院山东省经济管理干部学院学报》2009 年第 5 期。

立一套科学的灾害性公共危机决策责任认定机制，针对公共危机决策中存在的瞒报、谎报、漏报现象以及其他失职、渎职行为，要明确责任类型与责任主体，建立有效的责任追究机制。需要注意的是，问责机制在促使决策者竭尽全力作出更好决策的同时会由于面对来自各方且相互冲突的压力而出现“多重问责的扭曲”①。决策者面临灾害性公共危机的不确定性特征和问责的压力时，如果目标不是以有效控制事态为主，而是以将自身承担的责任最小化为目标，这则导致出现“决策目标置换”现象——避免承担责任成为其决策的主导目标。因此，合理的危机决策问责制度，要以充分调动决策者的积极性和能动性为目标。

第二节　地方政府灾害性公共危机协同治理能力提升

为了抵御自然灾害和人为灾害，并尽快有效恢复重建，政府、企业、社会组织和公民必须共同努力。越来越多的证据表明，私营部门和公共部门之间的合作可以提高应对灾害性公共危机和从中恢复的能力。由于受政府管理体制中传统文化、组织形态和制度等因素的制约，目前灾害性公共危机治理主体仍然相对单一，危机协同治理效率不高。为此，应致力于全面提升地方政府灾害性公共危机协同治理能力，树立多元共治的协同治理理念，构建地方政府主导、多元主体协同参与的危机治理网络，完善协同治理制度保障体系，打破地方政府职能“碎片化”，整合地方政府、市场主体、社会组织和社会公众等多元主体力量，共同应对灾害性公共危机，最终实现协同增效的目的。

一、树立多元共治的协同治理理念

理念是行动的先导，是任何行为模式选择的逻辑依据和内在驱动。地方

① 薛文军、彭宗超：《西方危机决策理论研究与启示——基于技术、制度与认知的视角》，《国家行政学院学报》2014 年第 6 期。

政府作为灾害性公共危机治理的重要主体,其治理理念的选择直接决定着采取何种危机治理模式。因此,地方政府须树立多元共治的协同治理理念,不断提高多元主体参与灾害性公共危机治理的角色意识和责任感。

(一)培育合作信任的政府组织文化

信任是把拥有不同目标、利益诉求、动力机制和管理模式的组织集合起来协同行动的纽带,信任程度决定着灾害性公共危机协同治理的范围和效果。所谓合作信任的政府组织文化,是政府系统内府际、部际间以及系统外社会主体间在参与灾害性公共危机治理过程中形成的相互信任、主动寻求合作,以合作求生存、谋发展的文化氛围,其本质是信任、协作和互利理念的融合。培育合作信任的组织文化有利于聚集社会资本,营造良好的治理环境,使社会主体在进行自我管理基础上共同应对危机。因此,培育合作信任的政府组织文化应做出以下努力:一是构建信任和承诺机制。一方面,重视纵向政府间和横向部门间综合性、全过程的信用信息系统建设,建立有效完备的征信制度和失信惩戒机制,不断提高地方政府的公信力;另一方面,针对其他社会主体的"机会主义""搭便车"行为,通过制定严格的惩处制度或增加违背道德的成本来约束其行为,以有效提高治理主体的可信承诺水平。二是加强执政道德教育,巩固社会信任。信任是提升地方政府危机治理能力的基石,而道德建设则是加强社会主体合作信任的重要手段。地方政府执政道德建设,即行政伦理建设。它是政府危机治理的一种价值体系,涉及政府权力的来源问题,地方政府必须牢记"权为民所用"的执政理念,进行行政伦理建设,以此强化公民社会组织和市场主体对民主政治的信任。三是加强其他社会主体的道德建设,达到地方政府、企业、社会组织和公众间互信互利的目标。其他社会行为主体也必须强化自身道德修养,提升专业应急技能和公共责任意识,提升地方政府灾害性公共危机协同治理能力。

(二)坚守民生优先的公共利益导向

协同治理的理念导向注重公共利益,然而,我国危机治理倡导"管理驱动逻辑"的行为模式,通常采取运动式治理和组织化调控的方式追求风险社会的刚性稳定，这种治理模式治标不治本。① 灾害性公共危机的有效治理主要依赖于地方政府的公共理念与综合应急能力，致力于应急物资的提供、公共安全利益的保障和民生问题的解决，这也是地方政府执政合法性的重要内容。一方面，必须坚持以人为本，地方政府的全过程应急管理工作都要以保护人民的生命财产安全、保障公民的合法权益为根本出发点和落脚点。同时，要以“人民公仆”的角色，做好应急服务工作，尤其是做好城乡、东西部等不同地域专业化应急救援队伍、应急物资和资金等公共服务的相对均等化供给。另一方面，要求地方政府在经济社会发展中摒弃政绩导向的发展理念，大力加强社会公共安全建设。切实保护公众权益，积极采取措施吸收社会力量参与危机治理，并且做好参与主体的权责分配、关系协调以及其他方面的保障工作，从而降低危机发生的可能性，最大限度地减少生命财产损失。

（三）增强多元主体的公共责任意识

协同治理理论特别强调参与主体的责任意识，认为责任作为一种功能性因素对灾害性公共危机协同治理能力的提升至关重要。增强危机治理主体责任意识的关键在于培育独立政治人格和高度公共责任感，对危机治理过程中应承担的主体责任有统一的认知。因此，应基于各参与主体的公共责任对社会资源进行全方位整合，尤其是地方政府作为社会秩序的实际维护者，有效地预防、应对和处理危机，有利于树立良好的政府责任主体形象，增强全社会危机应对意识。首先，地方政府应加强预防和应对灾害性公共危机的宣传与教育，让公众摆脱传统臣民思想和危机被动依附的旧惯例，逐步形成主体意识、参与意识、平等意识和责任意识。其次，逐步构建多元主体参与的制度化利益表达机制，通过参与能力的增强和参与渠道的拓展，让社会主体有承担公共责任的功效感。最后，采取激励措施培养公众的公共责任感。公众责任意识是增强社会主体责任意识的前提条件，应通过多种渠道和方式让更多的社会公众以“主人翁”的身份参与灾害性公共危机治理，关心公共

① 参见张玉磊：《转型期中国公共危机治理模式研究——从碎片化到整体性》，中国社会科学出版社 2016 年版，第 229 页。

安全,保障公共利益,承担公共责任。

二、构建政府主导的多元协同网络结构

在灾害性公共危机治理过程中,地方政府作为主要基层正式救援力量处于主导地位。伴随着灾害性公共危机治理理念的转变,地方政府的治理行为由管制转向服务,主要致力于应急资源的保障。同时,将一部分政府职能移交给社会组织和企事业单位,充分调动社会主体参与危机治理的积极性。而其他社会参与主体包括市场主体、社会组织、社会公众等,在灾害性公共危机治理中都扮演着不可替代的角色,地方政府应加强与其他社会主体间的协同行动,合理配置权责关系。

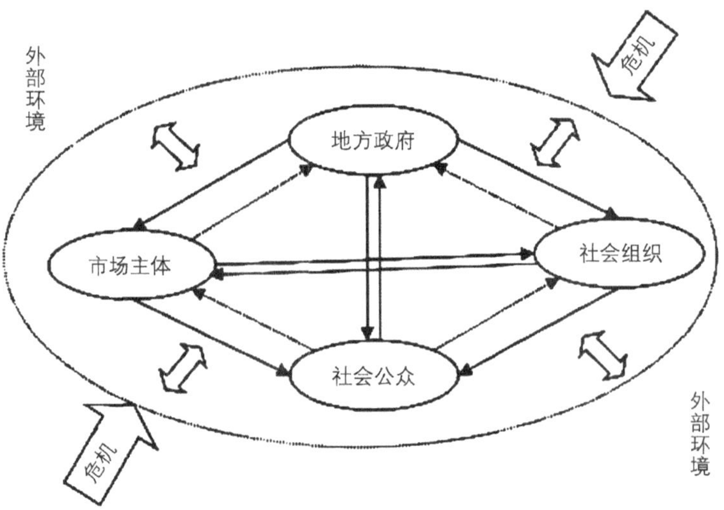

图 7-1　政府主导、多元主体参与的协同治理网络结构

(一)坚持政府主导,整合危机应对主体力量

第一,地方政府与企业之间的协同关系。地方政府应当引导企业积极参与灾害性公共危机治理全过程,不仅在政策上大幅度倾斜,而且通过相应的激励或惩戒措施,为企业营造一个良好的参与制度环境,使企业主动承担社会责任。企业社会责任是指企业在创造利润的同时,强调对消费者、环境和社会的贡献。企业积极承担安全生产责任,从自身做起,加强自身安全生产建设。在

危机治理过程中要积极响应地方政府的号召，力所能及地提供应急物资、资金和技术等方面的支持，弥补地方政府的不足，维持相对稳定的社会秩序。

第二，地方政府与社会组织之间的协同关系。社会组织指以社会力量为基础，以公共利益为目标，以提供公共服务和从事公共事业的组织。它包括社会团体、基金会和社会服务结构。地方政府应努力改变两者间固有的管理与服从关系，适当分权给社会组织，创造平等的合作关系，使其充分发挥自身潜力，利用广泛的群众基础和专业服务技能，积极应对灾害性公共危机。另外，地方政府应通过法律条例规范社会组织参与危机治理的渠道、程序和其他相关细则。

第三，地方政府与社会公众之间的协同关系。社会公众是最基础的灾害性公共危机治理参与主体，是最基本的参与单元。在危机发生前，地方政府应加强对公众的危机防范与应对教育，宣传应急知识，提高社会公众危机应对意识。在危机发生时，社会公众只有做好自救互救，才能协助其他社会主体参与应急救援，也能够从根本上减轻地方政府的救援负担，提升救援效率。

（二）重构灾害性公共危机府际协同

府际间的良性互动与合作是地方政府协同治理系统的“发动机”和“方向盘”。府际协同的概念来源于美国，指中央与地方政府上下层级之间，以及平行层级地方政府之间及其不同部门之间的互动协作关系，使其产生 1+1>2 的效果。灾害性公共危机府际协同关系主要包括纵向中央与地方政府间的协同、横向不同地域政府间的协同和政府内不同职能部门间的协同。

1. 强化中央与地方政府危机治理的协同

中央与地方的关系是领导与被领导的关系，从根本上说也是集权与分权的关系，必须在中央的统一领导下，充分发挥地方的主动性和积极性。我国危机治理中，中央政府的统一领导和事发地政府属地管理的原则，以及紧急状态下必要的越级直报制度，能够使中央和各级地方政府及其有关部门明确各自职责和权限，发挥中央和地方政府两方面的积极性。① 一方面，由中央政府根

① 参见闪淳昌、薛澜：《应急管理概论，理论与实践》，高等教育出版社 2012 年版，第 106 页。

据我国实行单一制国家结构形式和复杂的风险社会现状，对社会现有的应急资源和价值取向进行权威性集中整合与分配，将地方政府各子系统围绕一个共同且可实现的政策目标组织起来，并强化其整体行动意识和能力，以发挥各子系统自组织防灾减灾的协同效应，最大限度地减少危机损失。另一方面，要求科学分解应对灾害性公共危机的决策权，我国已建立了四级应急响应机制，赋予各地方政府一定的决策、管理与协调职能，从而形成基层单元自主决策机制。然而，这种自主决策机制存在地方政府及其职能部门危机协同应对迟缓、滞后现象，因此，地方政府需加强上下级政府间及其部门间的合作与交流，各地方子系统应在各自核心管辖范围内及时作出相应的应急决策和协调行动。

2. 加强地方政府间协同

目前，不同地方政府间及其政府部门间存在信息沟通不畅、应急决策结构重叠、应急职能部门协调迟缓以及应急资源整合不力等现象，导致地方政府在灾害性公共危机治理过程中出现“公用地悲剧”和“集体行动的困境”，地方政府及其各部门间需通过反复博弈形成良性的竞争合作关系。首先，加强中央政府调控。中央政府需依据区域特点制定区域危机治理的整体应急预案，完善地方政府危机协同治理法律法规，实施对口支援和专项应急补贴，促进区域内政府间及其部门间在危机治理过程中的合作和协调，引导和规范地方政府做出整体利益最大化选择。其次，建立长效的府际应急联动机制。结合“国家安全观”的顶层设计，地方政府间应形成网络状的新型应急组织体系。地方政府作为组织网络的各个节点，相互间便捷地共享信息与资源，并根据危机治理的实际需要，采取灵活的组织应对形态，优化应急管理流程，对重特大突发事件迅速进行联动救援。此外，应急联动网络的长效运行还须确立府际协同规范和约束机制。根据各方利益的相互妥协达成并遵守以公共安全利益最大化为共同目标的行为规范和协作准则，其中对地方政府间的目标转换、信任增进、合作沟通和责任追究等作出明确规定。最后，加强地方政府跨部门协同治理的应急资源保障。保障应急资源的跨部门合理分配，须加强地方政府地震、气象、交通、卫生、电信、电力、人防、公安等职能部门资源的有效整合，创建应急资源统一供给和调配网络，保障常态时的应急物资储备和非常态时紧缺物资的供应与补给，形成可持续的应急物资供应链。

（三）重塑灾害性公共危机跨域协同结构

随着当前危机治理环境的复杂性、不确定性增加，灾害性公共危机跨域治理主体从单一走向多元，治理方式从管制走向互动，治理模式从碎片化治理走向多元协同治理。地方政府作为灾害性公共危机治理的第一责任主体，存在信息不对称、政策回应性低、负外部性等问题，要求现行的管制型危机治理模式逐渐转向基于公共利益和问题导向的多元协同治理模式。重塑灾害性公共危机跨域协同结构就是通过多元主体间基于目标一致、利益协调、自觉主动的原则相互协作使得整体治理成效大于单一主体治理之和，形成包括政府、企业、社会组织和公众在内纵横交织的扁平式弹性网络格局，增强跨越危机治理的常态化和可持续性，建设多元主体参与的“命运共同体”。

1. 整合参与主体结构

在汶川、庐山地震应急救援中，各社会主体发挥了不可替代的作用，并形成了独具特色的“对口支援”制度，这对整合危机跨域治理主体结构具有深刻的启发意义。灾害性公共危机跨域协同治理主体主要包括政府、企业、社会组织和公众，它们以高效、快捷地治理公共危机为行动目标。在灾区地方政府主导下，政府部门通过各种制度化和常规化方式主动与企业、社会组织和社会公众协作，从而形成非常态时决策权力统一、常态时组织权力分解和临境应急统分结合的协同网络主体结构，以有效应对不同级别的灾害性公共危机。总之，在灾害性公共危机治理过程中，地方政府已不再是唯一治理主体，应充分调动社会组织、企业、社会公众等多元主体参与的积极性，承担社会自治功能，分担政府危机治理责任，相互补充、相互配合，共同实现灾害性公共危机治理绩效最大化以及治理方式最优化的目标。

2. 整合应急资源结构

灾害性公共危机治理的跨域资源整合主要是人才资源、组织资源、技术资源和信息资源的整合。首先，在人才资源整合方面，危机跨域协同治理人才主要包括治理理念的倡导者、战略决策的制定者、协调公关的实施者、危机处置的执行者和信息系统的建构者，他们拥有良好的危机跨域协同感知能力、广博的危机跨域治理知识和较强的危机跨域治理组织能力。针对不同类型和级别的危机事件,地方政府需配备不同规模的人才资源,结合专业救援队伍和志愿者数量,将其整合为不同响应级别的应急救援队伍,以备紧急状态之需。其次,在组织资源整合方面,危机跨域协同治理的组织资源包括政策、形象、物资和关系等内容,在常态时它们彼此间具有较强的分离化和分散性。在应对灾害性公共危机过程中,须将大小不等的各种组织资源通过一定的方式进行有效整合,使其发挥高于单个组织资源之和的整体价值。再次,在技术资源整合方面,危机跨域协同治理技术体现在应急系统、支持系统、保障系统及其各子系统中。这些系统的建设既需要软件开发技术,也需要硬件设施建设技术,然而,由于资金、设备、人才等局限,单个危机治理主体内各系统的技术资源建设参差不齐,甚至带有"专利"或"专属"性,这就需要政府加大对跨区域、跨部门、跨行业主体技术研发的资金投入,使其加强软硬件技术建设,并设置统一的建设标准,使各区域技术资源分布平衡,相互间更好地协同与整合。最后,在信息资源整合方面,不仅要建立灾害性公共危机跨域协同治理的数据信息系统,为多元主体共同参与危机治理提供信息和数据支撑平台;而且须整合区域内不同职能部门的重大信息,提高危机协同治理的信息化水平;此外,应公开各种危机治理信息,实时报道并跟踪危机处理情况,通过多种方式向公众反映。

3. 整合应急权力结构

灾害性公共危机跨域协同治理的权力结构是地方政府在纵横向职、责、权配置方面形成的动态结构体系,其随政府重大战略的调整而不断调整,它的管理模式是中央集权与地方分权、流域区划管理与行政区划管理相结合、统一监管与分工负责的行政管理模式。① 因此,须加大灾害性公共危机纵横向跨域治理权力结构的整合,一方面,将危机治理过程中专业化程度低的、碎片化的、业务雷同的职能部门或组织进行整合,通过设立独立的、综合性的且超越部门

① 参见韦彬:《跨域公共危机治理结构:碎片化与整体性治理》,《经济研究参考》2014 年第 29 期。

利益的职能整合机构,实现大部式跨域协同治理。另一方面,遵循危机治理的基本规律,重心向下移,实现基层危机跨域协同治理架构全覆盖,成立权威的协调机构,打造危机跨域协同治理网络体系。同时,积极促进危机跨域协同治理的权力配置,主动融合社会力量,使政府部门与社会主体通力合作,共同承担危机治理责任,通过对治理主体进行明确的职责分工,提高主体的危机协同应对能力,最大限度地降低危机治理成本,提升危机治理绩效水平。

4. 整合治理空间结构

灾害性公共危机跨域协同治理的空间结构指不同区域地方政府的物质要素和活动要素的空间分布模式以及这两种要素间的相互作用,它的功能分区随区域经济社会的发展进程和地方政府规模的变化而不断变化,最终形成了分散化和碎裂化的危机治理空间结构形态。因此,需积极整合危机跨域治理空间结构,逐步形成一体化的协同治理空间网络结构。具体做法有:第一,重视发展区域间相互联系的各种应急系统,并将其连接为一个有机整体,使其能够快速应对突发跨域危机事件。第二,加强区域间的基础设施建设,改善其交通、水电、通信等设施条件,提高地方政府跨域突发事件协同应对硬件水平。第三,依据不同区域经济发展实力和政府规模,调整其功能区分布,使得它们在危机跨域协同治理空间上形成便利且紧密的联系,确保危机协同应对的针对性和及时性。

三、协合治理机制的构建

(一)信息共享机制

信息不畅是灾害性公共危机无法实现协合治理的一个重要原因。信息沟通不畅一方面影响政府灾害救援的质量,另一方面将导致地方政府各自为自身利益隐瞒重要信息,拖延灾害救援时间,从而导致更严重的次级灾害的发生。所以,构建灾害治理中的信息共享机制极为必要。信息共享包括灾前预警信息,灾中响应的应急信息以及灾后恢复与评估信息。

灾前预警信息的建立要求政府拓展信息收集渠道,建立快捷、迅速的信息通道,设置常设的专业机构,配备必要的组织和专业的人力资源,形成信息收集、报告、分析、预测和评估研究体系,并把分析预测结果上报给决策机构。灾害的突发性、复杂性、破坏性、规模的浩大性等特点决定参与灾害救助的人员和力量来自医疗、交通、通信、消防、政府以及非政府组织等多方面,这诸多参与主体是否有效发挥作用取决于信息通畅与否。因此,应当充分利用网络技术,建立信息共享平台,各级政府部门应当将有关信息毫无保留地纳入到互动平台之中。比如灾害发生后,政府要充分利用报刊、广播、电视、网络等多种渠道第一时间向公众发布准确的信息,政府的权威性能够稳定民心,能够有效缓解人民的不良情绪和巨大压力,避免和控制危机升级。灾后重建时期,政府部门要主动填补信息真空,将危机事件的影响范围及灾后重建方案等进行权威公布,消除社会恐慌,增强政府公信力。

（二）信任机制

协同要求合作者之间相互信任,可以说信任关系的形成是合作成功与否的前提条件。关于信任问题在社会生活中的重要性德国社会学家齐美尔作过专门论述:“离开了人们之间的一般性信任,社会自身将变成一盘散沙,因为几乎很少有什么关系能够建立在对他人确切的认知之上。如果信任不能像理性证据或个人经验那样强或更强,那么很少有什么关系能够持续下来”。信任机制的建立一方面要求政府提供良好的政策法律环境和制度安排,建立健全各种制度化的沟通渠道和参与平台,把部分具体的、技术性、行业性、服务性、协调性的管理和服务职能转移出来,充分发挥社会治理主体多方面的积极性,形成政府宏观调控、社会组织和基层群众组织等共同参与的新机制。另一方面,要在多元主体协作过程中通过签订契约建立信任关系。政府充分发挥主导作用,根据其协同主体拥有资源和能力的不同,进行分析研究,采用现代管理技术确定具体的灾害管理流程规划,根据危机情况在危机发生的不同阶段确定核心的行动主体,并确定各主体担任的具体责任,其他协同主体支持和协助的具体责任,以及对有关问题采取何种形式有效沟通,并将这一系列问题与协同主体签订契约。灾害发生时,各主体依据签订契约时既定方案实施救助,密切配合,并在救助过程中查找流程设计的漏洞。灾害发生后,各行动主体对集体行动所取得的结果进行反馈,分析集体行动是否达到预期的效果,若未达到效果,找出原因所在,吸取经验教训,将成功的经验以制度化的形式固定下来。

（三）责任机制

灾害性公共危机治理中的责任涉及政府的责任、非政府组织的责任、企业和公民的责任。政府的责任是建立集中统一、完整的综合危机管理责任体系,做好公共物品和公共服务的整体分配,使各级政府在危机治理中发挥主导性作用。危机发生前,各级政府应主动承担预警、防范作用;危机发生时,政府第一时间成立救灾指挥机构,做好人力、物力、财力的支持。各级政府应明确责任,各司其职,各负其责,上级政府发挥领导指挥、合理决策的作用,下级政府积极配合,上通下达,更加有效地应对危机。危机发生后,各级政府积极投入灾后重建,并对灾民进行心理疏导。

非政府组织可以利用其方便深入基层的优势,第一时间发现社会风险因素并协助政府掌握完整资料,及时通报信息并确定解决方案。灾害发生后,非政府组织的民间性使其向社会发出抗震救灾倡议书,让更多的社会公众和志愿者积极参与灾害工作,并同时组织开展向灾区的捐赠活动,吸引更多的资源以缓解灾害工作中资源匮乏的问题,充分有效地凝聚社会资源、整合社会资源。在救灾过程中,非政府组织利用自身的专业优势,组织专业救援队伍利用专业技能及设备进入灾区实施救灾。灾害过后,非政府组织可以利用其人员的分散性、组织的灵活性参与灾后的心理救助工作。

企业与公民作为治理行动的主体,其责任主要表现为:参与公益服务和提供部分公共产品、参与秩序维护和利益协商、参与自我服务、化解公共危机。作为治理行为的客体,公民的责任主要表现为:监督政府行为和评价政府的绩效、反馈政府治理效果。

总之,在灾害性公共危机治理中要通过法律法规、规章制度等规范性文件,明确规定各个责任主体间的权力义务关系,科学分解危机管理主体责任,并将主体责任逐项分解到各部门和机构,细化职责,层层分解,明确牵头单位和参与单位,既能充分发挥政府在落实危机管理主体责任制中的组织协调和监督检查作用,又能强化各部门和机构在落实危机管理主体责任制工作中的主体作用。

(四)构建覆盖全过程的行政问责制

责任追究是一种逆向行为控制方式,能够有效引导社会主体的行为选择,促使多元主体切实履行其责任。如果对危机应对不及时或错误决策行为的处罚力度不够甚至不惩治,就会导致危机治理过程中的地方政府及其部门、企业等主体存在侥幸心理和机会主义行为倾向。这就要求构建覆盖危机起因、应急预案制定和实施以及事后干预整个过程的问责机制,在明确参与主体责任的基础上强化责任追究,要详细规定问责的范围和程序。一方面,建立可量化的问责标准。① 对应急预案不完善、不积极预防、决策滞后等行为,必须进行违规问责,依法追究行为主体责任。例如,某地发生火灾后,计算消防部门人员从接到报警电话到集合出发之间所花费的时间长短、出警设备及人员数量等具体事项,采取标准的五分制测评法,建立针对消防部门的绩效评估和问责标准。另一方面,将跨部门、跨域协同合作纳入问责范围。针对协调行动迟缓、信息共享不及时等行为进行不同程度的惩戒。例如,在预警阶段发现危机征兆时,是否及时与相关部门或行为主体进行沟通求证,是否定期组织跨部门、跨领域的危机交流活动;在应对阶段,是否主动及时公开危机信息,是否有因决策失误而偏离整体目标的行为;在事后干预阶段,各参与主体是否依然承担各自责任,建立对口支援制度,进行事后的帮扶与恢复。

第三节 地方政府灾害性公共危机信息管理能力提升

公共危机导致沟通增加并呈现复杂的信息环境。灾害性公共危机事件发生前、发生中和发生后的信息管理可直接影响危机管理的程度。大量灾害性公共危机事件表明,信息的获取、组织、共享、沟通等方面的信息管理问题是许

① 参见王洛忠、秦颖:《公共危机治理的跨部门协同机制研究》,《科学社会主义》2012 年第 5 期。

多危机应对失败的重要因素。因此，提升灾害性公共危机管理能力需要地方政府在公共危机治理的全流程中提供有效的危机信息，优化灾害性公共危机信息管理系统，加强灾害性公共危机信息沟通的共享，提高公共危机信息管理能力。

一、优化灾害性公共危机信息管理系统

（一）提升危机信息的监测预警能力

完善危机信息的监测预警机制是加强危机信息管理系统的前提和基础，目的是对公共危机的运行规律、周期等特征做出全面的了解，制作出公共危机的发展曲线图、统计图表等，分析数据并对其提出解决方案，从而做出有效应对。我国目前对突发事件的监测能力比较弱。如果能及时监测预警，有些灾难就可以避免，或者减少伤亡。这就需要地方政府提升危机信息的监测预警能力。

危机信息监测预警系统需要专业的人才与技术作为依托，来保证危机信息的预警过程更加优质高效。政府部门应积极引入危机信息监测预警方面的技术人才，如危机信息的咨询管理和情报分析人才，来进行筛选信息、处理信息等任务。注重运用科学技术、互联网技术、地理测绘技术和数据库分析等，使得危机信息监测预警系统有多重保障。同时，对监测预警人员要合理安排工作任务，使他们明确责任与义务。也要对监测预警人员进行相关培训，要求监测预警人员对危机信息的特征、规律等有所了解，从而提高他们的综合素质及监测预警水平。还要定期检验监测预警机制的运行是否正常。危机信息监测预警系统应有一套完整的机制，包括对监测预警方法途径作出规定与调整，明确监测预警的范围，兼顾环境因素的影响，使监测预警系统具有稳定性。此外，当监测预警系统出现疏漏和问题时，能及时修复与改善。

（二）建立专门的危机信息管理机构

建立专门的公共危机信息管理机构，目标是对公共危机信息管理工作作出全局性的、系统安全的整合，使公共危机信息管理工作更加系统、合理。为了实现有效治理公共危机的目标，地方政府要建立专门的机构，这个机构应以

现代信息技术为手段,对公共危机信息进行采集、加工、存储、共享,对公共危机信息活动的各个要素进行合理规划、预算、组织、协调、培训和控制,建立公共危机信息库。这个机构在公共危机管理的整个流程和各个环节中,具有广泛性、综合性、技术性、共享性,负责提取关键危机信息,保障信息渠道的畅通。这个信息机构或者中心可以为所有灾害性公共危机管理的组织、机构和人员等参与主体提供、处理信息,是一个统一的、整合的、权威的信息共享机构。要建立好这个机构,一是需要政府部门制定公共危机信息管理所依据的统一标准,打破部门化、条块结构造成的信息分割和信息孤岛问题。二是需要出台相关的规章制度、管理手册等指导信息机构的运作,实现公共危机信息管理机构的规范化管理。三是要配备好信息管理专业人才和信息技术专业人才,提供人力资源和保障资源,来使公共危机信息管理机构上升到更高层级的水平,实现公共危机信息管理的科学化,实现对危机信息的有效管理。此外,这个机构可以建立若干"智库",让"智库"发挥其积极的价值,为公共危机事件的解决和整个公共危机信息管理工作提供方案选择。专家小组们对公共危机信息进行分析并讨论解决方案,对危机信息的每个阶段的特征作出梳理。总之,地方政府要及早改善公共危机信息上下沟通不及时、信息的传递缺乏有效性等问题和漏洞,就需要及时建立专门的公共危机信息管理机构。

(三)开发先进的危机信息管理技术

危机信息管理实现信息资源整合的技术主要是基础架构软件平台技术,它包括整合平台、安全平台、系统支持平台,以实现门户整合、数据整合、应用整合、内容整合和流程整合。例如,利用地理信息技术,可以将各类空间地理信息数据、应急物资储备信息、救灾设备和队伍信息等重要防灾应急信息数据进行有机整合。通过防灾应急管理平台将灾害发生的区域、应急避难安置场所以及灾害自救知识等信息在网络上发布。利用系统的空间信息管理和分析能力为日常管理、应急指挥、应急救援以及灾后恢复提供强有力的技术支撑。① 地方政府

① 参见阳俊、袁如金、刘畅:《基于地理信息技术的自然灾害应急管理系统建设探讨》,《经纬天地》2014 年第 4 期。

应不断提升运用以上技术的能力，使危机信息管理技术最大效率地为公共危机信息管理服务。公共危机信息的监测、处理和反馈都需要一系列完善可行的技术系统。地方政府应不断开发和完善先进的公共危机信息管理技术。

（四）优化危机信息反馈系统

信息反馈系统是在整个公共危机事件处理后对公共危机信息进行总结反馈，对处理过程中出现的问题进行整理，采集和分析信息，记录资料并加工整合的一系列工作。优化信息反馈系统可以对危机信息中存在的问题进行修复改正，我们可以通过以下途径来优化信息反馈系统：①

1. 制定评估标准。确定评估体系是优化公共危机信息反馈系统的前提。确保整个反馈系统有依据，使得灾害性公共危机信息反馈的工作更加体现出科学、高效。

2. 信息反馈要公开透明。要保证公共危机信息评估反馈工作公之于世，而不是搞“地下”工作。每个灾害性公共危机信息的反馈工作都要公开，使其工作有各界的监督和促进，这无疑也是保证了反馈工作的有效性，能够为危机信息管理工作减少很多后续的麻烦，保证灾害性公共危机信息管理工作为社会公众所信服，维护好地方政府的权威。

3. 公共危机信息的反馈，也要借助其他力量。地方政府应鼓励社会中专业的信息反馈机构参与到整个危机信息反馈过程中来，各自提出问题并解决问题，达到“团结就是力量”的效果，使公共危机信息评估反馈工作朝着更加系统的方向发展。

二、加强灾害性公共危机多元主体间的信息沟通

（一）优化跨部门的信息沟通

沟通是危机管理的最重要的工具。由于各部门职能分工的差异，导致各自掌握的信息资源不同，而各部门之间的信息沟通可以促使信息的统一，确保信息流通的及时、有效。由于条块分割和部门区隔，造成跨部门公共危机信息

① 参见张伟：《我国政府公共危机信息管理问题研究》，山东大学硕士学位论文，2010 年。

整合和沟通困难，因此，优化危机信息的跨部门沟通共享尤为重要。一是畅通政府部门间的信息沟通，加强跨部门的信息共享和信息整合，完善公安、交警、消防、急救等专门危机管理机构的信息互通互联，使公共危机信息在各地区、各部门之间实现共享和沟通。二是建立军地信息沟通机制，加强与驻地部队和武警部队的沟通与联系，积极开展网络信息交流。构建完善的危机信息沟通机制，使公共危机信息的沟通按照一定的标准有序进行。三是优化沟通策略。沟通策略不能是单一的，而是由多个备选策略相互组成，通过危机信息管理机构的专家、人才共同讨论，制定出符合部门信息沟通的策略。如若当前的沟通策略失效，应及时改变沟通策略，建立新的沟通策略。与此同时，坚守信息沟通的原则。第一，确保危机信息的完整性，不能有所保留；第二，危机信息沟通的及时性；第三，确保公共危机信息沟通的连续性。

（二）优化与社会大众的信息沟通

当代新公共管理理论提倡的重要理念之一是回应型政府。政府的有效回应意味着政府需要及时对公众的诉求做出反应并予以解决。灾害性公共危机发生时，地方政府更应秉持公正负责的态度，以信息的受众需求为导向，第一时间对外公布信息，避免社会舆论和官方报道不一致而引发次生危机。因此，政府在进行公共危机信息管理时，不能一味地单向传输，还应当建立适当的渠道收集社会对政府发布信息的反馈，最大限度优化与社会大众的信息沟通。一是要秉持科学性原则，极力吸收具有较高专业声誉的专家学者加入危机交流过程，向社会公众及时通报危机的特征及防治手段，向公众准确说明危机应对策略的科学依据。二是坚持真实性原则，地方政府有效指引危机数据信息的搜集方式，建立危机信息上报的科学统计制度和上报信息的首报责任制，一旦出现故意的信息的瞒报漏报错报迟报问题，必须严肃追责。此外，除了官方需要及时辟谣之外，还需要“腾讯新闻较真平台”、财联社辟谣平台等此类媒体辟谣平台及时进行信息澄清，澄清的过程最好能够有令人信服的数据、事实。三是坚持及时、双向的原则，及时向公众澄清危机信息，通过媒体和社会公众进行有效沟通，就公众关心的危机情况利用多媒体开设知识问答专门通道，避免社会恐慌。

（三）完善新闻发言人制度

灾害性公共危机中，新闻发言人制度的不断完善能够满足公众的知情权。满足公众知情权的方式有很多，部门公告、公众主动询问、领导发表讲话等，但新闻发言人制度是最便捷、及时、有效的方式。它可以以较短的时间、最快的速度、最有效的方式，向最广大的公众传达政府的信息，确保实现公众的民主权利。此外，新闻发言人制度的不断完善能够引导舆论，协调政府与社会公众沟通之间的矛盾。

完善新闻发言人制度，一是充分认识完善新闻发言人制度的重要意义，已经建立新闻发言人制度的党委和部门要认真总结经验，进一步完善发布形式，丰富发布内容，规范发布程序。尚未建立新闻发言人制度的党委和部门要抓紧建立新闻发言人制度，开展新闻发布工作。各地各部门还要根据新闻发言人制度建设进展情况，开展调研，加强检查督促，及时总结交流经验体会，推动新闻发言人制度建设积极稳妥、扎实有效地开展。二是加强指导，统筹协调，形成合力。在新闻发布工作中，党务部门和政府部门要明确分工，理顺关系，相互配合，形成合力。灾害性公共危机的有关新闻信息一般应由政府新闻发言人及时主动发布，党委应做好协调指导工作，避免党政不分、以党代政的现象。地方党委和政府要加强在新闻发布工作方面的沟通协调，既要防止出现发布工作缺位、错失新闻发布和舆论引导时机的现象，又要避免出现重复发布、多头发布和交叉发布特别是发布信息不一致、口径不一致等问题，维护党和政府新闻发布的权威性和公信力。三是建设一支高素质的新闻发言人队伍，开展多种形式的新闻发布。特别注重加强队伍建设，要认真挑选政治素质强、政策水平高、具备一定新闻宣传工作经验的同志担任新闻发言人，条件成熟的也可设立专职新闻发言人，定时开展例行新闻发布。要积极开展新闻发言人培训工作，不断提高新闻发言人和各级领导干部的新闻素养和新闻舆论意识，积极探索和掌握新闻传播规律，善待、善用、善管新闻媒体，提高同媒体记者打交道的能力和水平。同时，丰富发布形式，通过召开新闻发布会、背景吹风会，组织集体采访和互联网访谈，接受媒体专访，答复记者问询，发布新闻稿等多种形式，及时准确发布信息。要对外公布新闻发言人或新闻发布机构联络电话,开设门户网站或开办专题网页、开通电子信箱,拓展党的声音的传播渠道。

三、优化灾害性公共危机信息共享

(一)完善危机信息资源共建共享政策

统一的信息资源共享能够及时传递和分享信息,充分实现各级政府间、政府与企业间以及政府与社会大众间的良好沟通。因此,需要完善危机信息资源共建共享政策。一是完善信息资源共建政策。信息资源共建是信息资源共知和共享的前提,要完善机构内部的信息资源共建,完善机构与其他机构之间的信息资源共建。二是完善信息资源共知政策。信息资源的共知是指共同获知共建体系内的信息资源收藏、书目编制、文献报道和信息服务等的情况。三是完善信息资源共享政策。信息资源共建共知的目的是为了共享。危机信息资源共享政策主要是构建开放政府数据资源共享平台,加强信息资源的整合和共享。

(二)构建信息共享联动机制

公共危机事件的爆发可能是由于多个原因,信息共享联动机制的构建可以确保公共危机信息管理工作能够考虑周全,不留漏洞。信息共享联动机制是指在信息化时代,各个部门、机构之间通过信息共享、协同工作,实现资源共享、信息互通、工作协同的一种机制。信息共享联动机制的建立,可以提高工作效率,减少重复劳动,避免信息孤岛,提高工作质量,促进资源共享,实现信息化管理。信息共享联动机制的构建需要从以下几个方面着手:一是统一规划,建立信息共享平台。信息共享平台是实现信息共享的基础,要建设"大平台、大数据、大系统",形成覆盖全国、统筹利用、统一接入的数据共享大平台。二是统一制定信息共享标准规范。注重数据和通用业务标准的统一,规范信息共享的流程、标准和要求,促进跨地区、跨部门、跨层级数据互认共享。建立动态更新的信息资源目录体系,确保危机信息有序开放、共享、使用。三是建立信息共享机制的监督和评估机制。建立信息共享机制的监督和评估机制是保障信息共享的重要措施,可以通过建立信息共享机制的监督和评估机制,及时发现和解决信息共享中存在的问题，保障信息共享的有效性和安全性。

（三）拓宽危机信息发布渠道

政府部门在利用电视、广播、报纸等传统的信息发布途径的同时，也要结合现代技术来拓宽信息发布渠道。例如，可以根据实际情况，采取新闻通稿、新闻发布会、情况介绍会、接受记者采访、网络在线交流、电视通告、记者专访、设立网上新闻发言人等多种渠道，掌握信息发布主动权。通过与社会公众在线互动，为社会大众发布信息，解答他们提出的问题。还可以借助社交工具，这也为政府拓宽信息发布渠道带来了又一契机。政府部门可以设置自己独有的微博、微信公众号等，来帮助信息的快速传播，增加信息的浏览量。①

第四节　地方政府灾害性公共危机教育培训能力提升

灾害性公共危机教育有利于减少灾害带来的损失，其对灾害性公共危机管理具有重要作用。经验表明，那些接受过良好危机教育的人具有良好的风险认知能力、自救和互救技能，能够在灾害性公共危机事件中迅速和适当地作出反应，在紧急情况下保护自己和他人。因此，从长期来看，灾害性公共危机教育能力是地方政府提升灾害性危机管理能力的关键能力指标，各级地方政府应将灾害性公共危机教育能力的提升作为公共危机治理能力提升的重要维度。

一、完善灾害性公共危机培训的内容

（一）灾害知识理论的培训

灾害性公共危机教育是一个长期的教育过程。民众从对灾害理论知识的学习到应对灾害的实践，是一个积累的过程，因而针对不同年龄段的受教育者应采取不同形式和不同内容的灾害知识理论的培训。学校灾害性公共危机教

① 参见李博：《政府在公共危机中的信息管理研究》，天津师范大学硕士学位论文，2012年。

育是灾害性公共危机的集中承担者,对于学龄前儿童,我们应该以他们的实际生活为出发点,给予直观性教育,并且教会他们最简单的求救技能。例如,在灾害发生时,学会呼救,能遵照大人的指示行动。在小学教育阶段,要进行灾害普及教育,重点培养灾害意识,学会“自救”“互救”等内容,在危害发生时,规避并达到掌握灾害发生的基本原理。在初高中教育阶段,受教育者的认知发展、逻辑思维和理性思维快速形成,除了掌握基本的自救互救知识外,要综合学习灾害知识,系统掌握灾害的基本理论和较复杂避灾技能,了解一定的灾害伦理和责任,承担初期应急救援工作任务,切实提高灾害应急能力。大学阶段的灾害性公共危机教育要开设专门的学科及课程,涉及灾害的预防、应急管理、灾害评估以及灾害伦理等,旨在提高灾害应急能力和管理能力。

(二)应急知识宣传技能的培训

灾害性公共危机教育事关全社会民众的生活及安危,对应急知识应深入广泛宣传,建立全民的防灾减灾意识,将灾害性公共危机教育工作落到实处。灾害性公共危机具有突发性、严重性,造成的危害程度重、范围波及广,因而及时广泛的宣传十分必要。在宣传过程中,要把灾害实地教育场所、媒体宣传和集中宣传结合起来,充分利用媒体宣传的工具,多渠道、多途径地对灾害进行宣传,做到深刻广泛、深入人心。借助文化长廊、展览、书籍、报纸、图片、影视作品、网络平台、讲座和培训等向社会及民众便利、快速、直接、有效地传递灾害预防知识和技能,尤其是利用书籍、网络、电视等现代信息技术的及时性、互动性,向公众传播有关灾害预防、避险、自救、互救、减灾等常识,增强公众的风险和危机意识,社会责任意识,提高其自救、互救能力。

(三)公众和志愿者队伍的培训

对于公众和志愿者的培训,我们应该分阶段培训。在灾前阶段,普及灾害知识,灾害防治技术手段,灾害防治政策法令等,让他们做到心中有数,防患于未然。在灾情发生时,让他们要做好灾情通报和救灾宣传,包括灾情基本情况、救灾方针、救灾过程、灾区捐献以及救灾精神和英雄事迹的大力宣传,引发社会成员的关注,动员各方力量投入到抗灾救灾的队伍中去。

（四）危机应对技能的差异化培训

灾害性公共危机教育的核心目的是使民众了解灾害知识，正确面对灾害，学会保护自己和他人。公共危机知识和技能教育不仅要全面，还要有针对性，根据不同职责的人员，强化危机教育。针对普通民众、危机应对和处置专业技术人员、危机应对决策人员，设置不同的灾害性公共危机教育内容。对于普通民众的教育，以灾前预防灾、灾时灾后的自救互救基本知识和必要的应对技能为主，调动民众参与灾害知识技能教育的积极性，培养灾害防范和规避意识，预防灾害发生。另外，培训逃生能力和心理疏导能力，提高救助技能和生存能力，减少人员伤亡和财产损失。面对突发的灾害，应对和处置灾害的专业人员，不仅要具备灾害知识和技能，还要凸显专业化的危机教育培训，将工作性质和专业特点纳入强化培训的体系中，提升灾害应对处理能力。

二、运用多种公共危机教育方法

（一）充分利用大众传媒

大众传媒对公共危机事件发挥着至关重要的作用，它是政府与大众之间沟通的中介，是灾害性公共危机教育的重要载体，可以帮助政府完成公共危机教育的宣传任务，也可以向政府表达民意，真正意义上实现政府与公众之间的沟通。大众传媒有着自己专业化的信息搜集渠道，也有较为职业的新闻信息编辑队伍。公共危机发生后，大众传媒通过各种媒体渠道将灾情第一时间传递给社会各个阶层，引导社会大众冷静地、有理性地思考，解除他们的困惑和恐慌心理，有效避免谣言的产生和蔓延。

（二）发放应急手册

针对灾害性公共危机教育，政府可以通过印发大量的防灾减灾应急手册来加强灾害知识的宣传教育，满足社会大众的知情权，使救灾过程中的信息做到公开、及时，避免造成灾区群众的恐慌情绪。例如，在美国，FEMA（联邦应急管理署）向公民发放长达两百页的应急手册《你准备好了吗?》，内容非常具体，包括灾前了解风险，制定实用的应急计划，配备应急包，志愿帮助他人；灾中应急计划实施、帮助他人，按照应急官员的提示行动；灾后整理受损财产，预防未来的损失。在国内，北京市昌平区给每个家庭发放《安全昌平》，有效提高了民众学习防震减灾知识的热情。

（三）建立应急科普宣教基地

建立应急科普宣教基地，对公共危机教育而言是必不可少的。一方面，建立应急科普宣教基地或者学校，以一个孩子或者学生来影响整个家庭，带动整个社会，可以发挥以点带面的作用，宣传普及各种灾害应急知识，进而增强公众的风险和危机意识，社会责任意识，提高其自救互救能力。另一方面，应急科普宣教工作可以与重、特大的突发性公共危机事件结合起来，利用社会各界对此事件的广泛关注，结合搜救工作和调查情况的进展，及时、有效地进行应急知识的科普宣教，扩大宣传效果。

（四）在公共场所设置应急标志

近年来，随着我国社会经济的快速发展，公共场所危机事件的发生越加频繁，而应急疏散是保障全社会大众生命安全的有力措施之一，如果当危机发生时疏散不及时，造成的后果将不可想象，尤其是一些公众场所的重大亡人火灾事故，它们绝大多数是因为缺少疏散应急标志原因所导致，可见，在公众场所设置应急标志是公共危机事件尤其是火灾情况下社会大众逃生的必要条件。因此，公众场所设置应急标志的重要作用日益凸显。

（五）开展专题宣传活动

除以上几种方法之外，针对公共危机教育，地方政府还可以通过国家设立的防灾减灾日等展开专题宣传，对民众集中开展灾害性公共危机知识的普及和宣传，增强民众抵御、承受灾害及风险的能力，在全社会范围内形成一种防灾减灾、关注灾害性公共危机、学习灾害知识和技能的预防文化，为灾害性公共危机教育宣传贡献力量。

三、重视公共危机的学校教育

学校是公共危机教育的主要机构，灾害性公共危机教育作为学校教育的一部分，不可偏废。学校危机教育不仅涉及灾害知识的教育，还包括危机意识、危机素养的培养，以及危机出现时的理性处理、科学自救和互救等能力，从而达到认识预防灾害、应对灾害的目的,形成危机文化。

(一)将公共危机教育纳入学校教育体系

在我国,虽然一些高校有开设与公共危机教育相关的课程,但是他们在学习方面大多数停留在表面,没有真正地落实到实践当中去,这样完全淡化了公共危机教育。因此,注重学校危机教育势在必行,要将危机教育纳入学校教学体系中,制定相应灾害性公共危机教材,开展教学活动,同时要开展模拟演练,树立危机防范意识,提高危机应对能力。

学校应根据不同的教育目标更加科学地设置灾害教学的内容,明确公共危机教育的重点。因此,第一,学校应该在公共危机教育课程体系中明确教育对象。青少年的危机意识十分薄弱,对危机的认识不足,没有足够的心理准备,缺乏必要的应对技能,①因此,要重点关注和注重危机教育,强化培训。第二,要将危机意识教育和应对危机的基本技能教育作为重点教育内容。首先是公共危机意识教育。一是在教育中要培养学生对灾害的关注,引导学生谨慎对待潜在的灾害因素,全面认识危机。二是帮助学生树立正确、科学的灾害防范、应对意识;学校要引导教师和学生做好防范,了解应急预案内容,注重心理承受能力的培养。同时要注重操作性,掌握应对灾害的科学方法和技能,科学自救、互救,从而在灾害来临时,理性从容而不慌乱,积极应对。三是培养灾害道德意识。灾害发生时往往对个人的道德意识提出了考验,在学校教育的过程中,除了教授相应的预防灾害的知识和技能时,还要重视灾害道德意识的培养,使广大学生积极同心,博爱助人,共同应对灾害,做一个有素质的公民。其次是应对灾害的基本技能教育。学校灾害性公共危机不能只停留在意识层面的培养上,还要让学生掌握应对灾害的技能,做到科学自救和互救。学校开设应急急救课程,及时定期开展灾害实践操作活动,组织实战演习和训练,如基本的逃生自救、医疗救护等技能。

(二)将治理经验运用于学校教育实践

灾难无情,为了有效促进学校灾害性公共危机教育实践,我们要及时总结

---

① 章桂红:《基于公共危机预防机制下的危机教育研究》,武汉科技大学硕士学位论文,2011年。

防灾经验，吸收并运用最新的灾害研究成果，将防灾智慧、现有研究成果与学校教育实践相结合。例如，学校可以联合个人、志愿团体等组织开展防灾教育主题活动，汇集优秀防灾事例和实用方法，编辑成册，公开使用；也可以多方联合定期召开防灾教育学术会议，总结防灾经验教训，修订适用于学校灾害性公共危机专项应急预案等；还可以建立危机信息数据库，收集和整理灾害防治经验、文献、图像以及影像记录，在网络上公开并尝试将其合理运用在灾害预防中；更可以效仿日本开设防灾教育援助热线，接受和提供咨询援助。

（三）加强教师培训和教育资源建设

学校灾害性公共危机中教师是教育的主要实施者，学生是受教者，而各类教育资源如教材是灾害性公共危机的物质承载体。因而，教师和教育资源在学校灾害性公共危机过程中是不可替代的，政府、教育部门和各级学校要注重教师培训和灾害性公共危机教育资源建设工作。

目前，专门从事灾害性公共危机教育的专业教师比较匮乏，多数教师并未受过灾害性公共危机教育教学专门训练，无法担当起这一重任。因此，需要大规模开展灾害性公共危机教育师资培训，对参训者的灾害价值观、灾害知识、灾害应对技能、灾害心理等进行更新、充实和强化。[①] 一方面，将教师灾害培训纳入到安全教育体系中，成立市、县、学校三级联合的安全教育委员会，对灾害性危机培训给出指导意见，制定科学的培训内容和规划，采取科学的培训方法，例如集中培训法、以旧带新法、网络培训等方法；另一方面，定期开展校内外研修。针对校内研修活动，有区别地对教师和教育管理人员进行全面、系统、专业的灾害性公共危机教育培训，培训内容包括灾害成因、灾害课程计划、灾害风险区确认、设计撤离路线、灾害性公共危机教育课程，将灾害性公共危机教育和教育行政管理相融合，增强灾害性公共危机教育的实效性。

灾害性公共危机教育资源方面，一方面可以加强教材编制。政府组织相关灾害性公共危机教育的专业人员编制教师参考教材，指明学校灾害性公共危机教育的意义、方法、时机、指导内容、进展方式、拓展案例和防灾管理开展

① 参见谭秀华、王民、张英：《国际灾害教育的发展趋势》，《城市与减灾》2010 年第 6 期。

办法等。[①] 编制防灾教育教材，在编写过程中要结合地方实际，还要注意能够与学校实际相结合，有所侧重，以推进灾害性公共危机教育有条不紊地进行。例如，在日本，中小学每年都要完成一定课时的公共安全教育课程。1995 年在阪神大地震后，日本的文部科学省更加重视学校的公共安全教育，组织编写防灾教材，并向各个学校发放。2000 年，日本编写和发放了一本面向小学低年级的公共危机教育教材——《思考我们的生命和安全》。[②] 此外，也可发放一系列的防灾教育手册和相关影视资料，科学多样挖掘灾害性公共危机教育资源建设。另一方面，在学校灾害性公共危机教育过程中，仅仅理论方面的资源是不够的，也要充分挖掘、利用当地的实地资源，例如地震遗址、自然科学博物馆等。除此之外，在日常教学过程中还要加强学科渗透，找寻各自然学科中有关灾害性公共危机教育的题材，特别是地理科学中的地震、海啸、洪涝等自然灾害内容，因势利导，进行灾害性公共危机教育。

第五节　地方政府灾害性公共危机动员能力提升

在灾害性公共危机治理过程中，地方政府财政储备和应急物资储备具有重要作用，社会资源在危机治理中同样发挥着重要作用。地方政府应该在党委统一领导下，发挥政府的主导作用，有效调动全社会力量，让社会组织等力量积极参与到灾害性公共危机治理中，形成强大的合力作用，以成功有效地应对危机。

一、建立覆盖全社会的网络化动员体系

灾害性公共危机动员，指以有效的危机治理为目标，调动和引导各种社会力量积极参与公共危机应对，是一个将全社会灾害性公共危机治理潜力转化

① 参见杨洪亮：《日本中小学灾害教育研究》，西南大学博士学位论文，2017 年。

② 参见王宏伟：《突发事件应急管理》，中国广播电视大学出版社 2009 年版，第 210 页。

为现实治理能力的活动过程。在灾害性公共危机发生的前期、中期和后期，在坚持党委统一领导下，建立包括政府、军队、企事业单位、社会组织和个人在内，各主体之间高效合作和互动沟通的网络化的动员体系，形成全社会协同治理的局面，才能更好地应对公共危机。

首先，应当发挥党委领导、政府负责的政治动员的基础性作用。政治动员作为我们国家党和政府长期以来坚持的一种动员方式，在抗战时期和新中国成立初期，以及之后的改革开放都发挥了十分积极的作用。政治动员往往可以利用其自身所具有的强制性和政治权威向动员客体施加影响，进行直接的介入和广泛宣传。① 此时，动员客体则具有较强的依附性和被动性，在政治动员主体的影响下进行活动。而且，在公共危机发生的最初时刻，党和政府是最有可能而且也是最应该做出危机应对和处理的主体。此外，我们国家党和政府最有能力集中资源来进行动员，以此来实现资源的充分利用。因此，“自上而下”的政治动员以其自身所具有的高效率，在我国的危机动员中可以发挥最权威、最基础的作用。

第二，人民军队作为我国社会主义建设事业的有力保障，在应对危机时永远是拼搏在最前线的关键力量。因此，公共危机动员要充分调动军事资源。《突发事件应对法》第十四条规定：“中国人民解放军、中国人民武装警察部队和民兵组织依照本法和其他有关法律，行政法规、军事法规的规定，以及国务院、中央军委的命令，参加突发事件的应急救援和处置工作。”在十二届全国人大一次会议解放军代表团全体会议后，习近平总书记在会上强调党在新形势下的强军目标是建立一支听党指挥、能打胜仗、作风优良的人民军队。人民军队既有分布广泛、反应迅速、组织性强、纪律严明的特点，也拥有训练有素的医疗工作者和工程技术人员以及完善的后勤保障系统，存储着大量的应急物资和运输工具，在抵御各种灾害性公共危机的实践中，人民军队永远是不可缺少的一支核心力量。在唐山大地震、大兴安岭灭火、长江抗洪、“非典”事件

① 参见蒋积伟、唐明勇：《当前中国公共危机动员策略研究——以自然灾害动员为例》，《天府新论》2011 年第 2 期。

中，军队都起到了突击队和生力军的作用。因此，需要进一步加强军队参与危机管理的深度和广度。

第三，充分调动社会组织的力量，提高社会全员的参与度。随着中国政府机构改革的推进以及市场化的日益推进，政府逐渐由过去的全能型政府转向有限政府，政府对于社会事务不再大包大揽，转由其他社会组织进行承担。社会组织是指各种非国家和非政府所属的公民组织，主要有非营利性组织、社会团体和公民自发组织起来的志愿组织等。在危机来临时，党和政府应该建构广泛的社会参与机制，充分动员各种社会组织的力量，广泛吸收非营利组织、企业、社区、居委会、村委会等社会组织及个人共同参与到危机的应对中，加强政府应急管理部和社会组织及个人间沟通与协作，形成全社会共同应对危机良好氛围。① 例如，2008 年汶川地震后，虽然当时公共危机应对机制不够完善，但是还是发挥了除政府之外的大量社会组织的力量，包括企事业单位以及社区居民的捐款，志愿者团队前往震区支援，还有一些非政府组织的自发援助，做到了“一方有难，八方支援”，调动全社会的力量参与到抗震救灾中，这些都体现出了社会组织力量在应对危机时的关键作用。

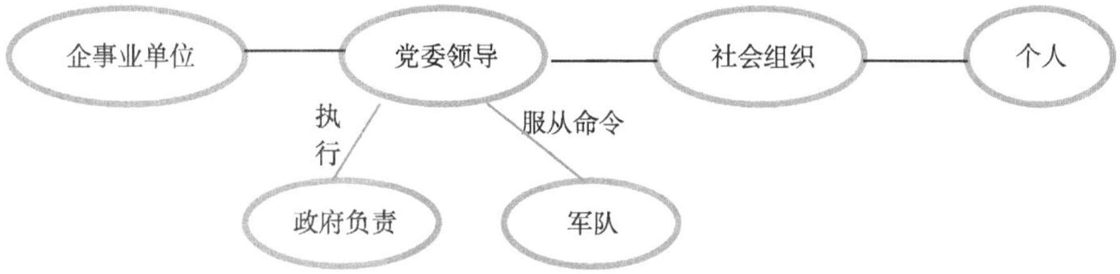

图 7-2　危机动员的网络体系

从图 7-2 中我们可以很直观地看出公共危机动员的网络体系，在整个体系中，党委领导、政府负责起到基础性作用，也是整个体系中最为核心的主体。中国共产党是当代中国领导的核心，也是中国特色社会主义事业能够取得巨大成就的根本原因，必须始终坚持党委领导，这一动员主体是全网络中基础性

① 参见宋佳蔓：《我国政府危机管理中的政治动员机制研究》，东北师范大学博士学位论文，2009 年。

的一环，也是关键的一环。应急社会动员要充分调动和发挥军事资源，这已经从危机治理实践中得到充分体现。再者，充分调动社会组织的积极性。如企事业单位、社会组织（非政府组织、志愿者团体）以及社区居民。因此，为了充分发挥各网络主体的动员的有效性，党和政府必须让一切社会力量主动地参与到危机的应对中来。

二、优化灾害性公共危机动员方式和手段

（一）优化政治动员方式

在新中国成立前以及成立后很长一段时间内，由于物质和科技条件的限制，党和政府采取的公共危机动员方式和手段比较单一和简单，主要是口头、印刷或手写信息进行宣传动员。① 例如在抗战时的宣传标语以及各种爱国口号，通过大规模的宣传可以提升群众的抗战热情，以保证人民群众全面支持抗战，这也是当时我们党放手发动群众，打人民战争的优良经验，历史表明，我们党当时的动员是很有效的。这对目前应对灾害性公共危机也有可取之处，灾害性公共危机以其范围广、影响大的特点而很难在党和政府单方面的力量下解决，因此我们党和政府应该在危机前及时向民众进行广泛宣传和动员，让民众具有应对危机的意识和应对危机的基本常识；在危机发生后，也要及时让在危机中无法接受外界信息的人了解到救援的现状，让受灾群众的情绪得到缓和，避免再度恐慌。另外，在基层政府以及社区，以座谈会、个别谈话、讲座、讲演等口头宣传形式让广大人民群众了解灾情。

（二）通过现代传媒工具进行动员

进入新世纪，新科技和新媒体的兴起丰富了公共危机动员的方式和手段。大众传媒包括电视、广播、报纸、书刊、互联网以及通过互联网平台衍生出来的自媒体，这些无一例外地对人们的思想和行为产生影响，使人们可以即时了解世界上任何地方发生的大事，打破了信息传播在时间和空间上的局限性。因

① 参见蒋积伟、唐明勇：《当前中国公共危机动员策略研究——以自然灾害动员为例》，《天府新论》2011 年第 2 期。

此，我们要好好利用这些新型的大众传媒做好危机动员工作，以保证全民了解危机，知道如何预防危机并在危机发生后如何自救。

公共危机的动员主体，主要是政府要利用政府的权威性和影响力，制作和发行与危机动员有关的信息和刊物，这样可以通过大众传媒的媒介作用，达到耳濡目染和潜移默化的效果，使民众在思想上和行为上产生积极性和主动性。另外也要重视民间网络大 V 的影响力，那些拥有千万粉丝的博主和网络主播，他们的一言一行可以使粉丝群体产生呼应，因此，这些博主和主播是党和政府努力寻求合作的对象，在危机发生前，可以让这些博主和主播不定时地给粉丝群体宣传危机的相关知识，在危机发生之后，可以号召广大粉丝群体参与到危机的应对中来。通过现代传媒工具进行动员，既可以充分发挥网络平台的作用，也能让群众真正参与到危机的预防和治理中来。

（三）通过树立榜样进行动员

运用先进事迹或典型事例来激发人们的赶超心理，规范人们行为，这是中国共产党动员群众、开展工作的重要方法。① 先进榜样在群众中起着带头作用、骨干作用和桥梁作用，地方党委和政府要在表现先进的群众中找出榜样进行公开表彰并通过媒体进行大力宣传，通过宣传榜样的先进事迹来激发广大群众的赶超心理，激励人民不断追求上进，对广大普通群众起着直接的教育和引导作用。2016 年由中央组织部、中央电视台联合推出的“两优一先”“两学一做”系列特别节目《榜样》在全国公开上映，至今已上映到《榜样 3》，此节目从上映之日起就产生了很强的社会反应，并激发了人们的学习热潮。《榜样》的示范作用不只是对于中国共产党党员的，它更让广大人民群众为之动容，节目中一个个为人民服务的优秀党员是我们每一个人学习的对象。因此，地方党委和政府也应该效仿《榜样》节目，开发出属于应对危机领域的榜样专题节目，并对表现突出的危机治理人员进行公开表彰和宣传，让广大群众进行学习和效仿，积极应对生活中突发的危机事件。

① 参见宋佳蔓：《我国政府危机管理中的政治动员机制研究》，东北师范大学博士学位论文，2009 年。

三、完善法律制度,确保危机动员规范化

(一)建立专门的灾害性公共危机动员的法律法规

除了公共危机管理的专门法律法规,还要有专门的公共危机动员法律法规。从世界上其他国家来看,最早的动员基本法是1793年8月23日法国国民公会颁布的《全国总动员法令》,它也被认为是世界上最早的动员法规。第一次世界大战至第二次世界大战期间,许多国家陆续颁布了动员基本法。1920年,美国制定了《国防法》,对战争所需物资的政治动员作了规定;1947年制定了《国家安全法》,对国防组织体制、军兵种的组成与任务、战争政治动员等级的区分、国会和总统的决策权限等均作了明确规定;1938年,法国颁布了《总动员法》,日本颁布了《国家总动员法》;1939年,英国颁布了《紧急全权国防法案》;1941年,苏联颁布了《关于战时状态法令》等。第二次世界大战以后,不少国家对动员基本法的制定更加重视,不仅对原来颁布的法规多次进行修订,而且还制定颁布了新的法规。① 以上列举的动员法律或法规大多是关于战争动员的,其颁布时间也差不多都是在第一、二次世界大战期间,二战结束后也有所完善,但也是针对国防和国家安全来做的,我国唯一一部关于动员的法律是《中华人民共和国国防动员法》,这部法律颁布于2010年2月26日,于2010年7月1日正式实施,与上述国家一样,这部法律的动员也是关于国家安全和国防的,并没有专门涉及关于灾害性公共危机动员的内容。

从上述内容可以明显地看到,专门对于灾害性公共危机的动员法律法规在世界范围内几乎是空白的,因此,针对这方面的空白,我们的党和全国人大应该从我国国情出发,进行专门的灾害性公共危机动员的立法,地方政府和人大也要根据本地方的实际情况制定属于本地方的动员法规,使公共危机的动员有法可依,有章可循,从根本上保证公共危机动员行为的法制化。

(二)建构公共危机动员的权责机制

公共危机动员中,我们必须明确各动员主体的权利和责任,建构权责明确

---

① 参见宋佳蔓:《我国政府危机管理中的政治动员机制研究》,东北师范大学博士学位论文,2009年。

的公共危机动员机制，防止在危机动员中各主体之间由于责任不明确而相互推诿。我国目前对于公民参与危机管理的权利以及参与的责任方面尚未有明晰的法律规定。因此，在危机的治理中应在法律层面明确不同的动员主体承担各自的责任，另外，还应建立监督和制约机制，防止权力滥用。

首先，要坚持适度集中的原则，必须要以地方党委和政府为核心，部署相关资源在各自领域内的使用。在公共危机治理中，必须要有一个常设的专门应对公共危机的部门，2018 年 3 月根据第十三届全国人大第一次会议批准的国务院改革方案，设立应急管理部，各地方人大也相应进行了改革，设立应急管理部门，这种在组织结构上的垂直分布有利于统一领导，这也就为专门的公共危机治理建立了制度和机构保障。另外，应急管理部的危机动员核心应该得到法律的明确规定，国务院应急管理专家组组长、国家减灾委专家委员会副主任闪淳昌认为，应将应急管理部在法理上明确为《突发事件应对法》的主要执法部门。①

其次，要坚持分权原则，权力的过于集中会导致独断专行和运行过程中的低效率，因此，对于公共危机的动员不能仅限于应急管理部，也要适当分权，给其他动员主体相应的权力，这样可以鼓励其他动员主体积极承担责任，分担政府应急管理部的压力，提高公共危机动员的效率。

再次，完善监督机制。有效的监督机制可以分两个层次：内部监督和外部监督。内部监督必须设立独立的机构专门负责在危机治理过程对各权力主体的监督；外部监督可以是司法监督、媒体监督和公众监督，让权力在阳光下运行更能保证权责统一。

① 参见《加快推进应急管理法治化规范化制度化——访国务院应急管理专家组组长闪淳昌》，《吉林劳动保护》2018 年第 5 期。

问　　卷

一、基本信息

1. 您的性别：

2. 您的年龄：

3. 您的民族：

4. 你目前的工作所在地（　　　　）市（　　　　　）县

5. 你的文化程度*

○半文盲（指小学没毕业）

○文盲或半文盲

○小学毕业

○初中毕业

○高中（职高、中专）毕业

○大专或本科毕业

○硕士研究生毕业

○博士研究生毕业及以上

6. 你的政治面貌

○中共党员

○共青团员

○民主党派成员

○无党派人士

○普通群众

7. 你的职业

○政府公务人员

○专业技术人员

○公司或企业从业人员

○社会团体从业人员

○农村或农业从业人员

○个体从业人员

○其他

8. 你的行政级别：

（每一级别均包含正副级）

○无行政级别

○科级

○处级

○厅级及以上

9. 当前您从事的工作是：

（其他事项可在问卷末尾补充填写）

□经济工作

□行政管理工作

□教育工作

□卫生工作

□体育工作

□民族宗教工作

□计划生育工作

□党委、群团工作

□人大、政协工作

二、危机预防与应急准备阶段

1. 国家和地方已经颁布实施了一些涉及应急管理的法律、法规、规章和标准，你了解的有几部：

□不了解　□部　□部以下　□部以上

你知道的法律法规名称是：

2. 平时您会主动学习如何应对灾害方面的知识吗？

A. 经常　B. 偶尔　C. 完全不会

3. 你觉得自己的防灾意识是？

A. 非常强　B. 一般　C. 较弱　D. 很差

4. 您对当地灾害了解哪些方面的知识？（多选）

A. 形成机制　B. 自救方法　C. 预防措施　D. 不了解

5. 您第一时间获得灾害发生是通过______？（多选题）

□报纸杂志　□电视广播　□学校教育　□家庭教育　□政府宣传教育

□网络　□手机　□同事朋友交流　□其他（请注明）

6. 您对灾害发生的紧急应对能力如何？

□完全具备　□一般　□完全不具备

7. 家庭应急包应该包括下面哪些东西？

A. 证件、信用卡、钥匙

B. 食品、饮用水，棉被、洗漱用具、雨具

C. 个人防护面具、口罩、防护眼镜、塑料袋、雨靴

D. 各种急救药品、纱布

E. 多用刀、指南针等救生工具

8. 你个人或你家庭里是否备有防灾救急用品？

A. 各种急救物品都有　B. 准备了部分防灾物品　C. 准备了少数防灾物品

D. 没有准备任何防灾物品　E. 不知道准备什么防灾物品

9. 你遇到哪类危险事故可以自救？

A. 火灾　B. 地震　C. 泥石流　D. 暴雨　E. 交通事故　F. 洪涝

G. 危险化学品　H. 群体性突发事件

10. 你参加过灾害逃生演练吗？比如地震逃生演练

A. 有，很多次　B. 有，偶尔一两次　C. 从来没有

11. 你如何评价当地的宣教演练活动？请在相应栏目后填写分值

评价指标	**分值（0—100）**
具有演习评估报告	
召开演习总结会，改进演习事项	
观摩演习、收集材料	
演习目标明确	
演习方案的多元化	
应急技能培训	
预案演练	
应急宣传教育	
信任度	
工作能力评价	
对应急部门的总体评价	

12. 目前应急管理法律法规能否满足你的工作需要？

□能满足　□不能满足　□工作很少涉及应急管理法律法规

13. 你认为与自身工作关系密切的应急法律规范有哪些？

A. 地方性法规和地方政府规章

B. 本单位或上级单位颁发的规范性文件

14. 你所在当地地方政府是否制定危机管理预案？

A. 有　B. 没有　C. 不知道

15. 你所在当地政府或单位预案的完备程度？

A. 很完备　B. 比较完备　C. 一般　D. 不完备

16. 你所在当地政府或单位预案的可操作性如何？

A. 可操作性强　B. 可操作性一般　C. 可操作性差

17. 你认为当地地方政府制定危机管理预案的作用是：

A. 明确了各部门职责及管理流程，有良好作用

B. 作用可能没有想象的那么大，但是有总比没有强

C. 当地政府部门的危机管理预案目前"只是停留在纸上，没有什么实质性作用"

D. 不太了解

E. 其他____________________（请说明）

18. 预案是否经过实践或者检验？

A. 全部经过实践或者检验　B. 大部分经过实践或者检验

C. 少数经过实践或者检验　D. 没有经过实践或者检验

19. 根据实际需要或者形势变化，是否对预案的内容进行过更新？

A. 经常定期更新　B. 定期偶尔更新　C. 偶尔更新　D. 从不更新

20. 你所在当地政府或者单位是否对周围环境开展安全隐患排查工作，并采取相应措施消除隐患？

A. 经常定期排查　B. 偶尔定期排查　C. 偶尔排查　D. 从未排查

E. 不知道

21. 省、市级应急管理部门/机构是否掌握省内各类应急救援资源（包括救援队伍、救援装备、大型钻机、排水设备、救援专家等）？

□掌握　□部分掌握　□不掌握

22. 你所在地区的救援队伍是否对当地高危企业进行预防性安全检查？

□没有　□有，检查面占全部高危企业的比例为

23. 无救援队伍的企业与救援队伍签订协议的情况：

□全部签订　□没有签订　□部分签订，比例是

24. 你所在单位是否建立由本单位职工组成的专职或者兼职应急救援队伍？

A. 已经建立　B. 正在建立　C. 没有建立

选择 A 的转向下一题

25. 是否和专业应急救援队伍进行联合培训、联合演练？

A. 经常　B. 偶尔　C. 从不

26. 你所在单位是否为专业救援人员购买人身意外伤害保险？

A. 是　B. 否

27. 你所在地相关部门或者街道等是否组织开展应急知识的宣传普及活动？

A. 经常（基本每月都有）　B. 定期（一年5次以上）

C. 偶尔（一年3到5次）　D. 3次以下　E. 基本没有

28. 你是否参加巨灾风险保险？

A. 是　B. 否

29. 影响你参加巨灾风险保险的因素是什么？

A. 经济能力有限　B. 保险制度不完善，有风险　C. 没必要

D. 不知道有这类保险

30. 你认为应急保障应该在哪些方面加大投入？（多选）

A. 财力　B. 医疗　C. 交通　D. 技术　E. 物资保障　F. 专业人员

31. 本单位物资的储备程度？

A. 充分　B. 比较充分　C. 特殊情况下不足　D. 缺乏

32. 应急资金的充足程度？

A. 充分　B. 比较充分　C. 特殊情况下不足　D. 缺乏

33. 应急设备设施的技术和性能？

A. 很先进　B. 比较先进　C. 一般　D. 落后　E. 非常落后

34. 应急人力资源如何？

A. 充分　B. 比较充分　C. 特殊情况下不足　D. 缺乏

三、危机监测与预警阶段

35. 你所在居委会/村委会/单位是否建立专职或者兼职信息报告员制度？

A. 是　B. 正在建立　C. 没有

36. 省、市级应急管理部门/机构是否与其他相关部门（如气象、地震、海

洋、水利等)建立响应突发事件的重大信息通报制度?

省级:□已建立　□未建立　□正在建立中

市级:□已建立　□未建立　□正在建立中

37. 危机事件的预防与哪个因素更为相关?

A. 体制原因　B. 危机意识

38. 应急预警面临哪些困难?

A. 信息传递还没有做到及时准确

B. 无法对事件发生进行正确的研判导致处理起来不够专业

C. 缺乏危机意识是应急预警的主要困难

39. 当地政府对所发生的灾害有监测预报能力吗?

A. 完全具备　B. 基本具备　C. 基本不具备　D. 没有

40. 当地政府对所发生的灾害预报准确吗?

A. 完全准确　B. 基本准确　C. 不准确

四、应急处置与救援阶段

41. 你认为应急响应阶段面临的最大困难是?

A. 协调和动员各方资源

B. 信息发布

42. 重大灾害发生后,你对政府的救济工作满意吗?

A. 非常满意　B. 基本满意　C. 一般满意　D. 不满意　E. 非常不满意

43. 灾害发生后,你认为当地政府的应急反应能力如何?(多选)

A. 能够在最短的时间辨别灾种,控制灾情,防止次生、衍生灾害发生

B. 能够很快恢复社会秩序,维护社会治安

C. 及时组织营救,疏散、撤离并妥善安置受到威胁的人员

D. 能尽快启用应急救援物资,提供受灾区基本生活必须品的供应

E. 反应迟钝,救灾行动缓慢

44. 你认为应急响应需要得到哪些方面的帮助?

A. 调动资源的便利　B. 应对外界的能力　C. 专业知识

45. 你认为本单位在应急管理中权力与职责的匹配情况如何？

A. 有权有责，权责统一　B. 权重责轻　C. 权轻责重　D. 有权无责

E. 有责无权　F. 无权无责

46. 自己本单位在危机管理过程中与其他单位资源共享程度如何？

A. 充分实现和其他单位的资源共享

B. 有其他单位向本单位提供资源

C. 本单位向其他单位提供资源

D. 未实现资源共享

47. 危机应对中和外部合作单位有哪些？

A. 军队　B. 基层自治组织　C. 其他企事业单位　D. 群众志愿者

E. 专家

48. 本单位在平时的危机管理中和专家机构合作吗？

A. 经常合作　B. 偶尔合作　C. 从不合作　D. 没有合作必要

49. 你是否能够随时获得灾情的发展？

A. 是　B. 否

50. 你通过何种渠道获得灾情的发展状况？

A. 电视　B. 报纸　C. 手机短信　D. 微博、微信、QQ、MSN 等网络渠道

E. 广播　F. 亲朋好友告知

五、事后恢复与重建阶段

51. 危机发生后，当地方政府或单位是否开展过与此次危机相关知识的宣传教育，增强群众的心理承受力与抵抗力？

A. 开展过　B. 没有　C. 不知道

52. 灾害发生后，政府的救济标准主要是什么？

A. 根据本地区受损情况　B. 财产收入状况　C. 当地的物价水平

D. 其他

53. 你对政府的补偿是否满意？

A. 非常满意　B. 比较满意　C. 一般满意　D. 不满意　E. 非常不满意

54. 灾害发生后,政府一般通过什么方式提供灾后救济?

A. 资金补贴　B. 实物补贴　C. 提供就业岗位　D. 恢复重建基础设施

E. 其他(注明)

55. 你认为申领灾后救济的手续如何?

A. 比较烦琐　B. 适宜　C. 简单

参考文献

一、著作类

[1]《马克思恩格斯选集》第4卷、第1卷、第3卷，人民出版社2012年版。

[2][德]乌尔里希·贝克：《风险社会》，南京大学出版社2004年版。

[3][英]安东尼·吉登斯：《现代性的后果》，译林出版社2000年版。

[4][美]塞缪尔·P.亨廷顿、乔治·I.多明格斯：《政治发展》，格林斯坦、波尔斯：《政治学手册精选》(下)，商务印书馆1996年版。

[5][澳]罗伯特·希斯：《危机管理》，王成等译，中信出版社2001年版。

[6][美]埃莉诺·奥斯特罗姆：《公共事务的治理之道》，余逊达译，上海译文出版社2000年版。

[7][美]戴维·波普诺：《社会学》，李强等译，中国人民大学出版社2006年版。

[8]张玉磊：《转型期中国公共危机治理模式研究——从碎片化到整体性》，中国社会科学出版社2016年版。

[9]孟昭华：《中国灾荒史记》，中国社会科学出版社1999年版。

[10]宗晋：《灾害学导论》，湖南人民出版社1998年版。

[11]孙绍聘：《中国救灾制度研究》，商务印书馆2004年版。

[12]罗伯特·希斯：《危机管理》，王成等译，中信出版社2004年版。

[13][日]金子史朗：《世界大灾害》，庞来源译，山东科学技术出版社1982年版。

[14]薛澜、张强、钟开斌：《危机管理——转型期中国面临的挑战》，清华大学出版社2003年版。

[15]胡宁生：《中国政府形象战略》，中共中央党校出版社1999年版。

[16]周晓丽：《灾害性公共危机治理》，社会科学文献出版社2008年版。

[17]于光远：《经济大辞典》，上海辞书出版社1992年版。

[18]卢伟、吴立明:《公共健康风险评价》,上海科学技术出版社 2013 年版。

[19]邓正来:《重新认识中国》,复旦大学出版社 2011 年版。

[20]林尚立:《国内政府间关系》,浙江人民出版社 1998 年版。

[21]林鸿潮:《中国公共应急体制改革研究》,中国法制出版社 2015 年版。

[22]李敏:《城市公共危机管理》,东华大学出版社 2014 年版。

[23]龚维斌:《社会管理改革创新》,国家行政学院出版社 2013 年版。

[24]高全喜:《大国策:全球视野中的公共安全》,人民日报出版社 2009 年版。

[25]金太军:《当代中国政府与政治论稿》,广东人民出版社 2009 年版。

[26]乔仁毅、龚维斌:《政府应急管理》,国家行政学院出版社 2014 年版。

[27]叶响裙:《公共服务多元主体供给:理论与实践》,社会科学文献出版社 2014 年版。

[28]钟俊生、赵洪伟:《维护社会稳定理论与实践研究》,东北大学出版社 2011 年版。

[29]严立冬:《中国农村减灾防灾经济学研究》,华中理工大学出版社 1998 年版。

[30]蒋宗彩:《城市群公共危机管理应急决策理论与应对机制研究》,经济管理出版社 2015 年版。

[31]程惠霞:《危机管理:从应急迈向前置》,清华大学出版社 2016 年版。

[32]马祖琦:《健康城市与城市健康:国际视野下的公共政策研究》,东南大学出版社 2015 年版。

[33]梁茂春:《灾害社会学》,暨南大学出版社 2012 年版。

[34]杨正文、蒋彬:《阿尔村:援建主导下的灾后重建模式》,华中科技大学出版社 2012 年版。

[35]孙绍骋:《中国救灾制度研究》,商务印书馆 2004 年版。

[36]康晓强:《公益组织与灾害治理》,商务印书馆 2011 年版。

[37]黄承伟、陆汉文:《汶川地震灾后贫困村重建:进程与挑战》,社会科学文献出版社 2011 年版。

[38]谢庆奎:《当代中国政府与政治》,高等教育出版社 2016 年版。

[39]陈瑞莲、张紧跟:《地方政府管理》,中国人民大学出版社 2016 年版。

[40]薛澜、张强、钟开斌:《危机管理——转型期中国面临的挑战》,清华大学出版社 2013 年版。

[41]姜平:《突发事件应急管理》,国家行政学院出版社 2011 年版。

[42]周友苏:《重大公共危机应对研究》,人民出版社2013年版。

[43]钟开斌:《中外政府应急管理比较》,国家行政学院出版社2012年版。

[44]张月飞:《保险在突发事件应急管理中的问题研究》,浙江大学经济学院,浙江保险科研成果选编,2016年版。

[45]尚春明:《城市综合防灾理论与实践》,中国建筑工业出版社2006年版。

[46]王宏伟:《突发事件应急管理:预防、处置与恢复重建》,中国广播电视大学出版社2009年版。

[47]闪淳昌、薛澜:《应急管理概论——理论与实践》,高等教育出版社2012年版。

[48]钟开斌:《风险治理与政府应急管理流程》,北京大学出版社2011年版。

[49]北京太平洋国际战略研究所:《应对危机:美国国家安全决策机制》,时事出版社2001年版。

[50]沙勇忠:《公共危机信息管理》,中国社会科学出版社2014年版。

[51]《朗曼现代英语词典》,商务印书馆1984年版。

[52]国务院法制办公室:《中华人民共和国行政法典》,中国法制出版社201年版。

[53]马怀德:《非常规突发事件应急管理的法律问题研究》,中国法制出版社2015年版。

[54]《辞海》,上海辞书出版社1999年版。

[55]张成福、唐钧:《政府危机管理能力评估——知识框架与指标体系研究》,中国人民大学出版社2009年版。

[56]国务院法制办公室:《中华人民共和国行政法典》,中国法制出版社2016年版。

二、论文类

[1]李永祥:《什么是灾害?——灾害的人类学研究核心概念辨析》,《西南民族大学学报》2011年第11期。

[2]张成福:《公共危机管理:全面整合的模式与中国的战略选择》,《中国行政管理》2003年第7期。

[3]朱瑞博:《危机生命周期与危机领导力提升》,《领导科学》2009年第6期。

[4]王灏:《危机管理"5R"模式对中国危机报道的启示》,《新闻界》2005年第2期。

[5]刘小珍:《中国人与自然不和谐原因微探》,《社科纵横》2008年第12期。

[6]王绍光、胡鞍钢、丁元竹:《经济繁荣背后的社会不稳定》,《战略与管理》2003年第3期。

[7]周晓丽:《论公共危机中政府形象及其重塑》,《重庆社会科学》2006年第2期。

[8]陈淑伟:《社会风险治理的三个视觉》,《唯实》2007年第2期。

[9]冯志宏:《全球化境域中的风险社会》,《学术论坛》2008年第2期。

[10]贝克、邓正来、沈国麟:《风险社会与中国——与德国社会学家乌尔里希·贝克的对话》,《社会学研究》2010年第5期。

[11]张成福、谢一帆:《风险社会及其有效治理的战略》,《中国人民大学学报》2009年第5期。

[12]党秀云、李丹婷:《有效的风险管制:从失控到可控》,《中国人民大学学报》2009年第6期。

[13][德]乌尔里希·贝克:《从工业社会到风险社会》,《马克思主义与现实》2003年第2期。

[14]曹亚斌、刘晓丽:《风险治理中的安全企业:角色、服务及叙事逻辑》,《北京航空航天大学学报(社会科学版)》2015年第2期。

[15]钟开斌:《国家应急管理体系建设战略转变:以制度建设为中心》,《经济体制改革》2006年第5期。

[16]薛澜、钟开斌:《突发公共事件分类、分级与分期:应急体制的管理基础》,《中国行政管理》2005年第2期。

[17]高小平:《综合化:政府应急管理体制改革的方向》,《行政论坛》2007年第2期。

[18]陈涛:《标准化的应急指挥体系与专业化的应急队伍:从伊利诺州看美国应急指挥体系和培训》,《中国应急管理》2009年第2期。

[19]中华人民共和国国务院办公厅:《国务院办公厅关于印发汶川地震灾后恢复重建对口支援方案的通知》,《浙江省人民政府公报》2008年第25期。

[20]钟开斌:《对口支援:起源、形成及其演化》,《甘肃行政学院学报》2013年第4期。

[21]薛澜、刘冰:《应急管理体系新挑战及其顶层设计》,《国家行政学院学报》2013年第4期。

[22]闪淳昌、周玲、方曼:《中国对口支援机制的成功实践与思考》,《中国应急管理》2013年第12期。

[23]刘晓丽:《边远农村地区的灾害治理》,《宁夏党校学报》2015 年第 5 期。

[24]丁忠毅:《国家治理能力建设的社会政策之维:依据、路径及提升》,《四川大学学报(哲学社会科学版)》2016 年第 6 期。

[25]刘永刚:《合作治理:中国陆地边疆治理的多元关系及实现路径》,《学术论坛》2017 年第 4 期。

[26]左宏愿:《国外政治稳定理论研究综述》,《燕山大学学报(哲学社会科学版)》2009 年第 4 期。

[27]张体魄:《我国政治稳定研究综述》,《毛泽东思想研究》2006 年第 3 期。

[28]秦宣:《超越危机:构建社会主义和谐社会的特殊背景分析》,《学习与实践》2006 年第 11 期。

[29]佟家栋、张伯伟:《SARS 对中国社会的影响与对策研究》,《南开学报(哲学与社会科学版)》2003 年第 4 期。

[30]陶鹏、童星:《从碎片到整合:灾害公共预警管理模式的嬗变》,《中州学刊》2013 年第 6 期。

[31]毛振军:《重大突发事件预警存在的问题、成因及对策》,《北京警察学院学报》2013 年第 5 期。

[32]廖为建:《论政府形象的构成与传播》,《中国行政管理》2001 年第 3 期。

[33]朱光喜、王赵铭、万细梅等:《危机事件中的政府形象和政府危机公关》,《公共管理学报》2006 年第 4 期。

[34]丁伟、雷长群、聂锐:《美国金县综合应急预案对我国城镇应急预案的启示》,《工业安全与环保》2018 年第 4 期。

[35]王晖:《重大自然灾害社会援助机制研究——以汶川大地震灾后恢复重建为例》,《湖南科技大学学报(社会科学版)》2013 年第 11 期。

[36]皇娟:《我国公共危机管理中官员问责体系存在的问题分析》,《行政论坛》2010 年第 6 期。

[37]周亚越:《论公共危机管理中的问责制》,《北京航空航天大学学报(社会科学版)》2010 年第 11 期。

[38]韦彬:《跨域公共危机治理结构:碎片化与整体性治理》,《经济研究参考》2014 年第 29 期。

[39]唐攀、周坚:《非常规突发事件应急响应组织结构及运行模式》,《北京理工大学学报》2013 年第 4 期。

[40]陈珊:《大数据时代下公共危机预警机制建立的研究》,《理论探索》2018 年第 1 期。

[41]张欢:《应急管理快速评估机制建设浅析》,《中国应急管理》2011 年第 10 期。

[42]童星、陶鹏:《论我国应急管理机制的创新——基于源头治理、动态管理、应急处置相结合的理念》,《江海学刊》2013 年第 2 期。

[43]周芳检:《突发性公共安全危机治理中社会参与失效及矫正》,《吉首大学学报》2017 年第 1 期。

[44]朱陆民、董琳:《我国应急管理的法制建设探析》,《行政管理改革》2011 年第 6 期。

[45]刘铁民:《玉树地震灾害再次凸显应急准备重要性》,《中国安全生产科学技术》2010 年第 4 期。

[46]李群:《突发事件应急准备与应急预案系统平台设计与实现》,《中国安全生产科学技术》2017 年第 2 期。

[47]陶鹏:《应急预案体现了府际差异性吗?——以北京市 M 区为例的研究》,《中国行政管理》2018 年第 3 期。

[48]刘玉雁:《西方国家公共危机的预防与应急准备对我国的启示》,《沈阳师范大学学报(社会科学版)》2009 年第 5 期。

[49]董瑞华、董幼鸿:《上海市政府应急机制和管理结构研究》,《上海行政学院学报》2005 年第 5 期。

[50]李湖生、刘铁民:《突发事件应急准备体系研究进展及关键科学问题》,《中国安全科学生产技术》2009 年第 12 期。

[51]林强:《MIS 系统中的预警机制》,《计算机工程与应用》2001 年第 4 期。

[52]钟开斌:《日本灾害监测预警的做法与启示》,《行政管理改革》2011 年第 5 期。

[53]胡税根、翁列恩:《预见性政府治理与社会突发事件的预警机制》,《浙江大学学报(人文社会科学版)》2006 年第 3 期。

[54]张维平:《突发事件预警管理体系的构建及运行》,《中国人民公安大学学报》2009 年第 1 期。

[55]孙健、白静玉:《国家突发事件预警信息发布系统的建设与应用》,《中国应急管理》2016 年第 6 期。

[56]魏本勇:《中国地震监测预警预报体系现状概述》,《中国减灾》2018 年第

8 期。

［57］刘智勇、张志泽:《论政府公共危机治理能力的缺失与再造》,《电子科技大学学报(社科版)》2004 年第 3 期。

［58］丁烈云:《危机管理中的社会秩序恢复与重建》,《华中师范大学学报(人文社会科学版)》2008 年第 5 期。

［59］张小明:《公共危机事后恢复重建的内容与措施研究》,《北京科技大学学报(社会科学版)》2013 年第 2 期。

［60］刘士国:《突发事件的损失救助、补偿和赔偿研究》,《中国法学》2012 年第 2 期。

［61］许飞琼:《中国新型灾害损失补偿制度的合理取向——从政府包办救灾走向以保险为主体的多维救灾机制》,《华中师范大学学报(人文社会科学版)》2011 年第 4 期。

［62］邢娟娟:《应急准备文化体系结构与核心要素研究》,《中国安全生产科学技术》2010 年第 10 期。

［63］金太军、鹿斌:《协同治理生成逻辑的反思与调整》,《行政论坛》2016 年第 5 期。

［64］王洛忠、秦颖:《公共危机治理的跨部门协同机制研究》,《科学社会主义(双月刊)》2012 年第 5 期。

［65］周海生:《公共危机信息传播中的政府.媒体功能及公众参与》,《中共南京市委党校学报》2009 年第 5 期。

［66］陈乐道、田锡如、张琼:《历史上舟曲县遭受泥石流灾害及其应对措施》,《发展》2010 年第 10 期。

［67］俞青、牛春华:《县级政府在特大自然灾害应对中的"短板"研究——以舟曲特大山洪泥石流灾害应急处置为例》,《开发研究》2012 年第 2 期。

［68］庄廷江:《自媒体环境下政府危机传播的困境与路径——以天津港"8・12"特大爆炸事故为例》,《中共南京市委党校学报》2016 年第 2 期。

［69］周舟:《美国加州防灾:从纵向层级到平行划分》,《中国报道》2008 年第 8 期。

［70］王浩、闫超:《地震灾害保险的特征与作用分析》,《中国减灾》2013 年第 8 期。

［71］Virgina Kimbal:《美国加州社区如何预防次生灾害》,《联合国国际减轻自然灾害十年论文精选本论文集》2004 年 6 月。

［72］李艳艳:《德国灾害管理系统》,《消防科学与技术》2013 年第 6 期。

[73]张平等:《基于防灾视角下地下道路开发利用:以马来西亚吉隆坡地下道路为例》,《地下空间与工程学报》2012 年第 12 期。

[74]臧克:《马来西亚培训有感》,《中国减灾》2009 年第 8 期。

[75]钟开斌、张佳:《论应急预案的编制与管理》,《甘肃省社会科学》2006 年第 3 期。

[76]薛澜、刘冰:《应急管理体系新挑战及其顶层设计》,《国家行政学院学报》2013 年第 1 期。

[77]广州大学思想芦苇课题组:《应急管理中的公共政策运行过程研究》,《中国应急管理》2009 年第 2 期。

[78]张立荣、冷向明:《协同治理与我国公共危机管理模式创新——基于协同理论的视角》,《华中师范大学学报(人文社会科学版)》2008 年第 3 期。

[79]蔡冬松、余小茹、辛立艳:《面向公共危机决策的信息管理机制研究》,《图书情报工作》2014 年第 11 期。

[80]郭鸿炜、高斌:《提高我国政府危机决策能力路径分析》,《山东行政学院山东省经济管理干部学院学报》2009 年第 5 期。

[81]薛文军、彭宗超:《西方危机决策理论研究与启示——基于技术、制度与认知的视角》,《国家行政学院学报》2014 年第 6 期。

[82]杨哲:《政府公共危机信息管理研究》,《中国管理信息化》2015 年第 14 期。

[83]王茂涛、冯伟:《公共危机管理视野下的政府公信力研究》,《重庆理工大学学报(社会科学版)》2010 年第 1 期。

[84]刘智勇、刘文杰:《公共危机管理多元主体协同研究述评——以近 10 年来国内期刊论文研究为例》,《社会科学研究》2012 年第 5 期。

[85]彭小兵、王霄鹤:《环境公共危机演化的信息博弈机理与治理路径——以"8·12 天津港爆炸事件"为例》,《内蒙古科技与经济》2019 年第 1 期。

[86]余莉:《新媒体时代下政府公共危机应对策略研究》,《现代交际》2018 年第 8 期。

[87]陶鹏:《应急预案体现了府际差异性吗? ——以北京市 M 区为例的研究》,《中国行政管理》2018 年第 3 期。

[88]张英等:《灾害教育理论研究与实践的初步思考》,《灾害学》2011 年第 1 期。

[89]丁文喜:《我国公共危机教育中存在的问题及其对策》,《中州学刊》2011 年第 5 期。

[90]蔡勤禹、高铭:《国家与社会视角下的中国灾害教育述论》,《东方论坛》2014年第5期。

[91]卢少波、张锐:《建立非正式志愿者有序参与灾害性公共危机管理机制》,《学理论》2010年第6期。

[92]向铭铭、符娟林:《学校灾情评估研究综述》,《资源节约与环保》2016年第5期。

[93]谭秀华、王民、张英:《国际灾害教育的发展趋势》,《城市与减灾》2010年第6期。

[94]王栋、王震:《灾害性公共危机治理与政府社会管理体制改革刍议》,《四川省社会主义学院学报》2012年第3期。

[95]蒋积伟、唐明勇:《当前中国公共危机动员策略研究——以自然灾害动员为例》,《天府新论》2011年第2期。

[96]李永康:《论危机状态下政府社会动员能力的提升》,《云南行政学院学报》2004年第6期。

[97]王晓成:《论公共危机中的政府关系》,《上海师范大学学报》2003年第11期。

[98]林爽:《危机管理中的公民参与研究——以自然灾害为例》,中央民族大学硕士学位论文,2013年。

[99]章桂红:《基于公共危机预防机制下的危机教育研究》,武汉科技大学硕士学位论文,2011年。

[100]李重:《公共危机管理中社会动员问题研究》,黑龙江大学硕士学位论文,2014年。

[101]皮曙初:《风险社会视角下的灾害损失柳尝体系研究》,武汉大学博士学位论文,2013年。

[102]常永华:《公共危机管理视阈下的西部地方政府执政能力与评估研究》,陕西师范大学博士学位论文,2011年。

[103]王麟:《公共危机管理机制中的沟通机制研究》,成都电子科技大学硕士学位论文,2007年。

[104]任堃:《危机管理视角下的当代中国政府形象构建》,山东大学博士学位论文,2010年。

[105]张翔:《中国政府部门间协调机制研究》,南开大学博士学位论文,2013年。

[106]刘宏杰:《边疆民族地区突发事件应急机制研究》,中央民族大学博士学位

论文,2010年。

[107]陈淑娇:《政府决策中公共危机信息管理模式分析》,宁波工程学院硕士学位论文,2015年。

[108]吕文娟:《政府危机管理中的行政问责制研究》,北京中国海洋大学硕士学位论文,2011年。

[109]宋佳蔓:《我国政府危机管理中的政治动员机制研究》,东北师范大学博士学位论文,2009年。

[110]李博:《政府在公共危机中的信息管理研究》,天津师范大学硕士学位论文,2012年。

[111]伊艳林:《非典对国民经济有十大影响》,《中国经济导报》2003年6月10日。

[112]曹海峰:《新形势下如何完善应急预案体系》,《学习时报》2018年7月23日。

[113]李宏:《提升基层应急管理决策能力》,《学习时报》2012年5月21日。

三、英文参考文献

[1]Guth D.W.,"Organizational crisis experience and public relations roles",*Public Relations Review*,1995,21(2).

[2]Steven Fink,*Crisis Management:Planning for the Inevitable*,New York:The Free Press,1981.

[3]Robert Heath,"Crisis management for managers and executives",*Financial Times Professional Limited*,1997.

[4]Norman R.Augustine,"Managing the Crisis You Try to Prevent",*Harvard Business Review*,1995(6).

[5]Graham Allison,*Essence of Decision*,*Boston*,Mass:Little,Brown & Company,1971.

[6]Irving Janis,*Crucial Decision:Leadership in Policymaking and Crisis Management*,New York:The Free Press,1981.

[7]E. L. Quarantelli.,"What Should We Study? Questions and Suggestions for Researchers about the Concept of Disasters",*International Journal of Mass Emergencies and Disasters*,Vol.5:1,March 1987.

[8]Quarantelli,E.L.,"A Social Science Research Agenda for The Disasters of The 21st

Century" In Perry, R.W.& Quarantelli, E.L.(eds.), *What is A Disaster? New Answers to Old Questions, Philadelphia: Xlibris*, 2005.

[9] Hermann C.F., *Some Issues in the Study of International Crisis*, New York Free Press, 1972.

[10] Rosenthal, Uriel; Michael Charles (eds.), *Coping with Crisis: The Management of Disasters*, Riots and Terrorism, Springfield, Illinois, 1989.

[11] Rosenthal, Uriel and Bert Pijnenburg (eds.), *Simulation Oriented Scenarios: In Crisis Management and Decision Making*, Norway: Kluwer Academic Publishing, 1991.

[12] Barton L., *Crisis in Organisations: Managing and Communicating in the Heat of Chaos*, South Western, Ohio, 1993.

[13] Steven Fink, *Crisismanagement: Planning for inevitable*, NY: Ameriean Management Association, 1986.

[14] Saundra K. Sehneider, *Flirting with Disaster: Public Management in Crisis Situation*, New York and London: M.E.Share Pe, Inc., 1995.

[15] Michael K.Lindell, Carla Prater, Ronald W.Perry, *Introduction to Emergency Management*, John Wiley, Sons, Inc., 2007.

[16] Uriel Rosenthal.eet.(ed.), *Managing crises: Threat, Dilemma, Opportunities*, Springfield, Illinois: CharleseL.Tomas Publisher Ltd., 2001.

[17] Steven Fink, *Crisis mangement: Planning for the inevitable*, Ny: American Mangement Association, 1956.

[18] Mike Risk, "Fear and Control", *Space & Polity*, Vol.1, No.2, 2002.

[19] Rene Gendarme, "Economic Problem of European Frontier Region", *Revue Economique*, Vol.21, No.6, 1970.

[20] Henry Teune and Krzysztof Ostrowski, "Political Systems as Residual Variables: Explaining Differences Within Systems", *Comparative Political Studies*, Vol.6, No.1, 1973.

[21] Ellwyn Stoddard, "Local and Regional Incongruities in Binational Diplomacy: Policy for the U.S.-Mexico Border", *Policy Perspectives*, Vol.2, No.1, 1982.

[22] Joachim Blatter, "From 'spaces of place' to 'spaces of flows'? Territorial and functional governance in border regions in Europe and North America", *International Journal of Urban and Regional Research*, Vol.28, No.3, 2004.

[23] Mette Sicard, "The Baltic Sea Region: Territoriality, Multilevel Governance and

Cross-border Networks”,*Journal of Baltic Studies*,Vol.33,No.2,2002.

[24]“International Encyclopedia of the Social Science”,Volume9-10,London,Mecmillan,1968.

[25]Anderson,M.1995,“Vulnerability to disaster and sustainable development:A general framework for assessing vulnerability”, in M. Mohan & C. Clarke (eds.), *Disaster prevention for sustainable development:Economic and policy issues*,World Bank,Washington, D.C..

[26]S.V.R.K.Prabhakar et al.,“Climate change implications for disaster risk management in Japan:A case study on perceptions of risk management personnel and communities in Saijo city”,*Environmental Hazards*,Vol.11,No.1,2012.

[27]Bernard CK Choi et al.,Enhancing capacity for risk factor surveillance at the regional/local level Archives of Public Health,2014,http://www.archpublichealth.com/content/72/1/2.

[28]Mary R.Tomlinson,“Managing the risk in housing delivery:Local government in South Africa”,*Habitat International*,No.3,Vol.35,2011.

[29]Andrew Wilder,“Aid and stability in Pakistan:lessons from the 2005 earthquake response”,*Disasters*,No.3,Vol.34,2010.

[30]Frances Miley and Andrew Read,After the quake:“The complex dance of local government,national government and accounting”,*Accounting History*,No.4,Vol.18,2013, pp.447-471.

四、网络文献

[1]《广东省突发事件总体应急预案》,http://www.chinanews.com/gn/2015/09-10/7515416.shtml。

[2]http://business.sohu.com/90/00/column208610090.shtml,http://www.gdemo.gov.cn/yjdt/gnyjdt/201810/t20181015_276422.htm。

[3]《国务院关于全面加强应急管理工作的意见》,http://www.gov.cn/gongbao/content/2006/content_352222.htm。

[4]http://www.gov.cn/zwgk/2005-05/20/content_145.htm。

[5]《突发事件应对法》,http://www.gov.cn/ziliao/flfg/2007-08/30/content_732593.htm。

[6]全球案例发现系统:《公共管理案例素材库》,http://www.chinacases.cn/

KW/Views/Index.aspx。

[7]http://china.zjol.com.cn/system/2010/09/02/016898350.shtml。

[8]https://baike.so.com/doc/3661979-3848941.html。

[9]http://baike.baidu.com/view/3486152.htm? fr=aladdin。

[10]中国网:《中国东盟防治禽流感特别会议在京召开发表联合新闻声明》,http://www.china.com.cn/chinese/2004/Mar/508641.htm。

责任编辑:吴继平
封面设计:周方亚

图书在版编目(CIP)数据

灾害性公共危机中地方政府应对机制研究/刘晓丽 著. —北京:人民出版社,
2023.11
ISBN 978 - 7 - 01 - 025913 - 0

Ⅰ.①灾…　Ⅱ.①刘…　Ⅲ.①地方政府-突发事件-公共管理-研究-中国
Ⅳ.①D625

中国国家版本馆 CIP 数据核字(2023)第 166801 号

灾害性公共危机中地方政府应对机制研究

ZAIHAIXING GONGGONG WEIJI ZHONG DIFANG ZHENGFU YINGDUI JIZHI YANJIU

刘晓丽　著

人民出版社 出版发行
(100706　北京市东城区隆福寺街 99 号)

北京中科印刷有限公司印刷　新华书店经销

2023 年 11 月第 1 版　2023 年 11 月北京第 1 次印刷
开本:710 毫米×1000 毫米 1/16　印张:15.5
字数:228 千字

ISBN 978 - 7 - 01 - 025913 - 0　定价:59.80 元

邮购地址 100706　北京市东城区隆福寺街 99 号
人民东方图书销售中心　电话 (010)65250042　65289539